结构·语义·语用

——俄汉语是非问句多维研究

兰巧玲 ◇ 著

STRUCTURE, SEMANTIC
PRAGMATIC

黑龙江大学出版社
HEILONGJIANG UNIVERSITY PRESS

图书在版编目（CIP）数据

结构·语义·语用：俄汉语是非问句多维研究／兰
巧玲著. -- 哈尔滨：黑龙江大学出版社，2015.5（2021.7重印）
ISBN 978 - 7 - 81129 - 889 - 5

Ⅰ．①结… Ⅱ．①兰… Ⅲ．①句法 - 对比研究 - 俄语、
汉语 Ⅳ．①H354.3②H146.3

中国版本图书馆 CIP 数据核字（2015）第 080869 号

结构·语义·语用—— 俄汉语是非问句多维研究
JIEGOU YUYI YUYONG——E-HAN YU SHIFEI WENJU DUOWEI YANJIU
兰巧玲　著

责任编辑	张微微	
出版发行	黑龙江大学出版社	
地　　址	哈尔滨市南岗区学府三道街36号	
印　　刷	三河市春园印刷有限公司	
开　　本	720毫米×1000毫米　1/16	
印　　张	17.74	
字　　数	262千	
版　　次	2015年5月第1版	
印　　次	2021年7月第2次印刷	
书　　号	ISBN 978 - 7 - 81129 - 889 - 5	
定　　价	53.00 元	

前　言

　　本书研究的对象是俄汉语是非问句。在语言学领域，纵观俄汉语疑问句研究的历史和现状，可以归纳为以下三方面特点：（1）在共时的平面上进行静态的描写和解释，从句法和语义两个角度解释和分析疑问句及其内部类型；（2）从功能和语用的角度对疑问句及其内部类型做动态分析，以语句的使用来解释语义；（3）有形成人－机功能解释与疑问句、提问结合起来研究的趋势。本书采用多维度的综合研究方法，从句法结构、功能语义、语用目的以及说话人运用语句时的认知状态，全面系统地进行俄汉语对比研究。

　　全书坚持在对语言事实描写的基础上，发现规律、总结规律，运用 N. Chomsky 的普遍语法，言语行为理论中的直接言语行为、间接言语行为、会话含义、礼貌策略、相关理论等等，从结构的角度，解释是非问句建构的特征；从认知的角度，解释说话人如何根据其认知状态建构是非问句；从语用的角度，解释说话人如何根据交际目的的需要，巧妙地运用是非问句，从而对俄汉语是非问句的特点做出合理、科学的解释。通过对比研究，揭示俄汉语是非问句的构句差异，探索俄汉语说话人为达到同一交际目的所采用的是非问句的表达手段，揭示说话人在不同的认知状态下，如何利用是非问句正确地提出问题，向受话人表达观点和意图，以及说话人如何根据认知状态建构是非问句。

　　在做具体对比分析时，书中所选例句均出自 Л. Толстой «Анна Каренина»和老舍的《骆驼祥子》、《茶馆》、《猫城记》等著作。对典型例句进行多角度的深入透彻分析，旨在帮助俄语、汉语使用者完整地了解是非问句的结构、功能、语义、语用特点，从而正确有效地运用俄语、汉语是非问句进行交际。希望该书得出的结论能为探索俄语、汉语是非问句的生成、运用规律提供新的视角，从而丰富俄汉语对比研究的理论内容。

由于作者水平有限，书中疏漏和错误之处在所难免，恳请广大专家、学者、同人及读者不吝赐教、批评指正。

兰巧玲

2014 年 6 月

目 录

绪　　论

"思维总是从问题开始的"①，而"问题——这一思维的特殊形式是用疑问句表达的"②。人们在认识客观世界、获取信息的过程中，提问是重要环节，其内容则是疑问句的主要承载对象，因此，对疑问句的研究具有深远意义。是非问句是疑问句的一种，在疑问句的运用中，是非问句特有的句法结构、语义特点以及在交际中形成的语势，使得它在获取信息方面具有较高的"成功率"，因此，这是一个很值得探究的领域。

一、是非问句的概念

　　本书所研究的是非问句，也可称作是非问，是一种句式，可以表示疑问，用来探询信息，也可以表示非疑问，如表达请求。俄语称作 общевопросительные предложения、общие вопросы 或 да／нет-вопросы，英语一般用 polar questions 或 yes-no questions 表示。语言学家对它的研究始于对疑问句的研究。

（一）俄汉语对疑问句的解释

　　俄语在对疑问句的界定上，体现了各语法学家对疑问句的不同观察视角。Н. И. Греч 在他的《实践俄语语法》（«Практическая русская грамматика»）中，把疑问句定义为"要求予以肯定或否定的句子"③。В. А. Богородицкий 从句法角度，把疑问句理解为疑问形式，认为它的出现"是由于句中某一成分意义不清楚而引起的，是为了弄清未知成分而使用的特殊疑问形式"④。到了 20 世纪 70 年代，学者们开始考虑从交际目的这一视角对疑问句进行界定。В. И. Кононенко 认为"疑问句表达的是力图向交谈对方获知某事，获取说

---

① Теплов Б. М. Психология ［М］. М.：Учпедгиз, 1953. С. 138.

② Белошапкова В. А. Современный русский язык ［М］. М.：Высшая школа, 1989. С. 430.

③ Греч Н. Практическая русская грамматика ［М］. Санкт-Петербург, 1834. С. 230.

④ Богородицкий В. А. Общий курс русской грамматики ［М］. М., Л.：Государственное социально-экономическое издательство, 1935. С. 214.

话人感兴趣的信息"①；Д. Э. Розенталь 认为"力图从交谈对方获知某事、某信息的句子叫疑问句"②；Н. С. Валгина 则认为"疑问句是以交谈对方说出使说话人感兴趣的思想为目的的句子"③；В. В. Бабайцева 认为"疑问句含有要求对方回答的问题"④；П. А. Лекант 认为"疑问句表达向交谈对方所提出的问题，借助提问说话人力图获取关于某事的新信息，肯定或否定某一推测"⑤。《54 年语法》对疑问句的定义是"用语调及特有的词或词序表示说话者要向对方了解某事愿望的句子"⑥；《80 年语法》的定义是"说话者在句中可借助专门的语言手段来表示自己想要了解某事或证实某事的愿望，这样的句子叫作疑问句"⑦。从上述罗列的疑问句定义中，可以反映出俄语语言学者对疑问句认识的逐渐深入，他们都在努力地揭示疑问句的本质特点。

与俄语相比，汉语学界对疑问句的认识比较一致，一直把疑问句置于语气范畴内研究。在汉代的文献注释中就已经注意疑问词的用法，提出"语之助"、"声之助"之说，只不过古人对疑问句的研究主要是为了训释经典文献，没有形成体系。马建忠在《马氏文通》中把助字分为传信助字和传疑助字，这实质上是把句子按语气分为了传信和传疑两类。黎锦熙沿用了马建忠的观点，《新著国语文法》就在"语气——助词细目"中分析了疑问句，至此，形成了疑问句划归范围，但没有对疑问句做进一步阐释。吕叔湘认为"疑"

---

① Кононенко В. И. , Ганич Д. И. , Брицын М. А. Русский язык［М］. Киев：Вища Школа, 1986. С. 310.

② Розенталь Д. Э. Современный русский язык［М］. М.：Высшая школа, 1984. С. 460.

③ Валгина Н. С. , Розенталь Д. Э. , Фомина М. И. Современный русский язык［М］. М.：Высшая школа, 1987. С. 290.

④ Бабайцева В. В. Русский язык：синтаксис и пунктуация［М］. М.：Просвещение, 1979. С. 69. Бабайцева В. В. , Максимов Л. Ю. Современный русский язык［М］. М.：Просвещение, 1981. С. 70.

⑤ Лекант П. А. Современный русский литературный язык［М］. М.：Высшая школа, 1988. С. 280.

⑥ АН СССР. Грамматика русского языка［М］. Том 2. М. , 1954. С. 356.

⑦ АН СССР. Грамматика русского языка［М］. М. , 1980. С. 386.

和"问"是两个不完全一致的范围，可以"有传疑而不发问的句子"，"也有不疑而故问的句子"①，因此，他把疑问句叫问句，问句有以询问为主的询问句，"不疑而故问的句子"是取问句形式的问句。黄伯荣认为"向人家提问的句子都属于疑问句（简称问句）"②。而张静对句子的理解是"表示说话人的感情或态度……由于说话人所要表达的感情或态度的不同，句子的语气也不一样"③，"疑问句是向别人提出问题的句子"④。从上述的情况我们看出，俄汉语对疑问句的划分分属两个不同的视角，俄语从交际目的的角度划分出疑问句，所以俄语对疑问句的界定侧重于从交际的角度解释，而汉语则比较偏重疑问的语气。

（二）是非问句的界定

虽然俄汉语对什么是疑问句的描述不尽相同，但是对是非问句的界定，却没有太大的分歧，基本都是从回答的角度说明什么是是非问句的。俄语中对是非问句的叫法较多，除了上述的三种说法，也有人把这类句子叫作 немстоименные вопросительные предложения。⑤ 在什么是"是非问句"这一问题上，俄语疑问句早期研究者们没有谈及，《80年语法》中也没有正面给出是非问句的定义，只是提及从预期回答的性质，把疑问句分为两类："回答可能是证实或者否定某事的真实性（—Завтра можете ко мне прийти? 回答：—Да 或—Нет）；报道有关某事的新信息（Кто это? ——预期的回答包含着新的报道内容或新的信息）。"⑥ 但是 В. А. Белошапкова（1981）在 «Современный русский язык»中明确地提出疑问句从问答角度可以分为是非

① 吕叔湘. 吕叔湘全集（第一卷）［M］. 沈阳：辽宁教育出版社，2002 年版第 282 页。

② 黄伯荣. 陈述句、疑问句、祈使句、感叹句［M］. 上海：新知识出版社，1957 年版第 11 页。

③ 张静. 汉语语法问题［M］. 北京：中国社会科学出版社，1987 年版第 655 页。

④ 张静. 汉语语法问题［M］. 北京：中国社会科学出版社，1987 年版第 715 页。

⑤ Лекант П. А. Современный русский литературный язык［M］. М.：Высшая школа，1999. С. 302.

⑥ АН СССР. Грамматика русского языка［M］. М.，1980. С. 386.

绪
论

问句（一般问句 общевопросительные предложения）和局部疑问句（частновопросительные предложения），前者要求肯定或否定回答。需要说明的是《80 年语法》中也使用了这两个术语，所不同的是科学院语法的分类是依据"应该获得的信息的性质和范围"，而且它对疑问句的论述是针对结构和功能 - 语义类型的，对疑问句的内部再分类没有涉及。20 世纪 90 年代出版了由 Н. Ю. Шведова 和 В. В. Лопатин 主编的《俄语语法》（1990），书中依据说话人希望从回答中获得信息的性质和范围，把疑问句分为是非问（общие вопросы）、选择问（альтернативные／разделительные вопросы）、特指问（частные вопросы），指出是非问是说话人希望获取对疑问内容的整个信息，用"是（да）"或"不（нет）"来回答。Т. В. Булыгина，А. Д. Шмелев 也认为"依据回答的形式，疑问句可分为是非问（общие вопросы）和特指问（специальные，частные，частичные вопросы），前者要求对问题的命题内容给予肯定或否定，即回答'да'或'нет'……"①。从这一点上看，Н. И. Греч 给疑问句下的定义倒是十分符合是非问句。

汉语对是非问句的描述中，黎锦熙称其为表然否的疑问句；吕叔湘指出这类问句可以用"然"和"否"回答，同时他也指出选择问句（抉择问句）是是非问句采取的一种特殊形式，不能用"然"和"否"回答。后来人在对是非问句的研究中沿用了两位先生的"然"和"否"回答之说，有所不同的是，有些语法学家提出"然"和"否"也是一种选择，由此，把是非问句视为选择问句，如：范继淹和邵敬敏。值得一提的是，黄伯荣对是非问句提出了自己独到的见解，认为是非问句是疑问句的一种表达方式，但他没有进一步定义什么是是非问句，而是从描写的角度说明是非问句是什么样的："是非问的句子结构有点象陈述句，但是要用升语调或兼用语气助词'吗'等。用这种句子提问时人家可以用'是、嗯'或者'不、不是、没有'作答复。是

---

① Арутюнова Н. Д. Человеческий фактор в языке: Коммуникация, модальность, дейксис［М］. М.：Наука, 1992. С. 114.

非问有的只用升语调，有的兼用语气助词。"① 张伯江则从命题的角度，"把针对一个命题提问，要求答话者判断是非的疑问句叫做是非问句（包括附加问句、反复问句和'吗'问句)"②。Quirk et al.（1985）根据英语疑问句所有可能回答的特点，将英语疑问句分为三类，即是非问句、选择问句和特殊疑问句，而是非问句是那些期望得到肯定或否定回答的疑问句。

我们认为"是非问句"是名称，它有指物意义，有所指的对象。为了统一俄语、汉语是非问句的对比基础，在本书中，我们对是非问句予以重新界定：是非问句是说话人期望得到受话人给予肯定/否定回答或非语言的肯定/否定反应的疑问句句式。我们扩大了是非问句的内涵。

二、是非问句对比研究现状及评述

（一）俄语是非问句研究现状

俄国语言学者对是非问句的研究，大致分为两个阶段：《54 年语法》以前（包括《54 年语法》）和《54 年语法》以后。从总体上来说，俄国语言学者对是非问句的研究并没有予以太多的关注。《54 年语法》以前（包括《54 年语法》），是非问句在俄国语言学界还谈不上研究，这一时期，疑问句尚属于研究的初期。М. В. Ломоносов 在《俄语语法》中没有充分地论述句子，但是在"动词的组合"（о сочетании глаголов）一章的第 461 节中谈到语气词 ли 与未完成体动词不定式一起表达未知结果，是未完成体的怀疑式（сомнительное неокончательное наклонение）。М. В. Ломоносов 的另一部著作《Риторика》对句子理论阐述得比较详细，但是在句子类型上也只是把句子分成肯定句（утвердительные предложения）和否定句（отрицательные предложения），或一般句（общие предложения）和特指句（особенные предложения），而没有提及疑问句。Н. Г. Курганов 在借鉴了 М. Г.

---

① 黄伯荣. 陈述句、疑问句、祈使句、感叹句 [M]. 上海：新知识出版社，1957 年版第 14 页。

② 张伯江. 疑问句功能琐议 [J]. 中国语文，1997（2)，第 105 页。

Смотрицкий 和 Ф. П. Максимов 两位语法学家的研究后，补充发展了 М. В. Ломоносов 语法中的句法部分，除肯定句和否定句外，提出了疑问句和惊叹句。А. Никольский 对句子内部划分出四类，其中包括疑问句（предложения проблемы）。19 世纪起，俄国的语法研究走出了"М. В. Ломоносов 时代"，分别在 1827 年和 1831 年出版了对后世影响较大的语法著作：Н. И. Греч 的《俄语实践语法》（«Практическая русская грамматика»）和 А. Х. Востоков 的《俄语语法》（«Русская грамматика Александра Востокова, по начертанию его же сокращенной грамматики полнее изложенная»），至此开始了对疑问句的研究。Н. И. Греч 分析了疑问句结构的几种类型，如：代词性疑问句，带连接词 ли 疑问句，带副词 разве，неужели 疑问句等，同时，他认为感叹句应属于疑问句的范围。А. Х. Востоков 则主要讨论了疑问句中的词序及其意义。这一时期，由于俄语句法学尚属初创阶段，所以，对疑问句的研究许多时候是同词类问题混在一起的。从 19 世纪 60 年代至 20 世纪初，在俄国的语言学界出现了几大语言学流派，他们的理论对俄国的语法学发展起到了推动作用。逻辑学派代表 Ф. И. Буслаев 在他的主要语法著作《历史语法》（«Историческая грамматика»）[①] 中提到"提问和回答是所有交谈中的必要组成部分"[②]，并认为用来提问的句子就叫疑问句。逻辑学派注重从思维的角度研究语言，"用反映思维形式的逻辑规律来解释语法规律"[③]，但是对疑问句没有进一步研究，而只是说提问可以由疑问代词和疑问副词表达，回答只给出两种类型，即肯定和否定。А. А. Потебня 是心理学派的代表，他与 Ф. И. Буслаев 的理论观点和研究方法是相对立的。А. А. Потебня 的主要著作《俄语语法札记》（«Из записок по

---

① «Историческая грамматика» 为 1959 年 Учпедгиз 版本，1858 年版本为 «Опыт исторической грамматики русского языка»，1863 年第 2 版改名为 «Историческая грамматика русского языка»。

② Буслаев Ф. И. Историческая грамматика русского языка [М]. М.：Учпедгиз，1959. С. 278.

③ 黄树南. 俄语句法学说简史 [С] //黑龙江大学俄语系学术委员会. 俄语教学与研究论丛（第二辑）. 1984 年版第 10 页。

русской грамматике»）中，尽管句法学说占了很大的一部分，但是他并没有提及疑问句，只就某些疑问词做了些许论述。俄国的另一语言学流派就是以Ф. Ф. Фортунатов 为代表的形式学派，该学派的研究重点是语言的形式，句法学在该学派的著作中似乎成了词法学的附庸。Ф. Ф. Фортунатов 的语法著作中也没有对句子做具体论述，但是在句子的类型上，他把疑问句视作祈使句的一种类别。① 到了 20 世纪初，对疑问句的研究开始有了较为详细的描述。例如：А. М. Пешковский 在他的《俄语句法的科学阐释》（«Русский синтаксис в научном освещении»）中，根据说话人的言语目的，划分出疑问言语（речь вопросительная），说话人用以承载疑问言语的句子就是疑问句。特点是有疑问语气词、疑问成分，词序变化使疑问成分提前，上扬语调突出有疑问的词。② 他还提出并分析了感叹疑问句和不定式疑问句。③ 20 世纪 50 年代苏联科学院出版了由 В. В. Виноградов 和 Е. С. Истрина 主编的《俄语语法》，句法部分主要反映了 В. В. Виноградов 的观点。书中通过不同的语调差别，区别出句子的功能和情态类型：陈述句、疑问句和祈使句。此外，在独词句的论述上也间接地涉及了疑问句（是非问句）。从 20 世纪 50 年代的中后期，即《54 年语法》以后，苏联语法学界对疑问句的论述无论是从篇幅上、内容上，还是从数量上，其比例都有所增加，开始了疑问句的具体研究。20 世纪 50 年代末至 70 年代末，疑问句的研究主要以句法结构和类型分析为主。Е. М. Галкина-Федорук 认为疑问句有独特的语法结构，传达疑问的语法手段是疑问语调、词序和疑问代词。疑问语调是表达疑问的基本的也是首要的手段，它有三种基本语调类型：逻辑重音在句尾疑问词的上扬语调、逻辑重音在句首疑问词的下挫语调和逻辑重音在句中疑问词的先上扬再下挫语

---

① Фортунатов Ф. Ф. Избранные труды. ［М］. Том Ⅰ. М.：Учпедгиз, 1956. С. 128.

② Пешковский А. М. Русский синтаксис в научном освещении ［М］. М.：Учпедгиз, 1956. С. 392 – 394.

③ Пешковский А. М. Русский синтаксис в научном освещении ［М］. М.：Учпедгиз, 1956. С. 383 – 384.

绪论

调。疑问副词和疑问语气词虽然也可以作为表达疑问的手段，但是 Е. М. Галкина-Федорук 更愿意把它们视作疑问句的结构成分，尤其是疑问语气词"除了具有疑问性，它们在言语中还有各种意思'暗示'，用以加强疑问，指出对所述事件的确信、怀疑等等"①。在疑问句的分类上，Е. М. Галкина-Федорук 有两种划分：从结构角度，分出代词疑问句（местоименные вопросительные предложения）和非代词疑问句（неместоименные вопросительные предложения）；根据疑问句的意义，分出纯疑问句（собственно-вопросительные предложения）、肯定疑问句（вопросительно-утвердительные предложения）、否定疑问句（вопросительно-отрицательные предложения）、祈使疑问句（вопросительно-побудительные предложения）、修辞疑问句（вопросительно-риторические предложения）、情感疑问句（вопросительно-эмоциональные предложения）六种。И. П. Распопов 认为疑问句与陈述句是对立的，它既有自己的结构形式，也可以建立在陈述句之上。在表达疑问的四种手段（词序、语调、疑问代词和疑问语气词）上，他侧重词序（有疑问的词汇-语法成分要前提，位于句首）。② 有关疑问句的类型，И. П. Распопов 按情态特点分为纯疑问句（собственно-вопросительные предложения）、确认问句（удостоверительно-вопросительные предложения）和推测问句（предположительно-вопросительные предложения）三种。③ 在这方面进行研究和在此基础上进行具体阐释的还有：Н. И. Жинкин（1955），И. П. Распопов（1957），М. Н. Орлова（1966），П. А. Рестан（1966），П. А. Рестан（1969），А. М. Визгина（1979）等。20 世纪 80 年代和 90 年代苏联科学院出版的两部语法著

---

① Галкина-Федорук Е. М. Современный русский язык. Синтаксис［М］. М.：Государственное учебно- педагогическое издательство министерства просвещения РСФСР，1958. С. 17 – 19.

② Распопов И. П. Очерки по теории синтаксиса［М］. Воронеж：Изд-во Воронеж. ун-та，1973. С. 33 – 34.

③ Распопов И. П. Строение простого предложения в современном русском языке［М］. М.：Просвещение，1970. С. 90 – 93.

作，对疑问句的界定和研究给予了很多完善性的补充，因而，这一时期的相关研究也受这两部语法著作的影响，比较注重语义和单就某一问题做深入的研究，如：Е. В. Падучева（1981）《Вопросительные местоимения и семантика вопроса》；Н. Белнап, Т. Стил（1981）《Логика вопросов и ответов》；Т. В. Булыгина, А. Д. Шмелев（1982）《Диалогические функции типов вопросительных предложений》；А. Н. Баранов, И. М. Кобозева（1983）《Семантика общих вопросов в русском языке（категория установки）》；Т. В. Булыгина, А. Д. Шмелев（1987）《О семантике частиц разве и неужели》；Н. Н. Самсонова（1989）《Структура и функции вопросительных предложений（типа русских вопросов со словом как）》；Н. Д. Арутюнова（1992）《Человеческий фактор в языке》等。21世纪，认知与智能越来越受到人们的注目，В. В. Казаковская 申请的国家级课题研究的就是成人儿童对话中问与答的语言认知模型，就此发表的文章有：《Вопросительные реплики ребенка в диалоге: синтаксический и интонационный анализ》В. В. Казаковская, В. В. Люблинская（2000），《Вопросо-ответные единства в диалоге "взрослый-ребенок"》В. В. Казаковская（2004），等等。随着疑问句研究的日渐深入，疑问句内部类型的研究也逐渐展开。俄国对是非问句的研究虽然涉足得比较早，但是绝大多数的论述都没有把是非问句作为独立的问题进行研究，而且如前所述，对"是非问句"这一概念的提出也比较晚。如：20世纪50年代 Е. М. Галкина-Федорук（1958）根据疑问句的意义对疑问句内部做了进一步分类：纯疑问句、确定疑问句、否定疑问句、祈使疑问句、修辞疑问句和情感疑问句。这6类中，除纯疑问句外，其余5类在结构上完全符合是非问句的特征。20世纪60—70年代语言学家在研究疑问句的结构和类型等问题的论述中，20世纪80—90年代研究疑问句的语义等问题的论述中，都从不同的角度（结构、词汇、情态等）对回答"да"或"нет"的问句有所提及，如：М. Н. Орлова, 1966；П. А. Рестан, 1966；И. П. Распопов, 1970；А. М. Визгина, 1979；Н. Белнап, Т. Стил, 1981；А. Н. Баранов, И. М.

11

Кобозева，1983；Н. Д. Арутюнова，1992；等等。但是直到 20 世纪 90 年代，《90 年语法》才给了是非问句一席之地，对是非问句的构成、是非问句中的疑问语气词等方面做了比较详细的描述。然而，俄国语法学界并没有因此而产生对是非问句的研究热情。目前，在俄国对是非问句进行研究的语言学家，我们从文献著作中只找到 И. Б. Шатуновский，他研究的视角是是非问句的基本交际类型：«Основные коммуникативные типы полных(общих) вопросов в русском языке» （2001），«Основные коммуникативные типы общих вопросов в русском языке» （2005）。

我国俄语研究者对俄语疑问句也有不同程度的研究论述，但对是非问句没有专门研究，只有零星的相关论述分散于为数不多的对疑问句研究的论文中。下面我们就从我国俄语学者对疑问句的研究成果中，来梳理我国学者对俄语是非问句的研究状况。归纳起来有以下 4 个方面：

（1）对疑问句的表达手段和结构句型的研究。许贤绪通过对疑问句句型的研究，认为"句子结构不是确定句型的唯一根据。确定句型，还必须结合句子的意义"①，由此他按意义把疑问句分成十类：真正提出疑问和要求回答的"真问句"；表示推测估计的"猜问句"；以疑问句的形式向对方提出责难或表示不满的"责问句"；假设句中所述情况实现了怎么办的"假定疑问句"；以疑问句的形式来肯定句中内容的"肯定疑问句"；以问句的形式否定句中内容的"否定疑问句"；以问句形式向对方提出请求建议等的"祈使疑问句"、"设问句"、"追问句"和"反问句"，并针对每一类疑问句又再分出一些小类，这些小类由哪些句型来表示，作者又做了进一步阐释。其中，明确说明要求肯定或否定回答的疑问句句式有：真问句中用疑问语气词 ли，разве，неужели 提出问题的疑问句，和单纯用疑问语调提问的疑问句，如：Хороший он человек? 猜问句中句型"人称代词 + что，+ 问题内容"构成的疑问句，如：Ты что, из армии сбежал? 以及句型 Уж не... ли...? 构成的疑问句，如：Уж не телеграмма ли от отца? 徐翁宇从口语的角度分类别讲述

---

① 许贤绪. 俄语疑问句句型［J］. 外语教学与研究，1963（4），第 22 页。

了疑问句的类型，提出"根据说话人想从对方的回答中获取信息的规模和性质，把疑问句分为4类：是非问句、特殊问句、选择问句及附加问句"①。他指出是非问句是借助语调、语气词、强调词及补充词等手段，在非疑问句的基础上构成的，并逐一举例做了解释和说明。刘刚在他的《试论疑问句的表达手段及结构固定化的疑问句》中，分别论述了疑问句中的4种表达手段[疑问语调、疑问语气词、疑问代词（疑问副词）和词序]及它们之间的相互关系，分析了4种表达手段的内部类别和不同的意义。他认为疑问句有扬调、降调和扬降调三种疑问调型。而"任何一个陈述句，只要赋予疑问语调中的任何一个调型，都会成为地道的疑问句"②。文中对各类疑问语气词的分析也十分详细，最后得出结论，"疑问语气词在问句中起加强疑问意义的作用，同时，它们还可以表达各种情态意义和情感色彩"③。在对疑问代词（疑问副词）的研究中提出了疑问代（副）词的虚化现象，虚化了的疑问代（副）词有明显的疑问语气词的功能。文中对词序的论述中，探讨了词序在疑问句中的一般规律，指出词序在非代词疑问句中和在代词疑问句中的作用有明显的不同。文章论述全面，既有理论上的分析，也有形式上的证明，富有启发性。此方面的研究还有刘刚（1986）《俄语中结构固定化的疑问句》。

（2）从问答的角度研究疑问句的结构特点、语义特点，如：袁妮的《现代俄语答话语句》是对对话统一体中的应答语句的研究，应答语包括对提问的回答和对陈述的回应。袁妮对答话语句语义特点论述中的表示肯定意义的答话句和表示否定或不同意意义的答话句，实质上是对提问的肯定回答和否定回答，文中指出，这两种回答语可由"独立完全句"、"提位复指句"、"重复结构语句"、"语气词"等表达。④ 或是以语用学的相关理论解释和分析疑

---

① 徐翁宇. 现代俄语口语讲座［J］. 外语研究，1996（4），第34页。
② 刘刚. 试论疑问句的表达手段及结构固定化的疑问句［C］//黑龙江大学俄语系学术委员会. 俄语教学与研究论丛（第二辑），1984年版第226页。
③ 刘刚. 试论疑问句的表达手段及结构固定化的疑问句［C］//黑龙江大学俄语系学术委员会. 俄语教学与研究论丛（第二辑），1984年版第233页。
④ 袁妮. 现代俄语答话语句［J］. 中国俄语教学，1990（4），第19—22页。

问句，如：华劭的《从语用学的角度看回答》（1996）中对疑问和回答有十分精辟的论述，其中就包括对是非问句回答的阐释。从这一角度研究疑问句的文章还有：《现代俄语中的问答并行结构》（吴贻翼，1984），《俄语对话答句中的词汇重复结构》（郑秋秀，1999）。

（3）对疑问句的语义和功能的研究。徐翁宇（1984）以现代俄语口语中广泛使用的由 можно，хочешь 启句的疑问句为语料，分析了此类疑问句在结构、语义以及功能上的特点。认为 можно 有征询对方意见、期望取得对方对某一行为的许可的作用，同时也起疑问语气词的作用；Хочешь 在句中有失去述谓性的趋势，在句法功能上接近语气词，起到征求对方意见的作用。刘刚在《现代俄语疑问句的功能—语义类型》中，根据疑问句在交际中执行的三种功能，对疑问句做了分类论述，文中颇多创见。例如：在疑问句的基本功能中，作者把"选择问"、"推测问"、"假设问"、"追问"、"补问"、"反问"、"查问"、"回应问"都划分到特指问的"局部性疑问"中；在疑问句的派生功能中又分出"肯定问"、"否定问"和"祈使问"，表情功能中划分出表示不同意、反驳和表示愤怒、威胁等两种意义。很显然，作者并没有视是非问句为单独类型。就此方面进行研究的还有：《俄语疑问句的功能类型》（岳永红，1991），《试论篇章中疑问句的功能》（吴世红，1998），《试论篇章中疑问句的语义特点》（吴世红，1999），《浅谈祈使意义的几种委婉表达法》（吴世红，1997），《现代俄语祈使疑问句的语义功能与修辞特点》（田宝新，1998），《情态意义疑问句的某些结构—语义特征》（夏新军，1999）。

（4）对疑问句的某一方面做深入研究。如：《俄语疑问句中疑问代（副）词的虚词化现象》（刘刚，1984），刘刚曾在同年的另一篇论文《试论疑问句的表达手段及结构固定化的疑问句》中有所论及（如前所述），而在此篇中是专门论述。他从疑问代（副）词尚处在由实词向虚词过渡阶段和句中的疑问词已完全转化为虚词两种情况分别细述，结论是：处在虚词化过程中的疑问代（副）词以及由疑问代（副）词转化而成的疑问语气词，虽然形态上没有大的区别，但是所表达的意义以及在句中的作用是完全不同的。对疑问句其他问题的研究还有：《俄语中的疑问不定式句》（潘虹，1986），《论俄语疑问句的实质》（刘刚，1989），《俄语疑问句与上下文的关系》（刘钢，1990），《疑问句的非疑问意义》（杨明天，1999），《Риторический вопрос ——反问？设问？》（吴世红，2000），《论周指性反问句及其在篇章中的运用》（吴世红，2003）等。

（二）汉语是非问句研究现状

汉语疑问句的研究一直归属于语气范畴。在汉语语法学史上，疑问句研究的历史并不长，其原因在于汉语语法学的历史也并不长。19 世纪末 20 世纪初，马建忠在模仿西方传统语法（拉丁语法）基础上建立起来的中国第一部系统的古汉语语法著作《马氏文通》，依据"助字有传信者，有传疑者"①，把句子分为两类，其中传疑包括助设问者、助拟议者和助咏叹者三类。20 世纪 20 年代，黎锦熙在模仿西方传统语法（英语语法）基础上建立起来的中国第一部系统的现代汉语语法著作《新著国语文法》按语气把句子分为 4 类：决定句、商榷句、疑问句和惊叹句，疑问句内部划分出"表然否的疑问"、"助抉择或寻求的疑问"以及"无疑而反诘语气"三种。② 20 世纪 40 年代，语法对疑问句开始有了比较细致的研究，吕叔湘在《中国文法要略》中把疑问语气分为询问、反诘和测度，并根据问句的特点，把疑问句分为两大类：特指问句和是非问句（包括抉择问句）。王力在《中国现代语法》中把语气分为 12 类，之后又把这 12 类语气合并成 4 类：确定语气、不定语气、意志语气和感叹语气。疑问句属于不定语气里的表疑问语气（用"吗"的和用"呢"的）、反诘语气和揣测语气的句子。高名凯的《汉语语法论》中没有专门讲句子的语气，但他分出了询问命题和疑惑命题。从他所举的例句来看，表达询问命题的句子都是疑问句，表达疑惑命题的句子则不全是疑问句，有些是以陈述的形式来表达不确定的语气的。20 世纪 50—60 年代，汉语语法学界热衷于词类与句子结构分析的研究，疑问句研究受到冷落，只是在 1957 年

---

① 马建忠著，章锡琛校注. 马氏文通校注 [M]. 北京：中华书局，1956 年版第 412 页。

② 黎锦熙. 新著国语文法 [M]. 北京：商务印书馆，1998 年版。

的时候出版了一本黄伯荣编写的《陈述句、疑问句、祈使句、感叹句》，这是一本小册子，书中根据结构特点把疑问句分成是非问、特指问、选择问和正反问四种，并分析比较了它们的结构特点。这本书反映了当时汉语语法学界对疑问句的一般认识。20世纪80年代以后，疑问句再次引起学者们的注意，涌现出许多疑问句的讨论文章，对疑问句的研究开始由宏观的分类逐渐转入微观的描写研究，如：《北京话的语气助词和叹词》（胡明扬，1981），《由"非疑问形式＋呢"造成的疑问句》（陆俭明，1982），《是非问句的句法形式》（范继淹，1982），《关于现代汉语里的疑问语气词》（陆俭明，1984），《谈疑问句》（林裕文，1985），《疑问、否定、肯定》（吕叔湘，1985），《汉语方言里的两种反复问句》（朱德熙，1985），《"吗"字句用法初探》（黄国营，1986），《现代汉语的特指性是非问》（邢福义，1987），《语调是非问句》（刘月华，1988），等等。从20世纪90年代起，疑问句开始逐渐走出对结构形式、特点及所表示的语法意义研究的范围，而邵敬敏的《现代汉语疑问句研究》（1996），可以说是疑问句走出该研究范围的标志。此后，汉语语言学界对疑问句的研究转向运用认知语用的方法去解释疑问句的某些方面，由此形成了汉语疑问句研究的新趋势，如：《"吗"问句的确信度和回答方式》（郭锐，2000），《疑问句式内蕴的数量等级支配》（曾晓洁，2003）等。

　　我们在对汉语疑问句的研究文献进行梳理的过程中发现，汉语语法学界对是非问句研究得比较多，概括起来有以下4个方面：

　　（1）对是非问句的划分。汉语是非问句的分类观点很多。吕叔湘认为，特指问与是非问是疑问句的两种类型，而"正反问和选择问是从是非问句派生出来的"，因为它们分别由"两个是非问合并而成"。① 吕先生的这种划分使是非问成为选择问和正反问的上位概念。朱德熙把疑问句分为是非问句、特指问句和选择问句三类，并认为这三类问句是由陈述句转换出来的句式。而"把相应的陈述句的语调换成疑问语调，就变成了是非问句"②。朱先生的

---

① 吕叔湘. 疑问、否定、肯定［J］. 中国语文，1985（4），第241页。
② 朱德熙. 语法讲义［M］. 北京：商务印书馆，1982年版第202页。

此种分类方式，使是非问句和选择问句成为两个互不相干的独立疑问句类型。丁声树则从问句的构造和答语的角度，把是非问句视作与特指问、选择问、反复问并列的一个独立类型。① 20世纪80年代以来，是非问句又出现了林裕文与陆俭明的"疑问句结构系统"分类和范继淹的"疑问句功能系统"分类观点。② 陆俭明认为，在疑问句中，是非问与特指问和选择问形成对立，对立点是，是非问句中没有疑问形式的语言成分，不可以在句尾带语气词"呢"，但能带语气词"吗"，而特指问句和选择问句正好与之相反。范继淹从交际的角度，通过说话人的问和听话人的答，把是非问句做了重新定位，视其为选择问句的一种特殊形式，称其为"是非选择问句"。有趣的是，邵敬敏把所有的疑问句都看成是一种"选择"，是非问句是是非选择问中的单项是非选择问。③

（2）对疑问语气词的研究。汉语语法中对疑问语气词的研究要早于疑问句的研究，在20世纪80年代研究得最为具体。汉语学界围绕"什么是疑问语气词"、"疑问语气词有哪些"、"疑问语气词如何使用"等问题进行讨论，许多学者发表文章阐述自己的观点，发展到今天，汉语界对疑问语气词的认识整体上已经取得一致。在疑问语气词的种类上，由原来认识的"吗（么）"、"呢"、"吧"、"啊（呀、哇、哪）"（吕叔湘，1982；丁声树，2002）到现在一般认为只有"吗"、"呢"、"吧"，观点的变化主要是对疑问语气的判断已经不再是凭借语感，而是通过验证和比较，认为疑问语气词要"真正负载疑问信息；这一点又必须能在形式上得到验证，验证的办法是比较"④。能出现在是非问句中的疑问语气词，吕叔湘认为是"吗"和"啊"，但是这一观点在后人的研究中没有得到太多的认可；朱德熙认为"'啊'跟表示疑问的'呢、吗、吧'不同，它可以用在疑问句里，可是本身并不表示疑问，只

---

① 丁声树等. 现代汉语语法讲话 [M]. 北京：商务印书馆，1961年版。
② 吕叔湘等著，马庆株编. 语法研究入门 [M]. 北京：商务印书馆，1999年版。
③ 吕叔湘等著，马庆株编. 语法研究入门 [M]. 北京：商务印书馆，1999年版。
④ 陆俭明. 关于现代汉语里的疑问语气词 [J]. 中国语文，1984（5），第330—337页。

绪论

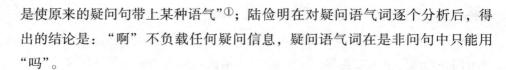

是使原来的疑问句带上某种语气"①；陆俭明在对疑问语气词逐个分析后，得出的结论是："啊"不负载任何疑问信息，疑问语气词在是非问句中只能用"吗"。

（3）对疑问点与答语的研究。疑问点和答语都能够反映出疑问句的疑问焦点。疑问点最早是由吕叔湘在《中国文法要略》中提出来的，指出是非问句的"疑点不在这件事情的哪一部分，而在这整个事情的正确性"②，并举例说"你找李先生吗?"这句话，是问话人对"你找李先生"这件事情的正确性有疑问。之后，他又在《疑问、否定、肯定》一文中发展了疑问点的理论，指出"是非问句一般是对整个命题的疑问，但有时也会集中在某一点，形成一个焦点，这个焦点在说话时可以用对比重音来表示"，"在文字上可以用着重点来表示"，"无论说和写，也都可以加用'是'字来表示"。③ 而林裕文对是非问句疑问点的研究结论则与吕氏之说截然相反，认为是非问句"是对整个句子的肯定或否定，这就无所谓疑问点了……是非问如果要突出疑问点，可以用上句中重音"④。对答语的研究，林裕文的论点与吕叔湘的观点也是相悖的。吕叔湘认为对是非问句的回答"一般不用全句，只要针对疑问点，用一个词或短语就够了"⑤，林裕文则认为"是非问的答问是对全句的肯定或否定，这只是就没有疑问点的情况说的。如果有句中重音突出了疑问点，还要补充对疑问点的回答"⑥。

（4）对疑问程度的研究。吕叔湘在《中国文法要略》中虽然没有直接提及疑问程度，但是他划分出的询问、反诘和测度三种疑问语气，间接地说明了疑问句的三个疑问程度。是非问句的疑问程度，赵元任在《汉语口语语法》中指出"吗"字是非问句"对于肯定的答案抱有或多或少的怀疑，也就是可

① 朱德熙. 语法讲义［M］. 北京：商务印书馆, 1982 年版第 212 页。
② 吕叔湘. 吕叔湘全集（第一卷）［M］. 沈阳：辽宁教育出版社, 2002 年版第 282 页。
③ 吕叔湘. 疑问、否定、肯定［J］. 中国语文, 1985（4），第 242 页。
④ 林裕文. 谈疑问句［J］. 中国语文, 1985（2），第 96 页。
⑤ 吕叔湘. 疑问、否定、肯定［J］. 中国语文, 1985（4），第 242 页。
⑥ 林裕文. 谈疑问句［J］. 中国语文, 1985（2），第 96 页。

能性在 50% 以下"①。徐杰、张林林在《疑问程度和疑问句式》中把疑问程度量化，得出是非问句的疑问程度有 80% 和 40%。黄国营的《"吗"字句用法初探》把疑问程度分成五个等级。李宇明、唐志东的《汉族儿童问句系统习得探微》把疑问句分成高疑问句、低疑问句和无疑问句三种。邵敬敏按信疑比例，认为是非问句中，"吗"字是非问句的疑占 3/4，"吧"字是非问句的疑占 1/4。② 郭锐在《"吗"问句的确信度和回答方式》中指出"问句的疑问程度与问句的类型没有绝对的关系"③，"吗"问句的疑问程度有很大的伸缩范围。

（三）俄汉语是非问句对比研究现状

"对比语言学"这一术语是美国人种语言学家 B. Whorf 首先提出来的，C. C. Fries 发展了这一术语，后由 R. Lado（1957）在《跨文化的语言学》中系统地阐述了它的理论、方法和步骤。对比语言学这门学科诞生后，我国俄语学界很快就对此有了回应。1955 年，哈尔滨外国语专科学校（今黑龙江大学）召开了以语言对比为主要内容的俄语教学研究会，此后，俄汉语对比研究在我国逐渐发展并走向成熟，这次研究会也成为俄汉语对比研究在我国确立的标志。许高渝把我国的俄汉语对比研究划分出四个阶段：处于初创时期的第一阶段，时间为 20 世纪 50 年代中期到 50 年代末；处于断层时期的第二阶段，时间为 60 年代初到 70 年代末；从恢复到发展的第三阶段，时间为 70 年代末到 80 年代末；开始走向成熟的第四阶段，这则是进入 90 年代之后了。④ 走过半个世纪的发展历程，该领域取得了很多卓有成效的研究成果，诞生了数以百计的学术论文，更有填补空白的专著，如：《俄汉语对比研究》（赵敏善，1994），《俄汉语言文化对比研究》（赵敏善，1996），《俄汉语词汇

---

① 赵元任著，吕叔湘译. 汉语口语语法［M］. 北京：商务印书馆，1979 年版第 356 页。

② 邵敬敏. 关于疑问句的研究［M］//吕叔湘等著，马庆株编. 语法研究入门. 北京：商务印书馆，1999 年版。

③ 郭锐. "吗"问句的确信度和回答方式［J］. 世界汉语教学，2000（2），第 20 页。

④ 许高渝. 俄汉语词汇对比研究［M］. 杭州：杭州大学出版社，1997 年版。

绪论

对比研究》（许高渝，1997），《俄汉语词组合与构句》（陈国亭，2004）等。涉及的内容十分广泛，包括语音、语调对比，构词法对比，语法（词法、句法）对比，词汇对比，熟语（成语）对比，修辞对比，跨文化交际——社交用语、身势语对比，等等。张会森的《俄汉语对比研究》（上、下卷）很好地反映了上述研究所取得的成绩。在对比方法上是多角度、多层面的，有所交叉，也有所侧重。王福祥（1995）认为，20世纪70年代以前，对比研究多局限在微观研究上，理论研究多于应用研究，而且微观研究也仅限于语音体系和语法体系的对比，很少或根本没有涉及语义、修辞、篇章、文化等方面的对比。80年代以后，王先生所说的"语义、修辞、篇章、文化等方面的对比"开始涉及，90年代以后出现繁荣。

俄汉语句子的对比研究中，被动句和存在句的论述最多，有关疑问句的对比研究，我们在现有文献中只找到两篇：《现代标准俄语与现代标准汉语中疑问句的比较》（林宝煊，1956），《俄汉语中的疑问句》（张会森，2004）。前者从教学角度出发，把疑问句分为要求回答和不要求回答两大类，是非问句属于第一类，文中详细地对比了它们的类型、特征和表现手段，得出5点结论以供教师参考采纳，目的是更有效地提高课堂利用率，更好地帮助学生理解和运用俄语疑问句，认为是非问句不是课堂积极采用的形式，"因为它只要求把问句重复一遍，加上个 да 或 нет 就行，最多只能检查听力，对发展口语的帮助不大"[①]。后者从结构意义上，把疑问句分三类来论述：带疑问代词的疑问句、带疑问语气词的疑问句和不带任何疑问词的疑问句（语调疑问句）。在对比中指出它们在使用、结构和意义上的异同。论文中对带疑问语气词的疑问句，主要论述了俄语疑问语气词 ли，не... ли，а 与汉语的对应形式、语法特点等。可以说，两位老师开辟了俄汉语疑问句对比研究的先河，然而，遗憾的是没有后来者紧跟步伐，使疑问句，乃至疑问句内部的各类型，成为未被开采的矿藏，等待着人们去挖掘。

---

① 林宝煊. 现代标准俄语与现代标准汉语中疑问句的比较［J］. 俄语教学与研究，1956（3），第29页。

第一章

是非问句的理论视角

第一节　最简方案

Chomsky 在 1992 年推出他对生成语法做出重大修正后的新作《语言学理论最简方案》（*A Minimalist Program for Linguistic Theory*），简称"最简方案"（minimalist program）。之后在 1993 年、1995 年、1998 年、1999 年和 2000 年，Chomsky 对此方案又做了多次修改，使最简方案成为在理论上探索语言共性的最佳理论方法。最简方案在简化语言学的理论和探究人类语言是否遵循经济原则的研究目标指导下，对"原则与参数模型"、"管辖理论"、"标界理论"等一些适用范围广泛、作用大，但又难以纳入普遍语法的理论、原则做了扬弃和完善。

最简方案提出，语言机制包含两个系统：认知系统和运用系统。认知系统包括人类语言的运算系统 C_{HL} 和词库（Lexicon），而运用系统包括音系式（PF）和逻辑式（LF）。认知系统和运用系统有一个交界点，被称作接口。在最简方案中，认知系统和运用系统直接接口，取消了早期生成语法中的 D – 结构和 S – 结构，因为 Chomsky 认为，语言是内包在语言使用系统中的，语言必须以最适宜的方式满足语言使用的要求，一个"最简"的语言学理论方案在运算和运算所生成的表达式中应该有经济原则的反映，只由概念上必不可少的因素组成。换句话说，就是为了体现最简精神，就要设法把运算限制在满足最简条件不可缺少的操作上，而具有语言学意义的层面，则只有接口层面。

Chomsky 认为，最简方案中的 X – 阶标结构是提供给运算系统操作的形式，它表示的是普遍语法从词库中取得词项并排列成的适当形式。因此它属于最基本的概念，适用于表达所有关键的句法性质和关系。X – 阶标结构有一个统一的形式，如图 1 – 1 所示。

23

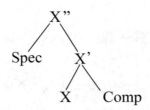

图 1 - 1　X - 阶标结构

在这个结构中，X 为中心语，Spec 是标语词，Comp 为补足语。整个 X - 阶标结构是由 X 从词库中选取的投影组成的，包括三个局部关系（标语词和中心语的关系、中心语和补足语的关系、中心语和中心语的关系）和一个句法关系，即语链关系。其中，局部关系是基本的句法关系，而在这基本的句法关系中，中心语与补足语的关系又尤为重要，这是最简方案关心的四种关系。在疑问句的 X - 阶标结构中，C（complementizer）是中心语，也叫标句词。

在最简方案中，词库中的词项是具备完整形态特征的，词项入句时要有一个广义转换，使运算系统可以不断地从词库中选取词项填入到一个空位上，直到最终形成一个符合 X - 阶标理论的结构。在这个过程中，这些具备完整形态特征的词项都必须在这个位置上接受某个功能语类的核查，通过了核查之后的结构式才是规范的、不存在语障的，这时才能出现在接口层面。针对疑问句而言，它在生成过程中比陈述句多了一个 C 核查的程序。Chomsky 认为，C 有算子特征，该特征是疑问等算子的形态性质。算子必须提升到 CP 的标语词位置接受 C 的特征核查，核查算子的辖域性质。C 的算子特征有强弱之分，特征强会引起提升和移位，移走的成分会在原处留下一个语迹（trace，t），可以把它视为移走成分的复制品，在音系式中被删除，在逻辑式中被保留下来。

本书将运用 Chomsky 的最简方案理论，在第二章中解释俄汉语是非问句的句法结构。

第二节　言语行为理论

在哲学领域，哲学家们对语言的研究一直局限在陈述的可验证性上。英国哲学家 J. Austin 打破了这个局限，提出"许多陈述之言只不过是'伪陈述'"①，认为人们说话时不是单纯产生句子，而是用句子同时来完成某种言语行为。这种提法无疑拓宽了语言研究的视野，为语言研究提供了一个全新的方法论。这之后，哲学家、语言学家受到启迪，纷纷把视角转向语言交际，并把语言与人的本质特征联系起来进行思考，具体的表现就是不再去关心语言自身的语法形式结构、语言的潜在功能系统描述，取而代之的是热衷于探讨人如何能以言行其事，能行何事，交际双方是如何有效交际的，等等。如：美国语言哲学家 H. Paul Grice（1975）提出会话含义理论，认为会话时说话人能传递比其话语的真值条件内容更多的意思，Grice 通过会话的合作原则对会话含义的解释也是对间接言语的解释。之后 Leech（1983），Sperber & Wilson（1986）又针对该理论中的合作原则提出了礼貌策略和相关论，他们都是从不同视角研究分析言语交际中的直接行为和间接行为的。由此我们认为，言语行为理论应该是一个大的研究言语交际行为的理论框架，它包括直接言语行为、间接言语行为、会话含义、礼貌策略以及相关理论等等。这些理论就是从不同侧面开启研究交际中言语行为领域大门的钥匙。

Searle（1969）认为，所有语言交际都涉及言语行为，说出话语就是完成一种行为，所以，提问作为语言交际手段也是一种言语行为，它的载体是不同类型的疑问句。

一、直接言语行为和间接言语行为

直接言语行为是相对间接言语行为而言的。说话人讲出一句话，句子的

---

① Austin J. L. *How to Do Things with Words*? [M]. Oxford：The Clarendon Press, 1962. p. 1.

字面意义就是他所要表达的意思，其特点是，直言想要说的话。间接言语行为是说话人以某种间接的方式表达自己的思想意图，是"语句的形式结构与说话人的交际意图之间不相吻合的情况"①。Searle 认为间接语言现象是"通过实施另一种言语行为来间接地实施某一种言语行为"②。现在公认的间接言语行为表现方式有两种：一是语言的形式与其功能之间的不一致所带来的结果，如本书将要讨论的是非问句，一般认为，它的基本功能是探询信息，形式与功能相对应，这属于直接言语行为，当问句实现的功能不是探询信息时，就属于间接言语行为，比如，以疑问的方式来表达请求。二是语言的字面意义和话语意义之间不一致，真正表达说话人意思的是言外之意。就是非问句而言，它被用于间接言语行为时，上述的两种间接言语行为的表现方式可以同时体现在问句中，如俄语中有这样一个用于询问时间的句子：У вас есть часы? 句子在形式上是探询信息，字面意义是"您有表吗？"但是，它实现的功能是祈使，它的话语含义是"如果您戴着表，请您告诉我现在几点了"。由此我们认为，用于直接言语行为的是非问句和用于间接言语行为的是非问句主要对应着两个不同的语境，我们称其为中性语境和非中性语境。中性语境下的对话，受话人理解用力最小，句子的形式与功能、字面意义与话语含义都是一致对应的，即句子完成的是直接言语行为。而在非中性语境中，受话人要对这种间接言语行为做出一番解释，这里涉及两个方法理论：习语论和推理论。习语论是指每一种语言中都有若干习惯法或语言形式，它们被用于执行某些功能的频率极高，以至于它们形式与功能的对应在人们的语言掌握中已经形成一种类似条件反射式的反应，即在一般情况下，当受话人一接收到某一语言形式时，他的大脑中就已经调出与它经常对应的功能，而当说话人想要表达某个言语意图时，他大脑的认知系统会及时地选择出与该意图相对应的语言形式。就是非问句而言，俄汉语也都有一些表达模式被较高频

---

① Булыгина Т. В. , Шмелев А. Д. Модальность. Человеческий фактор в языке：Коммуникация，модальность，дейксис. ［M］. М. : Наука, 1992. C. 10.

② Searle J. *Indirect speech acts* ［J］. In Cole P. & Morgan J. （eds. ）Syntax and Semantics, Vol. 3：Speech Acts, New York：Academic Press, 1975. P. 60.

率地用于某些功能的情况，对此我们在第二章中会有所涉及。推理论是指受话人对间接言语行为的真正言语意图的理解是从句子的字面意义推理出来的，推理中要有一定的背景知识。这两种方法在语言学的研究中各有支持者，也曾有过争论不休。然而，在实际交际中，这两种方法对间接言语行为的解释并不互相排斥，二者的适当结合往往是取得交际成功的一种有效方法。

Clark 归纳出间接言语行为的六个特征①，补充了 Searle 对间接言语行为的论述，同时它们也成为相对直接言语行为而言的六个区别性特征，它们是：

1. 多重意思。直接言语行为表达的只有一个意思，间接言语行为表达的要多于一个意思。

2. 意思的逻辑优先权。间接言语行为的多个意思不能平行表达，假设一个语句有两个意思 M_1 和 M_2，M_1 为语句的字面推导意思，M_1 在逻辑上要优先于 M_2，是 M_2 的逻辑基础。

3. 合理性。根据 Gordon & Lakoff② 和 Searle③ 的有关论述总结出，间接言语行为的多个意思之间在逻辑上有合理性，说话人必须遵守 Grice 合作原则中的相关准则，同时要考虑这一言语行为中存在的常规性因素，能够使受话人在 M_1 和 M_2 之间快速做出偏于 M_2 的选择。

4. 常规性。语句在实现间接言语行为时，有一些约定俗成的连带关系，在交际中已经形成高度的习俗化，如间接言语行为的典范例句 Can you pass me the salt?

5. 礼貌。许多间接言语行为的使用都能体现出说话人的礼貌，让受话人领会他的礼貌。

6. 意图。间接言语行为可以让受话人相信某事是真实的，也可以让受话

① Clark H. H. *Responding to indirect speech acts* ［M］. In Kasper ASA. (ed.), Pragamtics：Critical Concepts, VI：Pragmatics：grammar, psychology and sociology. Routledge, 1998. pp. 100－103.

② Gordon D. & G. Lakoff. *Conversational postulates* ［R］. In Papers from the seventh regional meeting of the Chicago Linguistic Society. Chicago, 1971. pp. 63－84.

③ Searle J. *Indirect speech acts* ［J］. In Cole P. & Morgan J. (eds.) Syntax and Semantics, Vol. 3：Speech Acts, New York：Academic Press, 1975. pp. 137－174.

人做某事。

二、会话含义

哲学家 Grice 提出会话含义是基于形式逻辑和自然语言逻辑之间的差别的，即形式逻辑无法用于解释自然语言的逻辑。具体的表现是，我们所说的话和我们说话的用意之间有一定的距离、不相一致。这种话语的用意就是会话含义，它隐藏在所说的话里，一般的语义理论解释不了这种话语的用意，它需要语用的分析才能解释。所以，会话含义是间接语言的一种重要表现。交际中，说话人能够赋予语句一定的含义，受话人能够正确理解这个含义，这需要交际双方有一定的常识，有共同的背景知识，能够进行推理。但真正能够使交际成功进行下去的关键因素，还是双方要有合作精神，即 Grice 所说的默契。他根据德国哲学家康德概括出的客观事物存在的四个哲学范畴：量、质、关系和方式，提出了人们能够赖以达成交际默契的合作原则。合作原则是会话双方共有的交际常识，正因如此，当说话人有意破坏该原则中的某项，间接表达他的言语意图时，受话人会依据此原则来进行语用推理，得出隐藏在语句中的会话含义。违反合作原则能够产生会话含义，对会话含义的理解又是基于此原则，所以可以说，"违反准则也是遵守合作原则的一种方式，一种表现"①。Grice 的合作原则很好地解释了会话含义产生的根源，然而，会话含义的一般与特殊之分使 Grice 的理论在解释力上出现了局限性：它只适用于对特殊会话含义的解释。以违反四准则中的一个或多个准则，再结合语境推导话语的特殊会话含义，后人对此提出了修正和补充。首先是 Horn（1984）的会话两原则。此原则提出，人在说一句话时有两个极限：数量极限和关系极限，它们的相互作用结果成为语言简约性的有力解释。其次，是 Levinson（1987）的会话三原则。Levinson 对 Grice 的合作四原则进行重新排列组合后，得出数量原则、信息原则和方式原则，其中数量和信息原则用于对一般会话

---

① 何兆熊. 新编语用学概要［M］. 上海：上海外语教育出版社，1999 年版第 161 页。

含义的解释，方式原则针对特殊会话含义。Levinson 的三原则主要以研究一般会话含义为核心。

是非问句在交际中被说话人赋予一定的会话含义时，该含义属于特殊会话含义，其解释的理论基础是 Grice 的合作四原则。一般说来，具有特殊会话含义的是非问句在对话中可以有两种表现方式：一是以询问的方式表现。用问句的形式向受话人表达另外的言语意图，如我们前面所列举的打听时间的句子：У вас есть часы? 再如：［妈妈说过等天暖和了就可以穿裙子，小女孩着急，每天早上都问：］"妈妈，今天暖和吗？"这两个问句都违反了数量准则，没有为听话人提供详尽的信息，使问句产生了请求的会话含义："能告诉我现在几点了吗？"，"我今天可以穿裙子吗？"。二是常常作为答语，即用提问作为对问话人的回答。如：А：—Хочешь еще пива? Б：—А осталось? 在这个对话中，Б 违反了数量准则。另外还有一种情况，如：А：——咱们局长走路直晃，今天是不是又喝多了？B：——昨晚你看球了吗？谁赢了？在这个对话中，B 违反了关联准则，说了一些毫不相干的话。是非问句违反质量准则时，表现在语言手段上就是经常运用修辞格中的反语，即以肯定形式表达否定意义，以否定形式表达肯定意义，而以有意违反方式准则产生会话含义的情况则相对较少。

三、会话礼貌策略

一般说来，在交际中人们总是倾向于以最小的用力去完成最大的传递，但是会话含义的出现却恰恰与此常规背道而驰。那么人们为什么会如此耗时费力地来完成一个言语意图的传递呢？其中的原因之一，就是本小节所要介绍的礼貌问题。

在语言学界，对礼貌的细致研究始于 20 世纪 70 年代，从事这方面研究的语言学者主要有 R. Lakoff（1973，1975），G. Leech（1983），Brown & Levinson（1978，1987），他们对言语行为中的礼貌行为做出了不同的理解。Lakoff 提出，礼貌是一种行为方式，它是在一定的社会范围内形成的，目的是

第一章　是非问句的理论视角

减少人际关系中的摩擦。① Leech 认为，礼貌是建立和维护礼仪的行为方式，是交际参与者在社会交际活动的相对友好的氛围中从事交际活动应遵循的准则。② Brown & Levinson 认为，礼貌是一种补偿行为，用来补偿对面子的威胁。③ 本书认为，可以将这三种解释概括为"礼貌是社会行为和语言策略的合理选择，目的是考虑避免人际关系中发生冲突"④。

（一）Leech 的礼貌原则

在 Leech 之前，Grice 也提到过礼貌原则，但是他没有做进一步的论述。Leech 发展并细化了这一原则。Leech 把言语行为分为四大类：竞争类、和谐类、合作类和冲突类，并根据这四类行为的言语特点，得出合作类和冲突类与礼貌无关，竞争类与和谐类言语行为的实现是要遵守礼貌原则的。在交际中，这四类言语行为通过是非问句都可以实现。竞争类表现为是非问句表达的请求意义，和谐类表现为邀请、建议和劝告，合作类表现为信息探询，冲突类表现为观点和情感的表达。礼貌可以说是交际中一方对另一方的态度，Leech 从会话双方"惠"、"损"的比例关系，对礼貌原则又下分 6 个准则：策略、宽宏、赞扬、谦虚、赞同和同情，每个准则中又包括两个"惠"、"损"极限的对立。这些准则无疑可以解释一些言语行为，然而，语言的丰富是无法固定在这两个极上的，所以徐盛恒（1992）指责 Leech 的礼貌原则过于绝对化和理想化，何兆熊等也认为 Leech 的整个礼貌原则似乎就只有一条："使自身受惠最小，使他人受惠最大；使自身受损最大，使他人受损最小。"⑤ Leech 的礼貌原则完备了 Grice 合作原则无法解释的"人们为什么要间接、含

---

① Lakoff R. *Language and Woman's Place* ［M］. New York：Harper and Row, 1975. p. 64.

② Leech G. N. *Principles of Pragmatics* ［M］. London and New York：Longman, 1983. p. 104.

③ Brown P. & Levinson. S. *Politeness：Some Universals in Language Usage* ［M］. Cambridge：Cambridge University Press, 1987. p. 104.

④ 刘国辉. 英汉请求策略理论与实证对比研究 ［D］. 上海：复旦大学，2003 年第 58 页。

⑤ 何兆熊. 新编语用学概要 ［M］. 上海：上海外语教育出版社，1999 年版第 222 页。

蓄地表达自己"这一不足，但是它的局限性也使它不能对礼貌语言做出全面解释。

（二）Brown 和 Levinson 的礼貌策略

Brown 和 Levinson（1978）的礼貌策略是基于 Goffman 的"面子理论"提出来的，所以也被叫作"面子保全论"。Goffman（1967）认为，"面子"是由他人的评价所支撑的，是社会暂借给个人的，是社会交往中人们为自己赢得的正面公众形象，具有可撤销性。因此，人们为了保全这面子，就得尽力实施符合社会规约和面子要求的言语行为。Brown 和 Levinson 在此基础上做了修改，提出礼貌是为满足面子需求所采取的各种理性行为。他们认为，礼貌是一种交际策略，通过采取某种语言上的策略来达到给交际双方留些面子的目的，言语行为在本质上是对面子的威胁，采取礼貌策略就是为了降低这种威胁。他们把面子分为积极和消极两种，积极面子是指希望得到别人的赞同、喜爱，消极面子是指不希望别人强加于自己，自己的行为不受别人的干涉、阻碍。交际中，说话人和受话人都有来自这两方面的面子威胁。以是非问句为例，用于威胁受话人的积极面子的言语行为有：指责、蔑视、不赞同、强烈的负面情感等；威胁受话人的消极面子的言语行为有：请求、建议、劝告、邀请等。用于威胁问话人的积极面子的言语行为有：道歉、自相矛盾、认错等；威胁问话人的消极面子的言语行为有：接受听话人的道歉、请求原谅等。Brown 和 Levinson 还列出了一个计算威胁程度，或者说运用礼貌程度的公式：$W_x = D$（S，H）$+ P$（H，S）$+ R_x$。W_x就是这个程度的值，D（S，H）为说话人和受话人之间的社会距离，P（H，S）表示受话人相对于说话人所拥有的权势，R_x表示在一种文化中面子威胁行为的强加级别。要实现一种言语行为，说话人会采取一定的礼貌策略来协调对面子的威胁，Brown 和 Levinson 称它为补救策略，他们提出 5 种补救策略：

1. 不使用补救策略，公开施行面子威胁行为

这种情况的出现往往有三个前提做依托：一是情况紧急，或者是交际效率占据首位，面子需求退居次要地位；二是对受话人的面子威胁相当小，或者可能没有威胁；三是说话人的权势显然高于受话人，或说话人能赢得第三

者的支持，诋毁受话人面子的同时不必担心丢自己的面子。

2. 积极礼貌策略

积极礼貌策略主要是为了维护受话人的积极面子，积极满足受话人对积极面子的需求，包括寻找一致、表示伙伴关系、提高听话人的兴趣、注意受话人的需要等等。

3. 消极礼貌策略

该策略主要是尽力不干涉受话人私人领域和自我决策的权利。Brown 和 Levinson 提出的策略有：说话迂回，模棱两可，表示悲观、道歉等。

4. 非公开策略

Brown 和 Levinson 称非公开策略是减少面子威胁策略中最礼貌的策略。说话人采用该策略时，对他自己和受话人都有保全面子的好处，因为这时，说话人的言语行为往往比较模糊，对说话人来说，模糊的言语可避免直接威胁受话人的面子，也极度缩小了一旦被受话人回避而造成的面子威胁。非公开策略有暗示、夸张、反语、模糊等。

5. 不施行面子威胁行为

不施行面子威胁行为也可以说是说话人几乎不采取某种言语上的行为，他更多的以非言语上的行为对受话人暗示，含蓄地表达，希望受话人主动来领会他的意图。作为受话人来说，他完全可以不理会说话人的暗示，因此，采用不施行面子威胁行为往往会导致交际失败。

我们认为，Brown 和 Levinson 的礼貌策略与 Leech 的礼貌原则虽然谈的都是礼貌问题，但是两个理论研究问题的视角却不同。如果说 Leech 的礼貌原则解释的是人们为什么要违反合作原则间接表达自己的话，那么 Brown 和 Levinson 的礼貌策略就是解释人们为什么要使用礼貌策略和如何使用的。它们都是本书研究的理论基础，但就本书的研究对象而言，Brown 和 Levinson 的第 5 种策略自然也就被排除在外了。Brown 和 Levinson 的礼貌策略在"本质上是针对西方文化的礼貌语用的描述"①，因此，顾曰国根据中国人的文化习俗指出，Brown 和 Levinson 的礼貌策略不完全适合中国，并提出中国人的礼貌原则是：尊敬他人；谦虚；态度热情；温文尔雅。尊敬他人是指对他人的肯定欣赏，顾及他人的面子和社会地位等；谦虚是贬己的另一种说法；态度热情指对对方的关心、热情；温文尔雅指自己对他人的言行要符合某种标准。② 中国人比较注重自己在周围人眼里的地位，重视在生活的各个方面获得面子和保全面子，认为这是实现自我价值的一个方面，所以中国人比较乐于助人。这就反映出礼貌策略在一定程度上要受到文化习俗的制约。

（三）礼貌和文化

文化是一个大概念，包容着人类活动的方方面面。戴昭铭认为文化的基本性质有：超自然性、符号性、整合性、可变性、民族性和区域性。③ 这些基本性质说明文化有共性和个性之分。礼貌是人们社会活动中应该遵守的基本常规，它也是文化的一部分，受文化的制约，即礼貌也有相对性，因为不同文化赋予礼貌概念不同的内涵，不同的文化背景会有不同的礼貌规范，要遵守某一区域的礼貌规范，就要了解这一区域的文化。这些特点都能够体现在人类生活和存在的方式中。东西方文化的差异自然也能体现出不同文化中表示礼貌的方式方法，以及人们用以判断礼貌标准的差异。西方人（包括俄罗斯人）把对不太熟悉的人询问个人与家庭情况，视为不礼貌，而中国人对"你多大了?"、"结婚了吗?"、"家里还有什么人?"等的提问并不觉得不礼貌，反而会认为是一种关切。所以 Leech 也提出，礼貌原则是具有普遍性质的，但是礼貌原则下的各准则，其重要性因文化、社会、语言环境的不同而有所不同，并通过列举"东方有些文化社团（如中国和日本）比西方国家有

---

① 刘国辉. 英汉请求策略理论与实证对比研究 ［D］. 上海：复旦大学，2003 年第61 页。

② 顾曰国. 礼貌、语用与文化 ［J］. 外语教学与研究，1992（4）。

③ 戴昭铭. 文化语言学导论 ［M］. 北京：语文出版社，1996 年版。

更重视谦虚准则的倾向"①证实了这一结论。面子问题属于礼貌范畴，Brown 和 Levinson 指出面子问题是具有普遍性的，具体表现在：区分为积极面子和消极面子，具有普遍性；以满足对方的面子需求的理性行为，具有潜在的普遍性；具有面子需求、能实施理性行为的言语交际者之间的相互支持，具有普遍性。② 但是他们也提到，在某一特定社会中必须深入到文化的深层去理解。

语言与文化是紧密相连的，这才应运而生许多有关跨文化交际的研究。俄语和汉语是两种截然不同的语言，它们的背后又是两种截然不同的文化：西方和东方，交际中，言语里就会体现出使用该语言社团的礼貌和文化的特点。Scollon 等指出，亚洲人和西方人常常使用不同的会话策略去组织他们的表达。亚洲人倾向于把主要的问题延迟到充足的背景交代清楚后才提出，因此，他们把会话的重点放在后面，受话人也按照这一顺序来理解。西方人则更经常是按照先结果、后原因的顺序。③ 俄汉语是否也有如此明显的不同，我们将在以下各章节的具体研究中给出回答。

四、会话关联论

会话关联论也叫关联理论，是对 Grice 合作原则中关联准则的补充与完善。Sperber 和 Wilson④ 推出该理论的基点是，他们认为，对语义的表达和解释必须与其他事物发生关联，是在与他物的关联之中进行的。它的理论来源是 Ford 的认知理论，认为语言的基本功能是存储信息和处理信息，语言是这

---

① Leech G. N. *Principles of Pragmatics* ［M］. London and New York：Longman，1983. p. 150.

② Brown P. and Levinson S. *Universals in language usage：Politeness phenomena* ［C］// E. N. Goody （ed.）. Questions and Politeness：Strategies in Social Interaction. Cambridge：Cambridge University Press，1978. p. 249.

③ Scollon R. & S. W. Scollon. *Intercultural Communication* ［M］. Oxford：Blackwell，1995. pp. 1－2.

④ Sperber D. & Wilson D. *Relevance：Communication and Cognition* ［M］. Oxford：Basil Blackwell，1986. pp. 172－173.

一过程中的工具。人们在使用语言的活动中，其实质是为了认知，而认知则是为了获取信息，从而才必须要存储信息和处理信息。那么，言语交际就必然是一个有目的的活动，说话人希望受话人能领会他的言语意图，受话人如何准确地理解说话人的话语，这是关联理论所关心的问题。Sperber 和 Wilson 认为，受话人在理解话语时会遵循一个标准，这个标准就是人类的认知假设。人类认知事物时总是遵循着关联的原则。在言语交际中，会话双方所说的话必须与整个话题、与对方所说的话相关联，人们根据话语间相互关联的信息来理解说话人的意图。对受话人来说，这是一个推理过程，过程中他要在相互关联的信息中抓住一个切入点，这个切入点往往由说话人提供给受话人，Sperber 和 Wilson 把它叫作明示，"说话人明确地向受话人表示意图的一种行为"①，受话人在理解了明示之后开始进行推理。所以，也可以说，说话人与受话人在会话交际中，就是通过不断循环"明示→推理"使会话能够一环扣一环地进行下去。关联理论的主要观点有以下几个方面：

1. 对关联的理解

Sperber 和 Wilson 对关联的定义是"假设 P 同一系列语境假设之间的关系"②。P 是一个命题。他们认为，当且仅当，P 在一定的语境中具有某一语境效果（contextual effect）时，P 在这个语境中才具有关联性。这里涉及一个概念——"语境效果"。语境效果是指话语所提供的信息和语境之间的一种关系。话语是否具有语境效果是关联的必要条件，话语的关联与语境效果成正比关系。关联理论是从认知的角度对言语交际进行解释的，所以 Sperber 和 Wilson 通过新信息、现有语境假设（旧信息）产生的三种语境效果，说明话语之间具有关联性③：

---

① Sperber D. & Wilson D. *Relevance：Communication and Cognition* ［M］. Oxford：Basil Blackwell, 1986. p. 49.

② Sperber D. & Wilson D. *Inference and Implicature*. In Davis, S. （ed.）, Pragmatics：A Reader, Oxford University Press, 1996. p. 381.

③ Sperber D. & Wilson, D. *Relevance：Communication and Cognition* ［M］. Oxford：Basil Blackwell, 1986. p. 114.

第一章 是非问句的理论视角

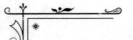
（1）新信息和现有语境假设相结合，产生新的语境含义（contextual implication）；

（2）新信息加强现有语境假设；

（3）新信息与现有语境假设互相矛盾，并排除现有语境假设。

话语之间关联性越大，语境效果也就越大，受话人推理中所付出的用力也就越小。

2. 关联的程度

Sperber 和 Wilson 认为，关联有强弱的程度之分。关联的强弱程度只能用一些粗略的判断加以比较和描述，而不能用绝对的、量化的分析。关联是一个由最大关联到无关联的连续体，具体表现如图 1-2 所示。

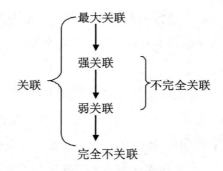

图 1-2　关联的连续体

交际中话语处在连续体中的哪一级别，取决于三个条件因素：一是话语是否复杂；二是语境是否明确；三是在特定的语境中为获得足够的语境效果而进行推导时付出努力的大小。这三个因素自身也有程度的划分，它们以不同程度出现，就构成不同程度的关联。如例句：A：—Хочешь еще пива？Б：—А осталось？例句中的话语并不复杂，语境也明确，但 A 要付出较大的努力才能得出 Б 的会话含义：如果还有，就再喝点。因为 Б 的回答不是 A 所希望的"是"或"不是"，A 要调用较多的语境假设才能获得语境效果，所以这两句话属于弱关联。

3. 关联的原则

言语交际中要想确保交际顺利地进行下去，说话人就要尽量使话语有最大的关联性，让受话人付出最小的努力理解，达到会话双方交际的最佳关联程度，这就是交际中所要遵循的关联原则。Sperber 和 Wilson 对它的定义是：任何明示性的交际行为都意味着本交际行为所传递的假设具有最佳关联性。①

4. 关联的推理

在关联理论中，把演绎法列为人们在语言交际中使用的主要推理形式，它是非论证性的（non-demonstrative）。在明示推理中，这种非论证性的演绎推理过程是：从言语行为的明说意义中先推导出隐含前提，再从隐含前提中推导出说话人的真正意图。非论证推理得出的结论具有不确定性，它需要有语境作依托。这个语境 Sperber 和 Wilson 把它解释为是一种心理建构体，它包括交际时话语的上文和一个人的知识因素，如已知的全部事实、假设、信念以及一个人的认知能力。② 这个心理建构体也可以说是认知语境，是听话人大脑中的一系列假设。交际者的认知语境是变化的，在实际交际中不断得到扩展和补充，受话人在处理新信息时，与认知语境中的旧信息发生相互联系，从中确立关联信息，从而加快了对说话人真正意图的推导理解。

以上这些解释言语行为的理论，虽然在理论建构中使用的语言研究对象都是英语，但是从人类在语言和文化方面都存在共性的角度，这些理论也逐渐被各国的语言学家所启用，并不同程度地促进了本国的语用学研究。从这一点来看，Wierzbicka 认为的"言语行为理论和与哲学家 John Searle（1969，1970）、Paul Grice（1975，1981）著作相关的以及以后的会话逻辑理论都认为美国白人的说话方式代表了人类一般的说话方式"③ 似乎有些情感因素。我

---

① Sperber D. & Wilson D. *Relevance：Communication and Cognition*. Oxford：Basil Blackwell, 1986. p. 158.

② Sperber D. & Wilson D. *Relevance：Communication and Cognition*. Oxford：Basil Blackwell, 1986. p. 15-16.

③ Wierzbicka A. *Cross-Cultural Pragmatics：The Semantics of Human Interaction*［M］. Berlin：Mouton de Gruyter, 1991. p. 67.

第一章　是非问句的理论视角

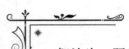
们认为，既然一种语言学理论能很好地解决某一种语言的某一语言现象，就说明该理论有不可辩驳的可行性，借鉴其核心理论解决其他某种语言的相关问题，这不仅有利于该语言此问题的研究，也有利于在实践的检验中完善该理论。

言语行为理论的实践应用主要体现在第三章至第六章，解释俄汉语是非问句实现不同交际功能时的语义、语用特征。

本章节主要是为以下各章节的对比研究奠定理论基础，介绍两大语言学理论：最简方案和言语行为理论。

最简方案是 Chomsky 对生成语法做出重大修正后的新作，也是语言界在理论上探索语言共性的最佳理论方法。本章介绍了最简方案中的 X-阶标理论、核查理论与复制理论，是将运用这些理论在第二章解释俄汉语是非问句的句法结构。

言语行为理论是从言语交际的角度研究句子的方法论。从 J. Austin 和 Searle 的直接言语行为和间接言语行为理论，Grice 的会话含义理论，Leech 的礼貌原则，Brown & Levinson 的面子威胁理论到 Sperber& Wilson 的相关论，等等，他们都是从不同的角度研究交际中会话双方对话语的使用和理解。在第三章至第六章中，我们将借用这些理论来解释俄汉语是非问句在交际中的使用情况，对俄汉语是非问句做深层研究。

第二章

俄汉语是非问句句法对比

第一节　是非问句的句法结构

关于句子的结构模式，俄汉语学界有着不同的概念理解。《俄语语法》指出结构模式（структурная схема предложения）也叫述语性基础（предикативная основа），指有形式结构与语言意义的句法模式。它可能由几个（绝大多数情况下为两个）词的形式构成。如"名词二格＋动词变位形式"表示主体与过程性状态之间的关系。① 而汉语中的句子结构模式是指句子的结构分类，包括主谓型、主谓宾型、无主句等。② 考虑到俄汉语对该术语在理解与使用上的差别，我们在研究是非问句的结构时，对所用术语就要有所考虑。首先，针对是非问句的构成框架，提出"句子抽象模式"这样一种说法，它是从宏观上对句子构成的抽象简化。看到此模式，可以对是非问句的句子构成方式及特点一目了然。其次，本书将使用"表达模式"这一术语。表达模式是在言语交际中实现的具体语句的简化模式，该模式中要有能体现该语句特点的最低限度的结构要素，与《80 年语法》中的结构模式基本相同。我们从交际角度出发，同时考虑到俄语和汉语的特点，启用这两个名称，有利于下面对俄汉语是非问句句法层面的对比分析。

是非问句是疑问句中的一类，俄汉语虽然分属不同的语系，但是俄汉语语言学者们对是非问句的构成有着相同的认识。俄国语言学家 Е. М. Галкина-Федорук 曾指出"陈述句借助疑问语调可变为疑问句"③，Н. Ю. Шведова 和 В. В. Лопатин 认为"是非问句是在非疑问句基础上构成的，借

---

① 信德麟、张会森、华劭. 俄语语法 [M]. 北京：外语教学与研究出版社，2009 年版。

② 张静. 汉语语法问题 [M]. 北京：中国社会科学出版社，1987 年版。

③ Галкина-Федорук Е. М. Современный русский язык синтаксис [M]. М.：Государственное учебно- педагогическое издательство министерства просвещения РСФСР，1958. С. 17.

助专门的疑问语调以及适当地在句中引入语气词 ли……"①。汉语学家黄伯荣认为："是非问的句子结构有点象陈述句，但是要用升语调或兼用语气助词'吗'等。……是非问有的只用升语调，有的兼用语气助词。"② 朱德熙把疑问句"都看成是由陈述句转换出来的句式……只要把相应的陈述句的语调换成疑问语调，就变成了是非问句。是非问句后头可能有语气词'啊、吧、吗'……"③。由此，可以得出一个结论：俄语是非问句和汉语是非问句具有相同的句子抽象模式，即，如果陈述句用 S 表示，那么是非问句的抽象模式就可以用 S＋疑问语气词？和 S＋？表示。俄汉语依此抽象的简化模式构成语句，这些语句又可简化成各具语言特点的表达模式。这种句子抽象模式相同而表达模式不同的现象从语言类型学中可以得到一些解释，即，俄汉语是分属不同语系的语言，从发音到文字的构成都有各自的特点。

一、疑问标示元

牛保义、徐盛桓（2000）提出，语言中任何一个具有一定语法意义的单位都有一个语法结构体，这个语法结构体由若干语法标示元组成。"疑问标示元就是某一情况下能单独负载疑问信息的语言成分。"④ 根据是非问句结构的特点，是非问句的疑问标示元是在某一情况下能传递疑问信息的语言成分，它有 3 种：疑问语气词、用于表达疑问的固定结构和疑问语调。疑问语气词在口语和书面语中都有显性体现，俄汉语都有若干用于构成是非问句的疑问语气词。用于表达疑问的固定结构，俄语中有两种："代词性词 ＋ ли ＋ не ＋ ...?"和"До... ＋ ли... ＋ ...?"，汉语有一种"X 不 X"结构。疑问语调，主要体现在言语交际中，在书面语中以疑问号"?"表示。

---

① Шведова Н. Ю., Лопатин В. В. Русская грамматика［M］. М.：Русский язык，1990. С. 462.

② 黄伯荣. 陈述句、疑问句、祈使句、感叹句［M］. 上海：新知识出版社，1957 年版第 14 页.

③ 朱德熙. 语法讲义［M］. 北京：商务印书馆，1982 年版第 202 页.

④ 康亮芳. 从现代汉语疑问句的构成情况看疑问句句末语气词"呢"［J］. 四川师范大学学报（社会科学版），1998（4），第 94 页.

（一）疑问语气词

俄语可用来参与构成是非问句的疑问语气词数量较多，如：ли，не...
ли，разве，неужели，ведь，что，что же，что ли，а，правда，так 等等。
Шведова Н. Ю. 和 Лопатин В. В. 论述了疑问语气词在构句中的作用及特
点，根据本书需要总结如下：语气词 ли 参与构成的句子表示说话人认为他所
询问的事件在现实中是否存在的可能性是均等的，所以回答既可能是肯定的，
也可能是否定的；语气词 не... ли 构成的问句主要针对问题的述位而言，句
子本身含有推测意义，在说话人看来，此推测与现实可能有不同程度的相符；
语气词 разве 构成的问句表达说话人对所问内容真实性的确信与否，句子在形
式上往往与说话人对现实状态的确信相对立，即形式上是肯定的，表达的则
是否定态度，而态度是肯定时，则用否定形式表达，在句中位置主要是居句
首；语气词 неужели 参与构成的句子表达对所问内容的不相信，问句中表达
的内容是说话人意想不到的，或者是他认为不可能、不应该的，所以这类句
子常常带有惊讶的情感色彩——不赞成或者是高兴，语气词在句子中的位置
也是以居句首为主；语气词 ведь 参与构成的问句表达的是一种确信性很强的
推测，在句中主要位于句首。对于语气词 что，что же，что ли，а，правда，
так 等，两位语言学家认为，它们主要应用于非正式的谈话语体中，用来引起
受话人的注意或是敦促他回答问题。如：含语气词 что 的句子突出疑问，含
有 что же 的问句中常包含对所谈问题的结论性的总结，这两个语气词在句中
主要位于句子首位；语气词 что ли 的作用是向问句中加入推测的意义或是加
强这个意义，在问句中以居句末见常；其余几种语气词使句子具有了对回答
的期待或是期待得到肯定回答的意义。

我们认为语气词能够使句子额外获取某种意义是说明语气词具有此意义
成分，它们在参与构句的过程中，同时也把这些意义带进句子中，使句子传
递出说话人的某种信息，而语气词的疑问功能又加强了所传递的疑问信息。
对于疑问语气词在问句中的位置问题，Шведова Н. Ю. 和 Лопатин В. В.
只是说出它们普遍居于句首或句末的语言现象，而没有说明出现这种语言现
象的原因。对此，我们将在下面的有关小节中，从最简方案理论中得到解释，

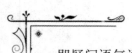

即疑问语气词的位置与它们在 CP 结构中是否做标句词有关。

汉语用于构成是非问句的疑问语气词只有"吗"和"吧"。吕叔湘称"吗"为助词，表示疑问语气，位于句子末尾。可用于是非问句的肯定和否定形式，在反问句中，则肯定形式表达否定意义，否定形式表达肯定意义。① 陆俭明（1984）通过比较分析得出，疑问语气词"吗"参与构成的问句有两种，在降调问句中，"吗"负载疑问信息，在升调的问句中，它和语调共同负载疑问信息，其中有一个是羡余，起加强疑问语气的作用，但是作者没有说明具体是哪一个。对语气词"吧"，讨论的人比较多。吕叔湘指出"吧"表示"测度和拟议的语气，表示将信将疑，可算是介乎直陈和询问二者之间"，还可表示"有所主张而不敢确定，要征求对方的同意，这是商量或建议的语气。商量语气一方面和祈使语气相近，同是和行动有关；一方面又和测度语气相近，同是定而不定之辞"。② 朱德熙认为，语气词"吧"分为"吧₁"和"吧₂"。"吧₂"表示祈使，"吧₁"表示"说话的人已经知道是怎么回事，只是还不能确定，提问是为了让对方证实"③。胡明扬（1981）指出语气词"吧""赋予说话内容以不肯定的口气"。所有对语气词"吧"的认识说明，它可使语句含有不确定的意义，"吧"字句多是表达说话人对所问事件的一种揣测。从上述的这些观点中可以得出，疑问语气词"吗"只赋予句子疑问语气，由它参与构成的问句在用于执行各种交际功能时，句子的功能意义与"吗"并不相干，而是句子中其他成分参与作用的结果，而"吧"字问句实现的揣测功能意义和祈使功能意义中却有"吧"的语义成分。

从上面的论述中我们对比得出，俄语疑问语气词的数量要多于汉语，那么由其构成的表达模式自然也将要多于汉语。它们在句子中的位置不像汉语语气词那么固定，且大部分都能够给予句子一定的语义。

（二）用于表达疑问的固定结构

俄语和汉语是非问句中都有用于表达疑问的固定结构，俄语中的"代词

① 吕叔湘. 现代汉语八百词［M］. 北京：商务印书馆，1980 年版。
② 吕叔湘. 中国文法要略［M］. 北京：商务印书馆，1982 年版第 297、309 页。
③ 朱德熙. 语法讲义［M］. 北京：商务印书馆，1982 年版第 211 页。

性词 + ли + не + ...?"和"До... + ли... +...?",《80年语法》称它们为熟语化结构。这种固定组合无法用现代句法规则给以解释,它们表达固定的语义,在构句中有固定的位置。此结构在构句过程中,只需在该结构的空缺处填补适当的词即可。它们在结构和语义上都相对较完整,空缺之处是说话人所要表达的语义核心。汉语用于表达疑问的固定结构"X不X"具有疑问特征,在句子中的位置可以是句中,也可做附加成分,X位置多由动词或形容词填充。该结构语义不固定,是问句整个语义的一部分,此部分具体表达的语义由填入到X位置上的具体谓词的词汇意义决定。此外,汉语"X不X"结构在句法上具有可解释性,其组合过程详见第二章第一节中有关该结构问句的句法分析。

(三)疑问标示元的组合特征

李宇明(1997)按照汉语疑问标记(即疑问标示元)的分布原则和同类同级规则,划分出三个层级:上层(语调层)、中层(语气词层)、下层(特指疑问词语层和语法结构层)。当疑问标示元单独运用时,问句的疑问信息就由该层的疑问标示元所传递。汉语是非问句的三种疑问标示元都可以单独使用。沈炯(1990)认为,汉语的疑问语调是一种音域下限提高的句尾高调,它可以独立传递疑问信息,如:

(1)方先生不在这儿?↑(曹禺)。

汉语疑问语气词"吗"和"吧"以及用于表达疑问的固定结构(X不X)在其构成的是非问句中均有两个语调:升调和降调。当问句以降调出现时,显然语调已不是句子疑问信息的传递者,真正的传递者是句子的疑问语气词或固定结构,如:

(2)他走了吗?↓/他走了吧?↓[①]

(3)你去不去?↓

这3种疑问标示元也可以复用,但在汉语是非问句中,只能形成"语调

① 例句(2)—(5)引自李宇明.《疑问标记的复用及标记功能的衰变》[J].《中国语文》,1997(2)。

+语气词","语调+用于表达疑问的固定结构"和"语气词+用于表达疑问的固定结构"这样的两重复用,几乎不能形成"语调+语气词+用于表达疑问的固定结构"这样的多重复用。疑问标示元的复用使问句处在不同的层级,问句的疑问信息由所处不同层级的标示元共同承担。如:

(4)他走了吗? ↑/他走了吧? ↑①

(5)你去不去? ↑

(6)你去不去吗(吧)? ↓

(7)*你去不去吗(吧)? ↑

俄语是非问句的疑问标示元能够单独使用的只有语调。俄语带有疑问语气词或用于表达疑问的固定结构的句子用非疑问语调表述要么会让人费解,要么表述的已经不再是疑问句,如:

(8)*Читала ли ты серьезное что-нибудь. ╱!

(9)*Он влюблен в тебя, не правда ли. ╱!

(10)Целый день гулял. До занятий ли ему. ╱!

因此,俄语的疑问标示元以复用居多,是两重复用或多重复用的句法现象。由此,可以得出一个结论:汉语的疑问标示元都可以单独传递疑问信息,而俄语的疑问标示元中只有语调具有传递疑问信息的能力。然而,这样会出现一个问题,疑问信息由复用的疑问标示元共同传递和由一个疑问标示元单独传递,在问句中会有什么不同?李宇明在分析汉语疑问标示元复用现象时,指出疑问标示元的羡余问题,即疑问标示元的复用不能增加疑问信息量,但可以增加所传递的疑问信息的强度,同时传递一定的语用信息,这也是言语交际的需要。② 从中我们得到启示,即可以设想俄语疑问标示元复用时,疑问语气词和用于表达疑问的固定结构是在言语交际的需要下,用来加强疑问信息、传递语用或其他有关信息的,如说话人的认知状态等。前面我们曾论及,

---

① 陆俭明先生(1984)指出"吧"不能带疑问语调,并有调查北京人的证据,但是李宇明先生则指出"吧"问句带疑问语调是存在的,陆俭明先生的结论只能说明是北京人话语的特例。

② 李宇明. 疑问标记的复用及标记功能的衰变 [J]. 中国语文, 1997 (2)。

俄汉语是非问句有相同的句子抽象模式：S + 疑问语气词？和 S + ?，它们构成是非问句的两种句法结构类型：带疑问语气词的是非问句和不带疑问语气词的是非问句。在带疑问语气词的是非问句中，汉语是非问句的疑问标示元组合有 3 种情况：1）疑问语气词 + 疑问语调；2）疑问语气词 + 非疑问的降调语调；3）疑问语气词 + 用于表达疑问的固定结构（X 不 X）+ 非疑问的降调语调。俄语是非问句的疑问标示元只存在一种情况：疑问语气词 + 疑问语调。在不带疑问语气词的是非问句中，汉语疑问标示元组合有 3 种情况：1）用于表达疑问的固定结构（X 不 X）+ 疑问语调；2）用于表达疑问的固定结构（X 不 X）+ 非疑问的降调语调；3）疑问语调。俄语是非问句的疑问标示元组合有两种情况：1）用于表达疑问的固定结构 + 疑问语调；2）疑问语调。这些疑问标示元能够体现在句法结构中的只有疑问语气词和用于表达疑问的固定结构，而疑问语调只能体现在交际中，由说话人给予。

（四）是非问句的表达模式

Кобозева И. М. 指出"是非问句的形式可以表现出它的语义结构。语义结构的每个成分都可用作它的表达手段。疑问的意向功能就可由语调、词序和专门的疑问词汇（是非问句中有语气词 ли, разве, неужели 等）表达"[1]。《80 年语法》概括出 21 种疑问句模式,[2] 但是书中没有再作进一步的细分。就其构成方式而言，我们归纳出可以用来表达是非问句的自由结构有 6 种：1）语气词 ли 参与构成的句子；2）语气词 не... ли 参与构成的句子；3）语气词 что, что же 参与构成的句子；4）语气词 что ли 参与构成的句子；5）语气词 разве, неужели 参与构成的句子；6）语气词 а, правда, не правда ли, так, так ведь, не так ли, хорошо, ладно 等构成的句子。固定结构表达的是非问句有 2 种：1）代词性词 + ли + не + ...?；2）До... + ли... + ...?。除了这 8 种，我们认为还有一种是纯语调构成的疑问句，它有以下

① Кобозева И. М. Лингвистическая семантика ［М］. М. : Эдиториал УРСС, 2000. С. 298.

② АН СССР. Грамматика русского языка ［М］. М. , 1980. С. 388 – 397.

几种表达模式：1）陈述句＋?；2）动词不定式句；3）能愿动词参与构成的疑问句；4）можно＋V构成的疑问句；5）动词命令式构成的疑问句等。这5种类型虽然同是由语调来传达疑问信息，但是模式中的某个成分在构句中以它特有的形态特点或语义特点，成为该模式的一个主要标记性要素，它在构句和执行各种功能中，以它的不变应交际中的万变。由此，我们归纳出俄语是非问句共有13种表达模式。

汉语疑问句的研究中，由于在疑问句的内部分类上标准不一致，从而使汉语学界对是非问句的认识各持己见，致使对其表达模式的研究涉及甚微，且不成体系。就我们目光之所及，涉足此领域的有范继淹、刘月华和邢福义三位先生。范继淹认为"现代汉语是非问句是选择问句的一种特殊形式。……动词的各种体范畴、句子的各种谓语结构，对是非问句有不同的约束力"①，继而在《是非问句的句法形式》一文中，以动词体为主线，论述了是非问句中单纯动词句，助动短语句，动结短语句和动趋短语句中的未然体、曾然体、已然体和持续体的一些情况。文中虽然论说详细，但却不是模式的描写。刘月华认为"是非问句有两种，一种是用语气词'吗'、'吧'的，……另一种是非问句没有疑问语气词，……叫语调是非问句"②，并用"S＋?"表示语调是非问句，重点分析了它的形成及表达功能。我们认为，语调是非问句的疑问标识是疑问语调，执行不同的交际功能时，以变化的疑问语气相区别，它的表达模式与句子抽象模式同一。因此，可以说刘氏的文中提出了是非问句的一种表达模式。邢福义（1987）在《现代汉语的特指性是非问》中讨论了同时带有疑问语气词"吗"和疑问代词的疑问句，作者称其为特指性是非问。文中划分出该问句的四种基本形式："有"字式、"想"字式、"能"字式和V过/了式。然而，我们在对俄汉语是非问句表达模式的梳理中，本着这样一个原则，就是所有的表达模式都必须可以抽象为"S＋疑问语气词?"和"S＋?"的简化模式，那些由疑问代词参与构成的，却又能表达

① 范继淹. 是非问句的句法形式［J］. 中国语文，1982（6），第426页。
② 刘月华. 语调是非问句［J］. 语言教学与研究，1988（2），第25页。

是非问意义的表达模式将不在我们的讨论范围之内。因而，从本书对是非问句的认识出发，同时考虑到表达模式的形成特点，总结归纳出以下6种汉语是非问句的表达模式：1）"吗"字句；2）"吧"字句；3）纯语调是非问句；4）句中"X 不 X"句；5）附加"X 不 X"句；6）副词"难道"参与构成的问句。

上述的这些俄汉语是非问句的表达模式，是在诸多语言现象中概括归纳出来的，它们在数量上、在结构上不是一成不变的。在言语交际中，这些表达模式中的要素会有所交叉，如俄语中的动词不定式疑问句，就可以加入语气词 ли，что же，разве 等，而且复句也可以表达是非问；汉语中的"吗"、"吧"都可进入"X 不 X"句，而且汉语的"X 不 X"句是一个非常复杂的表达式：在位置上，它可以前置、居中、后置；在结构上，它可再细化出"VO 不 VO"、"VO 不 V"、"V 不 VO"、"VO 不"等许多表达式，这些都可以说明汉语具有灵活性和简约性。实质上，我们列出的这些表达模式，其基干要素主要是能够表达问句意向功能的部分，有的（语调）在句法层面不能显示出来的，则是以文字说明表达该模式的特点，如：汉语中通过语调来表达的是非问句。在这一章的以下各小节中，我们将针对俄汉语是非问句的各种表达模式，从生成的角度做出解释，从中对比出俄汉语的特点。

二、带疑问语气词的是非问句

（一）俄语带疑问语气词的是非问句

根据 Chomsky（2000）的最简方案，所有的疑问句都是 CP 投射，中心词 C 包含疑问词缀 Q。Katz 和 Postal（1964）以英语为例，指出 Q 的出现只是改变了陈述句中主语和助动词的顺序，它们的意义并没有发生变化，如：（1）Did Bill see John? 和（2）Bill saw John. 正是因为 Q 的出现，才使是非问句和陈述句有了结构上的差别。俄国语言学家 Распопов И. П.（1973）通过对比分析得出：英语中的助动词实质上实现的是疑问语气词的作用，它不影响句子的构造组成（конструктивный строй），其主要成分并没有改变。Baker（1970）提出 Q 可以通过词汇实现它的存在，由此我们假设，在俄语和汉语是非问句中，疑问语气词可以实现 Q 的存在。

CP 由构成一个句子的基本命题 IP 和 C 合并组合而成。由此，是非问句的生成如图 2-1 所示。

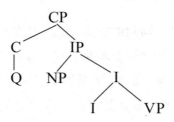

图 2-1　是非问句 CP 生成

按照 Chomsky（1995）的理论，在 CP 里，C 是疑问句里的强中心词，投射的中心，具有［+Q］特征。同时，Chomsky 也指出"英语 C 的 Q 特征是不可解释的，是需要核查的，因此它必须被某成分填充"①。那么，在俄语是非问句的 CP 投射中，C 的 Q 特征也应该是不可解释的，它同样需要核查。我们认为，俄语 CP 结构中的 Q 主要由疑问语气词填充。俄语 6 种带疑问语气词的表达模式中，有 4 种疑问语气词在 CP 结构中都是疑句标句词，模式 3）和 4）中的 что，что же，что ли 如前所述，在问句中不是一定要填充 Q 位置的，它们有时是说话人表达时临时加上去的，用以给句子增添某种情态意义。由此也可以说明，当疑问语气词做标句词时，占据 C 位置，按照 C→IP 的排列顺序，该疑问语气词就位于句子的前部了。② 当问句中出现的疑问语气词不做标句词时，它在句中的位置就相对自由，表达说话人的认知状态，加强问句所传递的疑问信息，这样的疑问语气词往往是说话人在语音层加进问句中的，所以在 CP 结构中没有体现。

---

① Chomsky N. *The Minimalist Program* ［M］. Cambridge. Mass：MIT Press，1995．p．289．
② 这针对大多数情况而言，俄语中也有疑问语气词出现在句中和句尾的情况，这时主要是在焦点、修辞或语用等因素的作用下发生的移位。

1. 俄语 ли 问句的生成解释

ли 问句是俄语典型的是非问句，这里我们将重点论述 ли 问句的生成过程。

疑问语气词 ли 的疑问特征是可解释的，它能够给予句子一定的疑问意义。在俄语 ли 问句中，C 的［＋Q］特征的不可解释性就可以通过 ли 的填充来核查。据此，也可以说语气词 ли 带有［＋Q］特征，能够进入 C 位置，成为中心词。概括地讲，俄语 ли 问句有 XP＋ли 和 V＋ли 两种结构，它们各有不同的生成解释。

在 XP＋ли 结构中，XP 是动词以外的其他成分，如：DP、PP 等，与 VP 对立，如：

（11）Хорошо ли вы провели ночь? — сказал он, ...（Л. Толстой）

（12）А реалисты ли они? —усомнился Эрнест Борисович.（В. Тендряков）

（13）Нельзя ли мне видеть Облонского?（Л. Толстой）

（14）И мы ли не оценили этого?（Л. Толстой）

XP 构成问句的焦点，是问题的所在，其他句子成分为预设，整个问句要求的是部分确认。Rivero（1993）提出，在 CP 结构中，［Spec, CP］位置是句子的焦点位置。由此，我们得出 XP 在 XP＋ли 结构生成中的表现是：XP 是 XP＋ли 结构问句的焦点，特征核查导致 XP 做合法显性移位，占据［Spec, CP］位，移走后的 XP 成分在原位遗留下语迹 t。生成如图 2－2 所示。

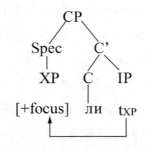

图 2－2　XP＋ли 的结构生成

Rivero（1993）还指出，C 能够核查标语词的［+F］特征。俄语语气词 ли 占据 C 位，推理得出语气词 ли 具有核查焦点的特征，核查位于它前面［Spec，CP］位置上短语 XP 的焦点特征，从而生成俄语 ли 问句的 XP＋ли 结构。以例（11）为例，生成过程如图 2－3 所示。

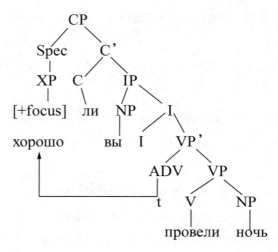

图 2－3　例（11）的生成

俄语 ли 问句的 V＋ли 结构在中性语境下，V 不是焦点。V 虽然在语气词 ли 之前，但是它没有占据［Spec，CP］位置，问句要求对整个命题做出回答。如：

（15）Читала ли ты серьезное что-нибудь？（И. Гончаров）

（16）Кричит ли сын Дмитрий？（Л. Толстой）

（17）Курит ли он？（Л. Толстой）

以例（15）为例，无论受话人给出的回答是肯定，还是否定，都是针对 Читала ты серьезное что-нибудь？而言的。这时问句的［Spec，CP］位置是空缺的，语气词 ли 核查焦点的功能隐退，［Spec，CP］位置存在的是一个空疑问算子。语气词 ли 填充 Q 核查 C 的［+Q］特征，同时 C 的强疑问特征又会迫使动词 V 提升，以核查 ли 的 ［＋Q］ 特征，其结构生成如图 2-4 所示。

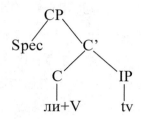

图 2-4　V＋ли 的结构生成

　　然而，动词 V 从 IP 中提升至 C，要经过若干个层级，这个过程中 V 携带着时态、情态、一致性等语法范畴在一系列的功能语类中心位置提升、合并，V 的提升路径如图 2-5 所示。

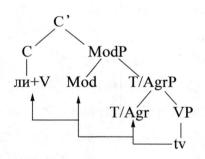

图 2-5　V 的提升路径

　　提升之后的 V 形成了一个嫁接到 C 位置 ли 上的具有完整形态特征的动词中心。运算到这一步，问句的句法生成似乎已经完成，但是我们在运用系统中接收到的却是 V＋ли 结构。那么该如何解释 V＋ли 结构问句从认知系统到运用系统，在接口处 V 位置发生改变的问题呢？对此，我们可以借鉴两种观点，一种是 Tomic（1996）在对巴尔干斯拉夫语小句研究中提出的 V＋li 的句法解释。即，可以把 V＋li 当作一个句法现象，li 是一个在 C 位置的中心语。

53

第二章　俄汉语是非问句句法对比

如果 V 经过提升、合并来到 I 位置时，li 必须右移，这就违反了管约论（GB）中心移位约束（HMC）的约束原则，因此，V 必须左移，生成 V + li 结构。同时存在的还有一种观点，被广泛地应用于解释塞尔维亚语和保加利亚语等斯拉夫语。这就是 Holloway King（1996，1997b）提出的韵律倒置操作。他认为，在显性句法中，动词不必移动到 C 位置，因为没有句法原因去触发和支持它，li 的填充已经满足了 C 的 ［+Q］ 特征，因此，li 通过在语音层面的韵律倒置附着在第一个韵律词的右边，这种移动是音位上的，要符合韵律，而不是句法上的重新排序，因此，不必在句法层面上处理。两种观点都认为 li 是虚词形式，它总是在动词或其他成分之后，出现在句子的开始部分。受其启发，俄语的 V + ли 结构问句我们也可以提出两种解释方法。然而，Chomsky 1981 年提出的管约论（GB）在实际应用中被检验出存在许多问题，其中就包括对 I 的假设问题。以至在后来的 Chomsky 最简方案中，对此做出了较大的修正。因而，管约论虽然能对俄语 V + ли 结构的生成做出些许解释，但却不是本书论述的重点。本书所关心的是第二种观点，以韵律倒置的假设解释俄语 ли 问句结构从认知系统到运用系统，在接口处 V 位置发生改变的过程。

俄语的每个单词都由若干个音节组成，每个音节都可能成为重读音节，即，它或是重读或是非重读，在俄语中并没有固定的规则来规范①，所以词尾若有附加成分也不会影响到该词的重音位置。语气词 ли 没有自己独立的重音，它要借助于与其相邻的成分进行语链连读发音。在句法上，它就要附着于与其相邻的这个词之后。当 ［Spec，CP］ 位置为空时，韵律倒置的操作就会迫使提升到 C 位置上的 V 发生移位，移位发生在 PF 层面，因此，我们在运用系统中接收到的就是 V + ли 结构。

俄语 V + ли 结构还有一种生成情况，就是如果 V 带有逻辑重音标记，那么 V 就成为焦点成分。这时 V 在 CP 结构中的左移、提升就不再是韵律倒置操作的结果了。V 的提升、左移是为了填充 ［Spec，CP］ 位置以核查它的

---

① 在有些语言中就有明确规定，正数或倒数第几个音节为重读音节，如：马其顿语一般倒数第三音节为重读音节，单音节和双音节的词重音则在正数第一个音节。

［+F］特征，即焦点特征。此情境下，语气词 ли 的双重功用同时生效：核查 V 的焦点特征和核查 C 的 ［+Q］ 特征。以例（16）为例，当说话人没有听清儿子声音的时候，对动词 кричит 做出探询，сын Дмитрий 是预设，动词 V 的提升就免去了一系列的功能语类中心位置的提升与合并。生成如图 2-6 所示。

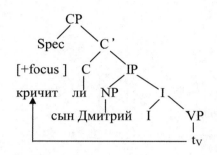

图 2-6　V 为焦点的 V + ли 结构生成

　　综上所述，在俄语 ли 问句的生成中，语气词 ли 有两种功能：焦点核查和 C 的 ［+Q］ 特征核查。在 XP + ли 结构中，XP 是问句的焦点，XP 直接提升至 ［Spec, CP］ 焦点位，语气词 ли 在 C 位置实现焦点核查和 C 的 ［+Q］ 特征核查功能，生成 ｛cp XP［c ли］｝ 的逻辑式。俄语 V + ли 结构中，V 是焦点动词时，与 XP + ли 结构的生成一致，形成 ｛cp V［c ли］｝ 逻辑式；当 V 为非焦点动词时，ли 只实现 C 的 ［+Q］ 特征核查功能，动词经过一系列的功能语类中心位置的提升与合并，右嫁接在 C 处以核查 ли 的 ［+Q］ 特征，然后，再由韵律所致，迫使动词左移，形成 ｛cp［c V + ли］｝ 结构。

　　2. 俄语带其他疑问语气词问句的生成

　　由于疑问语气词具有相同的句法功能，所以俄语其他疑问语气词进入 C 的过程我们就不再一一赘述。在这一小节中，我们将针对其他疑问语气词构成问句的特点略做说明，其生成过程则主要以图示表示。

　　（1）语气词 не... ли 参与构成的是非问句

　　语气词 не... ли 参与构成的是非问句，其疑问焦点成分并不处在焦点位

55

置 [Spec，CP] 上，而总是填充在语气词 не... ли 之间。对此我们认为，造成焦点成分的右移，依然是语气词中 ли 的韵律强制。该句子在结构生成中，焦点成分被提升占据 [Spec，CP] 的焦点位置上，而韵律倒置的过程发生在语音层，与 ли 组合，构成"не 疑问焦点词 ли"的结构，其逻辑式是 {cp V（XP）[c не... ли]}，其语音表达式为 {cp [c не V（XP）+ли]}。以句子 Не закрыли ли вы дверь?（引自 И. Б. Шатуновский）为例，其生成过程如图 2 −7 所示。

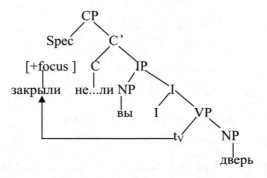

图 2 −7　语气词 не... ли 参与构句的 CP 生成

（2）语气词 разве，неужели 构成的句子

语气词 разве，неужели 构成的句子在生成中是比较简单的一种，句中成分各就其位。以句子 Разве ты не пойдешь вместе со мной?（Ф. Достоевский）为例，生成过程如图 2 −8 所示。

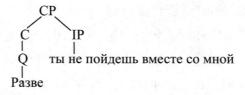

图 2 −8　语气词 разве 参与构句的 CP 生成

（3）语气词 a，правда，не правда ли 等构成的问句

语气词 a，правда，не правда ли 等构成的问句也叫附加疑问句，"它表达了一个肯定或否定的方向，是附加到陈述句上的问句"①。俄语附加问在构成上主要是用疑问语气词，以出现在句末的情况居多，有时也可以出现在句首。当附加问位于句首时，需要有一个连接词 что 与后面的陈述部分相连，句子整体成复句结构，疑问语调在语气词上形成升调。从附加问句的结构上可以说，此类问句实质上是由两个小句构成的，即，陈述句 + 问句，属于 CP 生成结构的只有附加的问句部分。问句是对陈述部分的质疑，在语义上应该是 Правильно я так говорю（считаю）？所以，附加的问句应视作是一个省略结构，省略了对前面陈述部分质疑的复述。以句子 Все это странно，правда？（И. Тургенев）为例，其生成图如 2 – 9 所示。

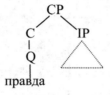

图 2 – 9　附加问句的 CP 生成

（二）汉语带疑问语气词的是非问句

汉语是非问句里的疑问语气词只有两种："吗"和"吧"，具有疑问特征。在 CP 结构中，它们是疑问标句词。Tang（1998）认为汉语 CP 结构中，C 具有［-TP/IP］特征，由此触发了 IP 的移位，导致汉语是"IP + C"的线性排列顺序。根据这一假设，汉语带疑问语气词的是非问句生成如图 2 – 10 所示。

①　Quirk，Randolph. *Old English literature：a practical introduction*［M］. London：Edward Arnold，1975. p. 390.

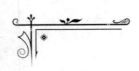
```
                    CP
              Spec      C′
                     IP     C
                              Q
                           吗（吧）
```

图 2 – 10 　汉语带疑问语气词的是非问句 CP 生成

　　Kayne（1994）指出左移 IP 至 C 位置，可以得到 C 居句尾的一个线性排序。还有一种观点就是 Simpson 和 Wu 通过对台湾话的研究，得出的语气词"吗"在句末的位置是已经语法化了的标句词，属虚词。"吗"因此增加了依附性，需要有音位上的支持，这种支持应该来自于虚词的左边成分，由此促使发生了 IP 左移至"吗"之前。据此，我们推导出语气词"吧"也是出现在句末语法化了的标句词，它以对左边成分的依附来获得音位上的支持，同样触发了 IP 的位移。这些观点给汉语带疑问语气词是非问句结构的生成研究提供了一定的理论支持。由此，我们也注意到，汉语的语气词与俄语中的 ли，не... ли 有相似之处，都需要语音上的支持，同时也存在着不同，俄语语气词 ли，не... ли 只迫使一个词汇成分移位，而汉语中的"吗"和"吧"却迫使整个 IP 发生了左移。

三、不带疑问语气词的是非问句

（一）俄语不带疑问语气词的是非问句

　　俄语不带疑问语气词的是非问句主要有两种：用于表达疑问的固定结构参与构成的是非问句和疑问语调是非问句。俄语用于表达疑问的固定结构是熟语化的结果，它的句法不可解释性使得它虽然可以成为是非问句的疑问标示元，但是却不能成为疑问标句词。因此，该结构问句与疑问语调是非问句一样，其疑问特征是在交际中实现的。根据 Chomsky（1992）最简方案的规则部分，语调和 CP 结构分属两个不同的系统，前者属运用系统，后者属认知系统，如图 2-11 所示。

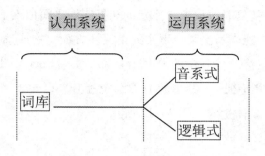

图 2-11　最简方案的规则

俄语不带疑问语气词的是非问句产生于运用系统，因此没有 CP 逻辑结构式。

（二）汉语不带疑问语气词的是非问句

汉语不带疑问语气词的是非问句中，语调是非问句与俄语不带疑问语气词的是非问句一样，产生于运用系统，不具备 CP 逻辑结构式。但是用于表达疑问的固定结构却不同，句中的"X 不 X"结构的疑问特征是可解释性的，可以成为标句词。以该结构的表达模式 4）句中"X 不 X"句和 5）附加"X 不 X"句为例来分析，这两种与俄语相比，是汉语特有结构句的句法结构。

1. 句中"X 不 X"句

句中"X 不 X"句也叫正反问句或反复问句，是一种典型问句，它的表现形式是在两个相同的谓词中间插入一个否定词"不"，否定词"不"的出现为问句提供了限定特征，使问句增添了"或者"的选择意义。该问句主要有以下几种具体表现形式：当谓词为单纯词时，形成 A 不 A 形式，如：是不是；当谓词为合成词时，它可以有 AB 不 AB 和 A 不 AB 两种形式，如：喜欢不喜欢，喜不喜欢；当谓词位置出现的是一个结构时，表现为整个结构重复 VP 不 VP，和只有动词重复 VP 不 V，如：喜欢这本书不喜欢这本书，喜欢这本书不喜欢。黄正德（1988）认为"A 不 AB 型"正反问句的深层结构是一个带有"疑问屈折词组"的简单句，句中的抽象屈折范畴在汉语普通话中的

表现方式就是重叠，重叠一次并在中间插入"不"字。受此启发，我们假设CP 结构中的 Q 触发了某个语音完全复制或部分复制自己，由于 I 处有一个否定屈折形态 NO，使复制过程中在原始词和复制词之间加入了"不"字。形成的"X 不 X"结构能表示出某个事实的正反两方面，构成选择性的疑问特征，此特征使其发生位移，与 C 中的 Q 结合。而此时［Spec，CP］位置为空，为了满足了 C 的 EPP 特征①，IP 里的 D 要移位提升。以句子"你们认（识）不认识我?"为例，具体生成如图 2 – 12 所示。

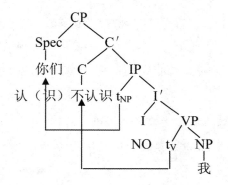

图 2 – 12　句中"X 不 X"句的 CP 生成

2. 附加"X 不 X"句

汉语附加"X 不 X"句的基本形式有：是不是，行不行，对不对，懂不懂，好不好等。在口语中，"X 不 X"形式可以简化，简化后加上疑问语气词"吗"，有时也有加"吧"的，形成：是吗（吧），行吗（吧），对吗（吧），懂吗（吧），好吗（吧）等。由此得出构成汉语附加问句主要的两种形式：一个是句末加"X 不 X"；一个是句末加虚词。Hu 认为，这两类问句在日常会话中，"X 不 X"附加问要远远多于虚词附加问，并给出下面的日常会话使

---

① EPP 为"Extended Projection Principle"的缩写，是 Chomsky 于 1981 年提出的，表示句中的标语词位置不能空缺。

用频率统计表 2 – 1①：

表 2 – 1

类型	频率	百分比（％）
X 不 X 附加问	283	87.89
虚词附加问	25	7.76
其他	14	4.35
合计	322	100

这种句式在构成上是在陈述句末附加一个简短的小问句，常用来表示确认。有关汉语附加问句的产生，在现有文献研究中我们还没有找到比较系统的论述。不过，Chu② 曾提出过，附加问的产生更多的是依赖于它前面陈述句的意义。这里我们根据 Quirk et al. 对附加问的解释和俄语附加问句生成的解释以及汉语 X 不 X 结构生成的特点，提出本书对汉语该问句的认识。我们认为，这个附加上去的疑问小句在句法结构上省略了相应的主语或是宾语，只留下具有疑问的核心成分——谓语。比如上述这几个附加疑问形式，我们都可以添加上省略的成分，使它的结构和语义复原完整：（我说的）是不是（这样），（这样）行不行，（我说的/这样）对不对，（我说的/你）懂不懂，（这样/我说的方法）好不好。这些省略的成分是对问句前面的陈述部分的指代，这个回指成分在两个句子的衔接上使句子结构冗余，交际中也不便于快捷地传递信息，出于语言简约性的要求，在不影响句子语义和正常交际的情况下形成省略后小问句附加的语言现象。省略部分在认知系统中与附加的小问句构成一个完整的句法结构，当它来到接口处时，在音系式中省略掉了，形成

① Hu Chingchi. *Question tags in Taiwan Mandarin：Discourse Functions and Grammaticalization* ［D］. M. A. Thesis. National Taiwan Normal University. Taipei, 2002. pp. 129 – 143.

② Chu Chauncey C. *A Discourse Grammar of Mandarin Chinese* ［M］. New York：Peter Lang Publishing, 1998. pp. 111 – 112.

第二章　俄汉语是非问句句法对比

附加"X不X"问句。如例句"妈妈把你养大了的，你跟妈妈一条心，对不对?"，它实质是陈述句"妈妈把你养大了的，你跟妈妈一条心"和疑问句"我说的这句话对不对?"合并而成的，CP的生成是疑问句"我说的这句话对不对?"。具体生成如图2-13所示。

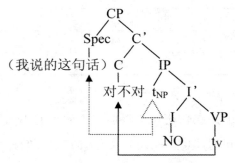

图2-13　汉语附加 X 不 X 问的 CP 生成

从这两个结构的 CP 生成中我们可以看出，俄汉语附加问句是两个完全不同的生成过程，汉语的生成过程要比俄语复杂得多，且俄汉语附加的部分也分属不同的语法单位，俄语是以语气词做附加的部分，在 CP 结构中直接占据 C 位置填充 Q，而汉语则是谓词做附加的部分，并且经过移动来到 C 位置。

四、俄汉语是非问句的否定结构

（一）俄语否定是非问句与相对最小化

否定是一个比较复杂的语言范畴。俄语否定是非问句是疑问句研究的重要组成部分，其否定形式主要由否定语气词 не 参与构成。"一般来说，俄语否定语气词 не 都是位于被否定的词前，倾向于同后面的词组合"[①]，构成句中的否定成分，使句子获得否定意义。在句法上，А. М. Пешковский 根据否

① Озаровский О. В. Синонимия высказываний с разным расположением отрицания［J］// Филологические науки, 1981（3）. С. 40.

定语气词 не 在句子中的位置，把否定句分为一般否定和部分否定。① 在语义上，这两种结构否定句则又可称作完全否定和不完全否定。② 因此，也有语言学家认为"否定既是表达思想的形式，也是表达思想的句子的形式"③。然而，我们在对俄语是非问句的研究中发现，一般否定形式的是非问句有时却不是"思想的表达形式"，存在否定形式表达 P 命题的语言现象。对此，有必要针对俄语否定是非问句的结构与语义做出重新审视。基于俄语是 SVO 语言，我们根据否定成分在俄语否定是非问句中的位置，将俄语否定是非问句分为原位否定和前置否定两类，分别用（XP + ли +）S + <u>не</u> <u>+ V</u>? 和<u>не + V</u>（ + ли）+ S? 表示。如：

（18）—А, ты не ушел ? —сказал вдруг голос Кити, ... （Л. Толстой）

（19）—А посланный не возвращался ? （Л. Толстой）

（20）много ли ты не сделал в жизни? （www. websher. net）

（21）мне ли ты не отворишь ? （www. lavra. kiev. ua）

（22）Не укусит она? （Л. Толстой）

（23）Не больно тебе? （Л. Толстой）

（24）—Но не могу ли я вам быть полезным? （Л. Толстой）

（25）Не притворяются ли они? （Л. Толстой）

实践中我们注意到，原位否定是非问句表达的是 ?P 可能性存在，而前置否定的是非问句出现了形式与语义的不对应：常常表达的是 P 可能性存在。我们将针对这一语言现象，运用 Rizzi 的相对最小化理论（RM），从语言生成

①　Пешковский А. М. Русский синтаксис в научном освещении［М］. Учпедгиз, 1956. С. 388.

②　Падучева Е. В. Отрицание［М］// Русский язык: энциклопедия. М.: Научное издательство «Большая Российская энциклопедия», 1997. С. 310. Падучева Е. В. Отрицание［М］//Большой энциклопедический словарь: Языкознание//Гл. Ред. В. Н. Ярцева. 2-е изд. М.: Научное издательство «Большая Российская энциклопедия», 1998. С. 534.

③　Панфилов В. З. Отрицание и его роль в конституировании структуры простого предложения и суждения［J］//Вопросы Языкознания, 1982 (2). С. 46.

的角度做出解释。

Rizzi Luigi 于 1990 年提出相对最小化理论（Relativized Minimality）。该理论指出，在句法结构的生成中，X 类型的成分能够阻碍另一个同类型 X 成分的管辖，即，只有一个介入功能中心才能阻碍另一个功能中心的管辖，只有一个位于 A'位置的介入短语 XP 才能阻碍另一个 A'位置的 XP 的管辖，并且只有一个位于 A 位置的介入短语 XP 才能阻碍另一个 A 位置的 XP 的管辖（A-Specifier, A'-Specifier）。Rizzi 在阐释该理论中，举了两个经典例子，如（26）和（27）。其特点是：一个短语要跨过与之同类型的短语移位时，移位受到阻碍，而越过不同类型的短语时，移位不受影响。例如，（26）a 中，一个 Wh 词 what 移位受到阻碍，正是由于另一个 Wh 词 who 介于它和它的语迹中间，而在（26）b 中则不存在这种阻碍，移位是可能的。同理，在（27）a 中，一个 DP book 移位到主语位置时，受到了阻碍，导致该现象的缘由是另一个 DP John 位于它和它的语迹中间，而（27）b 中的 John 移位则是可能的。

（26）a . ＊What$_i$ did who read t$_i$?

b. What$_i$ did John read t$_i$?

（27）a. ＊A book$_i$ was given John t$_i$

b. John$_i$ was given t$_i$ a book.

2001 年，Rizzi 将整个理论比较核心的内容进行了修正，形成相对最小化条件（Relativized Minimality Condition/RMC）。该条件指出，当 Y 是一个含有 X 的最小结构时，如果

1. Z 与 X 是同类型结构；

2. Z 介于 X 和 Y 之间。

那么 Z 是不存在的。也就是说，如果 X 成分统治 Z，Z 成分统治 Y，X 和 Z 是同类型的结构，那么这就意味着，要使该结构合法成立，X 位置就必须为

空，某一成分就不能从 Y 位置通过 Z 位置移动到 X 位置。因此，在相对最小的成分统治中，不能连续出现两个以上（包括两个）同类型的结构，如：$*\alpha \quad \alpha \quad \alpha$，只能是 $\alpha \quad \alpha \quad \alpha$。就疑问句而言，肯定是非问句 CP 由强中心词 C 和构句基本命题 IP 构成，其生成结构符合相对最小化理论，在〔Spec，CP〕和〔Spec，IP〕之间存在一个非同类型结构 C。结构生成如图 2 - 14 所示。

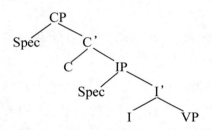

图 2 - 14　肯定是非问句 CP 结构生成

因此，RMC 在很大程度上约束了在句法结构上移动的类型。

关于俄语否定是非问句的结构，我们认为，是在肯定的 CP 结构中插入了一个否定结构 NegP，它在 IP 结构的统治下，形成了具有 3 个核心功能语类中心的否定的 CP 结构。根据 Chomsky① 的论述，我们假设在俄语 NegP 结构中存在一个否定算子 NO，它处于〔Spec，NegP〕位置，且有一个统治辖域，只有处在它所统治的辖域内，否定成分才能具有否定力。如图 2 - 15 所示。

① Chomsky N. *The Mimimalist Program* 〔M〕. Cambridge. Mass：MIT Press, 1995. pp. 129 - 166.

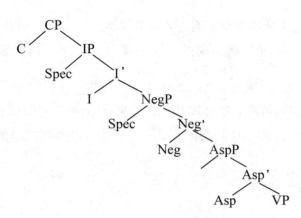

图 2 - 15　否定是非问句 CP 结构

1. 原位否定是非问句

原位否定是非问句主要是指问句中的否定成分没有发生移动，处在原有的生成位置接受否定算子 NO 的辖域统治，使句子具有否定意义。原位否定的是非问句有不带 ли 类型 S + не + V？如例（18）、（19）和带 ли 类型 XP + ли + S + не + V？如例（20）、（21），下面我们将对它们进行分别论述。

S + не + V？型否定是非问句的生成在逻辑式（LF）上与陈述句相同，其疑问特征的获得是因为在音系式（PF）这个层面上介入了 IK - 3 调型，因此，它的结构生成图只能在 IP 结构中有所体现，以例（18）为例，生成过程如图 2 - 16 所示。

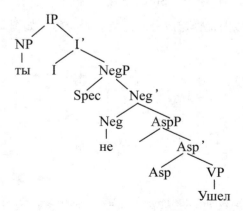

图 2 - 16　S + не + V？型否定是非问句的 CP 生成

66

在 XP + ли + S + <u>не</u> + V？类型的是非问句中，XP 构成问句的焦点，是问题的所在，其他句子成分为预设，整个问句要求的是部分确认。如例句（21），问句中的否定成分 ты не отворишь 是整个问句的预设，表示"存在你没为某人打开门这种事实"，而问句所探询的、需要被确认的是 мне。该类型问句由于出现了语气词 ли，使其结构的生成与 S + <u>не</u> + V？结构问句有了明显不同：XP + ли + S + <u>не</u> + V？中的否定成分虽然没有发生移位，但是 XP 成分却是因移位而出现在了语气词 ли 的前面。XP 作为 XP + ли + S + <u>не</u> + V？结构句的焦点，它必须做合法显性移位，占据［Spec，CP］位，核查［+F］焦点特征。语气词 ли 虽然在该结构中与否定成分没有关系，但是它却能够有力地证实 XP 发生了移位，是问句的焦点。例（21）的生成如图 2－17 所示。

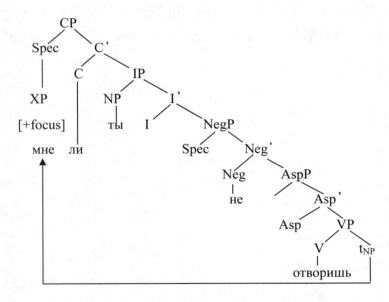

图 2－17　XP + ли + S + <u>не</u> + V？的结构生成

2. 前置否定是非问句

前置否定结构的生成是由于 NegP 结构进入 CP 结构后，发生了否定成分位置前移。前置否定是非问句也有两种结构类型：不带语气词 ли 结构 <u>не + V</u> + S? 如例（22）、（23）和带语气词 ли 的结构 <u>не + V</u> + ли + S? 如例（24）、（25）。促发两种结构中否定成分位移的原因，我们可以从两个方面来解释：一是 C 强中心词吸引；二是韵律倒置。

按照 Chomsky（1995）的理论，在 CP 里，C（complementizer）是疑问句里的强中心词，它必须被某成分填充，为了满足这一要求，在构句中，要么插入一个具有［+Q］特征的词汇成分，要么通过强吸引使带有该特征的成分发生移动。因此，如果没有词汇成分去占据 C 这个位置时，具有强力量特征的 C 会吸引 I 位置的谓语中心词 V 移动到 C 结点。谓语中心词（动词的情况比较多）移动的过程与俄语 ли 问句中动词的提升路径一致，因此，在这里就不再赘述。前置否定是非问句结构 <u>не + V</u> + S? 的生成就是这样一种情况。在这种结构类型的问句中，не + V 具有强疑问特征，C 又没有被某一词汇成分所填充，那么这时，"倾向于同后面的词组合"① 的语气词 не 与 V 一起被强吸引提升，占据 C 结点。以例（22）He укусит она? 为例，生成如图 2 – 18 所示。

---

① Озаровский О. В. Синонимия высказываний с разным расположением отрицания［J］// Филологические науки，1981（3）．С. 40.

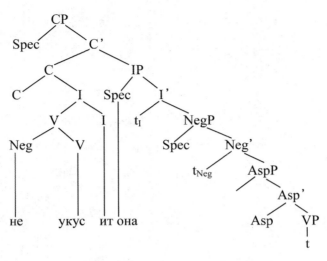

图 2-18　<u>не + V</u> + S? 的结构生成

　　前置否定是非问句结构<u>не + V</u> + ли + S? 与我们前面论及的 XP + ли + S + <u>не + V</u>? 结构在生成上走的是截然不同的两条路径。否定成分 не + V 虽然处在语气词 ли 之前，但是它不是焦点，也没有占据［Spec, CP］位置，问句要求对整个命题做出回答。这时，问句的［Spec, CP］焦点位置是空缺的，语气词 ли 核查焦点的功能隐退，［Spec, CP］位置存在的只是一个空疑问算子 OP Yes/No。语气词 ли 填充 Q，核查 C 的［+ Q］特征，同时 C 的强疑问特征又会迫使谓语中心词 V 携带着否定语气词 не 一起提升，以核查 ли 的［+ Q］特征。提升之后的 не + V 形成了一个右嫁接到 C 位置 ли 上的具有完整形态特征的动词中心。如图 2-19 所示。

　　运算到这一步，问句的句法生成似乎已经完成，而我们在运用系统中得到的是<u>не + V</u> + ли + S? 结构，其构成原因仍然是由于韵律倒置的操作，语气词 ли 迫使提升到 C 位置上的 не + V 结构发生向左移位，移位发生在 PF 层面。以例（25）Не притворяются ли они? 为例，得出<u>не + V</u> + ли + X? 结构的生成如图 2-20 所示。

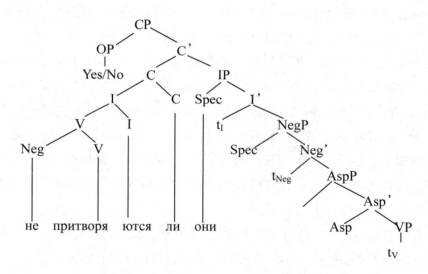

图 2 - 19　　не + V 提升后形成的 ли + <u>не + V</u> + S？**结构**

图 2 - 20　　не + <u>V + ли</u> + X？**的结构生成**

　　从我们对前置否定是非问句两种结构类型的生成论述中，可以看到，不管前置否定是非问句的前置促发因素是什么，其最后的生成结果都是使前置的否定成分游离出了否定算子 NO 的统治辖域。如果我们假设否定算子 NO 为

70

了辖域统治否定成分，也跟着移位、提升，那么它只能是提升至比［Spec，CP］位置还要高的位置，才能统治前置的否定成分，如图 2－21 所示。

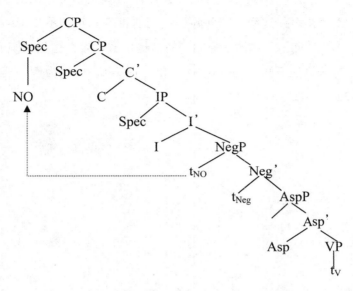

图 2－21　否定算子 NO 移位、提升后的错误结构

这样就违反了 Rizzi 的相对最小化理论。据此可以说明，游离出否定算子辖域的前置否定成分已经失去了否定力，使整个问句的否定结构出现否定冗余，否定语气词 не 在问句中已不具备否定意义，此类否定是非问句在交际中推出的是命题 P。谈到这里，我们还要说明一种情况，就是前置否定是非问句 не＋V＋ли＋S? 结构与由语气词 не… ли 构成的是非问句结构相同，且后者的生成也完全可以解释为是韵律倒置的操作所致。二者的区别是，ли 否定是非问句的 не… ли 部分在语调音高上要高于语气词 не… ли 构成是非问句的相应部分。① 然而，由于语调音高部分是在 PF 层生成，因此，二者的区别只能是在运用系统中得到体现。

　① 笔者曾于 2006 年 10 月在黑龙江大学聆听俄国语言学家 И. Б. Шатуновский 讲座期间，就有关二者的区别问题向 И. Б. Шатуновский 教授求教，教授给出上述观点。

（二）汉语否定是非问句

　　汉语的否定是非问句在句法结构上主要由表示否定意义的副词"不"参与构成，"不"字位于动词、形容词、助动词、副词的前面。汉语这类问句在表达结构上也存在两种类型：带疑问语气词的否定问句和不带疑问语气词的否定问句。不带疑问语气词的是非问句的结构生成发生在运用系统的语音层。我们分别以句子"他不知道吗（吧）?"和"他不知道?"为例，具体生成结构如图 2–22、2–23 所示。

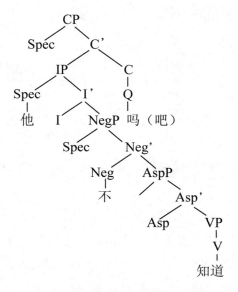

图 2–22　带疑问语气词否定问句的结构

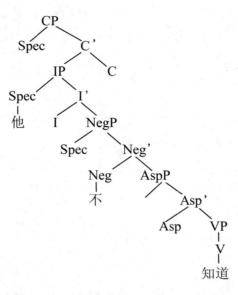

图 2 - 23　不带疑问语气词否定问句的结构

从这两个结构生成图可以看出，问句中的否定成分都在否定算子 NO 的辖域范围之内，汉语语序的非自由性使问句中的否定成分不太可能会游离出否定算子的辖域之外。然而，汉语中也有否定形式的是非问句表达 P 命题的语言现象，这时问句中多是由"不是"构成的连谓结构，如例（28）：

（28）那不是你女儿的命好吗？（老舍）

当然也可以不是连谓结构，如例（29）：

（29）这不是造化吗？（老舍）

针对这一现象，我们假设这类问句的否定结构并不是 NegP 结构辖域内的否定结构，此否定形式是在 I 中否定屈折形态 NO 的制约下形成的，是正反问中"X 不 X"的简化，再加上疑问语气词"吗"，全句的完整形式是：

（28'）那是不是你女儿的命好？

（29'）这是不是造化？

语句表达出说话人对肯定命题的倾向。问句的否定结构不在否定算子的统治范围之内，所以问句出现否定冗余。问句在生成过程中，由于简化后的

73

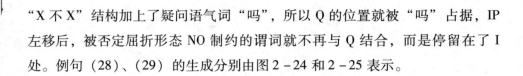

"X 不 X"结构加上了疑问语气词"吗",所以 Q 的位置就被"吗"占据,IP 左移后,被否定屈折形态 NO 制约的谓词就不再与 Q 结合,而是停留在了 I 处。例句(28)、(29)的生成分别由图 2-24 和 2-25 表示。

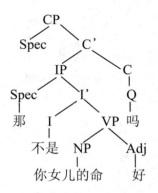

图 2-24 汉语是非问句否定冗余的 CP 结构

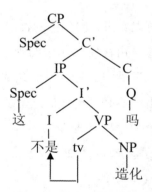

图 2-25 汉语是非问句否定冗余的 CP 结构

综上所述,对比得出,俄汉语否定是非问句出现的否定冗余现象,虽然都是由于否定成分不在否定算子的辖域内,但是汉语的否定冗余并不是因违反 Rizzi 的相对最小化理论所致,而是俄汉语有不同的生成路径。

第二节　俄语是非问句的词序和汉语是非问句的语序

一、俄语是非问句的词序

词序是句子词汇－语法成分在某个线性连续体中的排列，在语言中具有一定的功能意义。俄语中最早对词序问题进行研究的是 И. И. Давыдов（1816，1817，1819），随后在该领域研究的还有 М. И. Воскресенский（1936），В. Г. Орлова（1939），М. К. Милых（1948）与 Е. М. Галкина－Федорук（1954）。他们的研究主要集中在句法建构中词序的作用，但是很快就被证实，这种研究视角是有缺陷的，对俄语并不十分适用。受捷克语言学家马泰休斯（Vilem Mathesius）[①] 提出的与语法成分学说相对立的实义切分学说的影响，俄语学界对词序的功能有了新的理解。马泰休斯认为斯拉夫语中的词序有两种功能：一是实现句子实义切分的主要手段。与语调相互作用划分出句子的主位与述位。二是与语法切分（грамматическое членения）的关系是辅助性的，具体表现在两方面：当某个词形（словесная форма）以某个线性排列固定下来，而该排列又表示某个句法构成意义时，这是语法词序；或者当词形的句法构成意义取决于它的线性排列时，这是语法化词序。马泰休斯对词序功能的这种开拓性的解释理论开辟了该领域研究的新视角，受其影响 А. С. Мельничук（1958），О. Б. Сиротинина（1965）与 П. Адамец（1966），И. И. Ковтунова（1967）也相继论述了自己对词序的理解观点。学者们对词序的功能形成了一致的意见，认为主要有三种基本功能：一是结构句法功能（конструктивно-синтаксическая функция）。在句子语法切分层面，词序可以是某些词形结构联系的等级参数（показатель иерархии）。俄语中词序在结构句法层面上发挥作用时，往往是词形间联系的词形变化和专门的虚词手段已经不能充分地体现出它们的句法等级，这时词

[①]　Vilem Mathesius. *Čeština a obecný jazykozpyt*［M］. Praha，1947.

序发挥它重要的辅助作用，能够首先准确地突出究竟是哪些词形之间确立了直接联系，以此确保各成分等级之间联系的排列或再排列顺序。如：

（30）Я получил письмо от товарища. —Я получил от товарища письмо.

（31）Бабушка сварила из ершей уху. —Бабушка сварила уху из ершей.

有时也可以帮助区分作为句子结构成分的词形的句法意义。比较典型的是俄语阴性和中性名词第一格形式和第四格形式是相同的词法结构，其句法意义就要依据它们在句子组成中的位置而定：谓语前面的词形表示行为的主体，谓语后面的是行为的客体。如：

（32）Мать любит дочь. —Дочь любит мать.

（33）Платье задело весло. —Весло задело платье.

二是交际句法功能（коммуникативно-синтаксическая функция）（实义切分）。这是俄语词序的主要功能。在执行交际功能时，词序的变化并不影响语法切分层面中各词形之间的相互关系和联系，它把作为语法成分的词形单独或者是与其他成分的组合进行位置调配变化，实义切分出主位和述位，以明确语句的交际意义，突出交际视角。

三是修辞功能（стилистическая функция）。通过改变从主位到述位的排列，在语调的参与作用下，将述位提于主位之前。词序的这种功能可以把语句中的某个部分提前突出，从而改变句子原有的中性修辞色彩，增添语句的表现力。也可以说，这是词序在句法层和交际层的三种作用，而其中又以交际层最能体现出词序的功用。三种功能也间接地反映出句子各词形间的钳制，这说明俄语虽然有丰富的词形变化，词序灵活，但是它也不是灵活得"无法可依"。

语言学家们在这三种功能的论述过程中，所有的论证取材都是陈述句。我们认为是非问句的结构与陈述句十分相似，尤其是语调是非问句，如果忽略它的疑问标示元，就会发现在句法结构上它与陈述句如出一辙。因此，我们先假设是非问句的词序问题与陈述句相同，即也具有上述的三种功能，下面我们再作实例证明。是非问句作为一种句式，其句法构成上的各语法成分，它们在构句的线性排列中要有一定的顺序，那么在一定的条件下，词序的辅助性功能就发挥了效用，如我们把例（30）和（31）改为是非问句：

（30'）Ты получил письмо от товарища? —Ты получил от товарища письмо?

（31'）Бабушка сварила из ершей уху? —Бабушка сварила уху из ершей?

据此可以说明是非问句中的词序能实现第一种功能。И. М. Кобозева 指出是非问句能实义切分出主位（逻辑主体）与述位（逻辑谓词）[1]，И. Б. Шатуновский 也提出"根据处于是非问句交际焦点中的描写成分是述位、新知，还是主位、已知，可把是非问句划分为各种交际类型"[2]。这说明各种交际类型的是非问句都可以进行实义切分，那么切分中词序就发挥出了它的第二种功能作用。是非问句的主要功能是探询信息，交际中说话人为了让受话人准确地理解他的问题所在，会努力将问题置于显著位置，突出出来形成疑问点（述位），方法之一就是前置。因此，可以说是非问句的词序也有修辞功能。

《80 年语法》指出"与非疑问句相比，疑问句的词序具有更大的自由性"。"在没有代词性疑问词和语气词的句子中，……词的排列可以变异"[3]，如：

（34）Саша хорошо учится?

（35）Саша учится хорошо?

（36）Хорошо учится Саша?

（37）Хорошо Саша учится?

它们"所问的内容与词序无关，它是用语调突出的，……对不反映口语

① Кобозева И. М. Лингвистическая семантика［М］. М.：Эдиториал УРСС, 2000. С. 295.

② Шатуновский И. Б. Основные типы общих вопросов в русском языке. 黑龙江大学俄语学院系列讲座, 2005 讲义, 第 1 页.

③ АН СССР. Грамматика русского языка［М］. М., 1980. С. 401.

无拘束性质的句子来说，它们的词序通常与非疑问句的中性词序相同"。《80年语法》中讲的这种"没有代词性疑问词和语气词的句子"属于本书界定的语调是非问句。这种 S + ? 构成的是非问句，疑问点的突出的确要借助语调，在疑问点所在的词上声调达到高峰。然而，我们认为，是非问句中的词序虽然与所问内容无关，但是词序的变化除了是上述第二、三种功能突出疑问点外，它还能够反映出说话人对所问事件的某个认知状态，或者是个人的情感态度，可以使问句在功能上有所改变。换句话说，说话人打破常规构句，必然有他的交际意图，而绝不是出于说话人的个人兴趣。以例（34）—（37）为例，来说明我们的这种认识。

先假设这四个句子实现的是信息探询功能，从构造上我们叫它语调是非问句，И. М. Кобозева[①] 称 其 为 单 纯 肯 定 问 （простые позитивные вопросы），认为此类型的是非问句中包含有说话人对所问事件的价值取向，提问时强调肯定的答案更具有可能性。这说明，说话人在提问之前大脑中已经根据已有的经验进行过推理，得出一定的判断，他才能对所问事件有一个正的价值取向，那么说话人在此事上的认知状态就不是一无所知。这种情景下提出的问句执行的是一种揣测功能，在受话人的回答中检测自己大脑中已有的不稳定判断。例（34）中的副词 хорошо 位于谓语前、主语后，是对谓语的修饰，强调的是学习态度认不认真、端不端正，对此质疑时，问句不能说明说话人在提问之前就推测出 Саша 是好好学习的。因为，如果说话人根据种种现象推测出 Саша 是好好学习的，出于礼貌，他会使用陈述句，用句中的 кажется，по-моему 等词汇形式表明，这是一个主观的判断。问句能说明的只是说话人的良好愿望"希望 Саша 是好好学习的"，这种无推测的疑问往往是纯疑问功能。例（35）中 хорошо 位于句末，强调学习的结果，学习的成绩，对此质疑时，说话人可以有两种认知状态：一是说话人对萨沙的平时学习态度一无所知，对他的学习成绩做不出任何推测，这时疑问句是纯疑问功能；

---

① Кобозева И. М. Лингвистическая семантика ［М］. М.：Эдиториал УРСС, 2000. С. 303 – 304.

二是说话人对萨沙略有了解，这时疑问句执行的是揣测功能。例（36）和例（37）中的 хорошо 都位于句首，除进一步强调疑问点外，也为句子增添了说话人的情感色彩。这两句相比，词序发生变化的是主语和谓语。例（36）相当于把 хорошо учится 一起置于主语前，实质还是对学习态度的质疑，与例（34）相比，功能虽然都是纯疑问，但是例（36）中多了一些说话人的情感因素，为句子增加了表现力。例（37）是把例（35）中的 хорошо 前置，主语和谓语后置所得。在执行功能上与例（35）相同，但是例（35）里面可以有怀疑和不屑的成分。由此可见，词序在俄语是非问句中的作用是不可忽视的。

二、汉语是非问句的语序

汉语语法研究在《马氏文通》以后一直受印欧系语言语法理论的影响，在许多方面促进了汉语语法研究发展的同时，在有些方面也出现了不适合汉语特点的"拿来主义"，致使在随后的具体研究中，形成术语使用和理解的分歧。词序问题就是这样一种情况。从中国第一部现代汉语语法书开始，研究中几乎都使用了"词"和"词序"的术语，如：黎锦熙的《新著国语文法》写道，"汉语是各词孤立的分析语，主要是依靠词的位次来表达意思"①，吕叔湘在《中国文法要略》中并没有使用"词序"这个术语，他把这种语法现象称作"次序"，指出汉语叙事句的"正常次序"是"起词—动词—止词"。②受两位语法学家的影响，后人在随后的研究中大都沿用了词序的说法，如：洪笃仁（1955）《从现代汉语的词序看所谓"倒装"》，胡竹安（1959）《谈词序的变化》，刘涌泉（1959）《俄汉机器翻译中的词序问题及其解决方法》，赵元任的《汉语口语语法》中也说"人们常说汉语的语法全部是句法，汉语的句法全部是词序。词序在汉语语法里当然很重要，如'好人'与'人好'，

---

① 黎锦熙. 新著国语文法［M］. 北京：商务印书馆，1998 年版第 22 页。
② 吕叔湘. 中国文法要略［M］. 北京：商务印书馆，1982 年版。

79

‘狗咬人’与‘人咬狗’"①。从 20 世纪 80 年代起出现了"词序"与"语序"在语法研究中的术语共现，到了 90 年代"语序"的使用呈上升趋势。如：胡附、文炼（1984）《汉语语序研究中的几个问题》，屈承熹（1984）《汉语的词序及其变迁》，邵敬敏（1987）《从语序的三个平面看定语的移位》，戴浩一、黄河（1988）《时间顺序和汉语的语序》，汤廷池（1988）《关于汉语的语序类型》，吴为章（1995）《语序重要》，朱景松（1995）《关于语序的几个问题——第五次语法学修辞学学术座谈会发言摘要》等。造成这种分歧的原因，我们认为还是在于印欧语系中的语言语法结构单位与汉语的语法结构单位不同。印欧语系中语言的语法结构单位是词，它的逻辑理论基础是亚里士多德的"实体 – 偶有性"（substance-accidents）。以此为基础建立起"主语—谓语"的语法结构框架，得出在主语位置上的是名词、谓语位置上的是动词或形容词的词类理论，词也就成了句法结构的基本单位。而汉语的"字""所代表的语言现象是汉语的语音、词汇、语义、语法的交汇点，隐含着‘一个音节·一个概念·一个词’的一对一的结构关联"②，这在汉语词典或者是字典中也有体现，就是很少标词性，只给出若干意义解释，来说明它表示的是一种行为，还是一个概念。对此赵元任（1992）也明确指出，印欧系语言中 word（词）这一级单位在汉语里没有确切的对应物，在说英语的人谈到 word 的大多数场合，说汉语的人说到的是字。由此，他晚年的时候，从他几十年的研究中得出汉语的基本结构单位是"字"，而不是"词"这样一个结论。汉语有一个字·一个音节·一个意义的特点，"一个字可以代表不相干的若干词"③，那么在组句时，字可以单独做句中的某一成分，或者是字通过结合而构成的字组在句中作为某一成分，这样就使"汉语的语法研究以印欧系语言的语法理论为基础，但是汉语的句子和它的结构却与印欧系语言有着原则的

---

① 赵元任著，吕叔湘译. 汉语口语语法［M］. 北京：商务印书馆，1979 年版第 135 页。

② 徐通锵. "字"和汉语的语义句法［M］//吕叔湘等著，马庆株编. 语法研究入门. 北京：商务印书馆，1999 年版第 172 页。

③ 孙景涛. 美恶同辞质疑［J］. 语文研究，1986（1），第 32 页。

差异"①。由此可见，印欧系语言中作为句子成分的词根据某种需要改变线性排列顺序时，理所当然应称为词序的变化，而到了汉语中词序该如何理解？也就出现了上述的这种分歧。范晓指出，"词序不等于语序……‘语序’是指语法结构内部的结构成分的排序（即‘成分序’）"②。我们在研究汉语是非问句时，主要是分析问句中的某个成分在线性排列发生变化时，能否反映出说话人的某些潜在的认知或语用的因素，问句在交际功能上是否有变化。因此，我们使用"语序"这个术语来对应俄语中的"词序"。

在汉语语法学界有两种语序观：一是固定观。这种观点的形成主要是通过与形态变化丰富的语言对比而得出，如：俄语词序灵活，形态的变化在句子表层能明确显示出各成分的相互关系，词序的自由变动并不影响句子的语义。而汉语在线性排列中是受意义限制的，有牵一发而动全身之势。二是灵活观。认为汉语的语序有其灵活性，可以根据交际的需要，灵活变化。我们认为这两种观点正反映出汉语语序在句法和语用两个层面中的作用。从句法结构上来说，汉语有稳定的语序，即主—谓—宾构成句子的主框架，随意改动它们的位置要么造成句子意义改变，要么意义不通。如语言界常举的例子：你看我——我看你——看你我——看我你，我吃饭——饭吃我——吃我饭——吃饭我。这就是说，语序在构句中与意义互为条件、相互钳制。在语用层面，说话人经常会通过变换语序来适应交际的需要。最常见的就是受事提前，如："这事你可得好好想想"，"她头也不梳，脸也不洗，成天坐那儿发呆"。汉语是非问句的语序排列与陈述句相仿，如：

（38）唉，老刘，呆会儿跟我去防疫站吗？（王朔）

（39）你们是拿着录音机录下来，整理出来的吧？（张辛欣、桑晔）

（40）明天开会你通知了没有？

（41）听说你要走？

这四个句子是是非问句的常见类型，分别表示纯疑问、揣测、纯疑问和

---

① 徐通锵. "字"和汉语的语义句法［M］// 吕叔湘等著，马庆株编. 语法研究入门. 北京：商务印书馆，1999 年版第 187 页。

② 范　晓. 关于汉语的语序问题（一）［J］. 汉语学习，2001（5），第 4 页。

确认功能。它们在意思不变的情况下只有一种语序的变化，即：

（38'）唉，老刘，跟我去防疫站吗，呆会儿？

（39'）是拿着录音机录下来，整理出来的吧，你们？

（40'）你通知了没有，明天开会？

（41'）你要走，听说？

范晓指出汉语有静态语序和动态语序之分，它们分别有一定的因素制约句子的成立。制约静态语序的因素有：思维逻辑因素，如时间上的顺序能反映到句法结构上，如例句（38）；认知心理因素，如整体与部分、先后领属等认知心理，这种顺序在句法结构上是有制约的，如例句（39）；语用表达因素，如"'已知前于新知'的原则，本质上是一种语用表达原则"①，制约着各成分的排列次序，如例句（40）；言语习惯因素，也可以说是汉语的语言特点，如 SVO 还是 SOV 等等。这些因素的相互作用，构成汉语句法结构中各成分的稳定分布。说是稳定也是相对而言，在言语交际中语句的语序有时会打破这种稳定，从而形成句子动态的语序。动态语序也有制约，具体表现在：1）句法因素，主要是受有些动词的制约，所搭配的宾语要置于动词之前或是之后，如例（38）中的趋向动词"去"，与其搭配的表地点词一般是位于其后，再如："你一个人也不认识？"宾语置于动词之前。2）语义因素，主要指有些可作宾语的词，语义决定其位置不能移动，如：这狗咬人吗？3）语用因素，当说话人需要将句中某部分主题化或是要突出疑问点时，语句的语序要发生变动，如例（38'）—（41'）。动态语序中的前两项因素是对固定语序的钳制，而引起语序移动的是语用因素，由此可以说，汉语是非问句在交际中语序发生变化时，它的作用是主题化，或者是突出疑问点。但是我们从（38'）—（41'）的例句中也可以看出，前置的语序并没有使句子实现的功能发生变化，仍然是纯疑问、揣测、纯疑问和确认。所不同的是，比例句（38）—（41）多了一些说话人的急切，改变了原有问句的中性修辞色彩。由此得出结论：俄汉语是非问句的词序和语序有相同的基本功能，即，突出

---

① 范晓. 关于汉语的语序问题（二）[J]. 汉语学习，2001（6），第 23 页。

疑问点，改变句子的中性修辞色彩。

三、俄汉语是非问句词序与语序的生成解释

从语言共性的角度来看，语言应该有生成自然语言线性排列的机制。按照生成语法中提出的中心语参数（head parameter）可以将人类的语言分为中心语在前的语言和中心语在后的语言，这种方法较好地解释了不同语言之间的线性排列差异，也就是 SVO 与 SOV 的序列问题。但是对于这种已被视为是自然句法现象的 SVO 和 SOV 再作进一步解释时，中心语参数就又显得有些力不从心。Richard S. Kayne（1994）的句法反对称理论抛弃了中心语参数之说，提出一个新的词序理论——线性对应定理（Linear Correspondence Axiom），也可称为"不对称成分统制"。该理论认为一个短语的等级结构与线性语序之间是一个非弹性关系，中心语总是居于与之相关的补语之前，嫁接总是向左。标语词是嫁接的产物，因此，总是出现在与之相关的中心语的左侧。如图 2 – 26 所示。

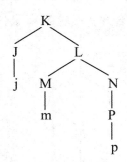

图 2 – 26　等级结构与线性语序

在这个结构图中，J 和 L 是姐妹关系，同在 K 的管制下，J 可以非对称性的成分统制 M、N、P，而 j、m、p 分别是 J、M、P 支配下的终端成分，所以，j 自然就非对称性的成分统制 m 和 p，形成一个有序的线性排列 {j, m, p}。而纵向的等级结构决定着横向的线性语序，等级结构发生变化必然引发线性的排列次序。就俄汉语是非问句而言，这就能很好地解释两种语言在自然语言的线性排列上都是 SVO，但是它们也都有 SOV 的线性排列这一语言现象。然而，俄汉语句子具体表现在句法上，最明显的分歧还是线性排列的差异。不同之处是俄语的词序自由，词序变化在多数情况下不改变句子意思，但功能可能要有所变化；汉语则正好相反，语序不自由，它有许多制约因素，语序的变化在多数情况下会改变句子意思，但功能不一定要发生变化。造成俄汉语是非问句词序与语序自由与不自由的原因，我们可以用 Chomsky（1993，1995）最简方案的特征核查（feature-checking）理论进行解释。

按照生成语法的观点，句法生成机制从词库提取原料，进入运算系统，其基本操作是合并、移位和一致（Chomsky，1998），合并要先于移位。然后分别输入语音形式和逻辑形式，即人的发声－感觉系统和认知结构中的语义－概念系统，这样就生成一个表达式。如果该表达式能够执行指令，表达式就生成"成功"，反之就是"失败"，这个过程就是特征核查。特征核查能引起语法成分的提升和移位，是为了生成合法的表达式。人类语言的自然顺序是从前至后的线性流动，Chomsky 的 X 标杠原则指出句子与词组同构，在任意一个词组结构 XP 中都有一个最重要的中心语 X_0，它与补语合并，形成 X 的界标 X'，X' 再和指示语合并，形成 XP，具体图示如图 2-27 表示。

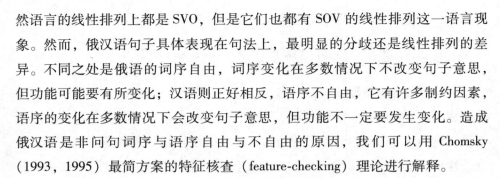

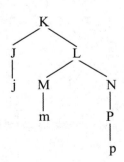

图 2-27　X 标杠原则

句子的生成就是通过这样层层的合并而成。层层的合并形成级差，有强势与弱势之分，当处于强势句位的强语素将某个语法成分吸引到强势句位中时，就产生了移位。Radford（1996）在论述英语有些动词，尤其是莎士比亚时代的英语动词要以直接前移构成问句时，指出动词能否直接移位取决于动词一致性特征的强弱，只有强一致特征的动词才能直接移位，弱动词不能移动，而这种强一致特征取决于动词的屈折变化的丰富程度，由此，我们联想到俄语和汉语。俄语词类中何止是动词有丰富的屈折变化，几乎各个词类都有一些屈折变化，俄语句子中词序之所以有如此的自由性，是因为各词类都有这种强一致特征，无论句中的哪一成分移动，都能对 IP 中相关特征进行核查，我们也可以从各词类的屈折变化中推导出各种关系，不会造成理解失败。而汉语没有屈折变化的语法特点，汉语中的字、词按 Radford 的观点，应属于具有弱一致特征的类别，具有弱一致特征的词靠吸引核查，而汉语中的弱一致特征似乎比 Radford 的弱一致特征还要弱，因为英语里动词的弱语法特征还可以是其相关语法特征可单独移动，语音、语义等其他特征留在原处，而汉语连这种弱特征也没有。可见，汉语的特征核查重在意义的核查，这就使汉语的语序发生变化时，多数情况下会引起意义的改变，而在确保意义不变时，语序就有了一定的钳制，因此汉语与俄语相比，有非常稳定的语序。

第三节　是非问句的功能类别及其表达模式

　　语言的灵活性和简约性决定语言的某一结构形式与其在交际中实现的功能不是均衡发展的。无论是俄语，还是汉语，当前语言学界对疑问句在交际中实现功能的认识基本相同，分为基本功能（用来探询信息）和派生功能（表达探询信息以外的言语意图）。"基本功能"和"派生功能"之分，主要依据在交际中某一功能被使用的频率，被更多使用的功能就被视为"基本功能"。然而，我们认为，句子类型与交际功能不是一一对应的关系，就像不是所有的陈述句都表示断言一样，也不是所有的疑问句都用来表示信息探询。句法上的句子类型既不能确定说话人的意向目的，也不能确定交际功能。尽管俄语和汉语分属两个不同的语系，但是俄汉语是非问句在交际中都能实现相同的功能。根据说话人在是非问句中表达的意向目的（illocutionary goal, иллокутивная цель），本书将是非问句实现的交际功能分为四种主要类型：信

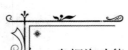

息探询功能、祈使功能、观点表达功能和情感表达功能。

一、信息探询功能型是非问句表达模式

信息探询功能是疑问句在交际中实现频率最高的功能，是非问句在执行该功能时，句子能够反映出说话人想从受话人处获取信息的强烈愿望，且问题中也饱含着对受话人回答的期望。这种强烈的愿望和对回答的期望，通常借助语调、语气词再辅以说话人的身势语及表情来表现。O. Есперсен 曾说过，"语言的本质是人类活动，即，一个个体向另一个体转达其思想的活动，也是后者理解前者思想的活动"[1]。说话人以问题方式向受话人转达出自己要获取某个知识的思想时，为使受话人正确理解并尽快从受话人处获得答案，他要借助一些手段避免歧义的发生，而受话人在理解其思想的活动中也一定会注意这些"手段"，从而使理解不产生偏差，在整个过程中判断出说话人对所要获取的知识是全然不知、略有所闻，还是有所掌握，然后据己所能给出相应的回答。虽然是非问句得到的回答多是"是"或"不是"，但是说话人会在这肯否之中获得完整的信息。通常说话人所采用的表达手段之一就是借用是非问句的抽象模式 S + 疑问语气词？或 S + ？构句，把所要探询的知识放在 S 中，与疑问语气词或者是疑问语调一起，以假设为真的判断推出，判断中包含说话人对具体信息的索取，它或者是假设整个命题为真，或者是假设整个命题的某个部分为真。第二个表达手段就是对表达模式的选择。说话人借助一定的词汇和语法手段突出问题，让受话人就此做出回答。我们根据说话人提问时的认知状态，即对疑问点信念程度的大小，把是非问句的探询功能划分为纯疑问功能、揣测功能和确认功能三类。为了便于阐述，我们借用 [0，1] 这个区间概念，来定量描述说话人对疑问点的信念程度，说话人的信念程度与其期望从受话人那里获得的信息量之和应为 1。在纯疑问中，说话人对疑问点基本上一无所知，其信念为 0，那么他期望获取的信息量最大，即为 1；揣测问的说话人对疑问点的信念在（0，0. 95）这个区间内，说话人期望

---

① Есперсен О. Философия грамматики ［M］. M. , 1958. C. 15.

获取的信息量应在［0.05，1］，但当说话人对疑问点的信念大于等于0.95时，说话人对疑问点的信念已经接近一个完整的判断，这时说话人大脑中的信已远远大于疑，对此进行探询时，问句的功能就是确认，此时说话人期望获取的信息量应在（0，0.05）区间内。下面我们就将对俄汉语是非问句都有哪些表达模式用于实现这三种功能，各表达模式都有哪些特点做出对比分析。

（一）纯疑问功能表达模式

纯疑问功能句，也叫纯信息问句（чисто-информативные вопросы），是说话人对自己未知信息作探询的一种功能问句。是非问句用于执行纯疑问功能时，往往可以独立于语境和上下文，作为对话的启句，或者是对话中的新话题。问句的内容在现实中是否存在，说话人基本上全然不知，而受话人肯定与否定的回答对说话人来说是一样的，他对答案没有预期。俄语中能够执行该功能的是非问句主要表达模式有5种，它们是：

1. 语气词 ли 参与构成的句子

（42）Читала ли ты серьезное что-нибудь?（И. Гончаров）

（43）А реалисты ли они? — усомнился Эрнест Борисович. （В. Тендряков）

由此模式构成的是非问句，А. Н. Баранов，И. М. Кобозева[①]，还有И. Б. Шатуновский[②] 称其为 Ли 肯定问（позитивные ли-вопросы），И. Б. Шатуновский[③] 还叫它为陈说－情态问（диктально-модальные вопросы）。此模式中，语气词 ли 并不是可有可无的，它是该模式的标识，在句中的作用是

---

① Баранов А. Н., Кобозева И. М. Семантика общих вопросов в русском языке（категория установки）［J］. Серия литературы и языка, 1983. том. 42（3）. С. 267.

② Шатуновский И. Б. Основные типы общих вопросов в русском языке. 黑龙江大学俄语学院系列讲座, 2005 讲义，第10讲.

③ Шатуновский И. Б. Основные коммуникативные типы полных（общих）вопросов в русском языке［J］// Русский язык: пересекая границы. Дубна, 2001. С. 247－248.

突出带有疑问点的词，因此在句中紧随带有疑问点的词之后，并以与带疑问点的词一起位于句首的情况居多，如果没有它，整个表达模式及其语义就会发生变化。因为 ли 在该模式中主要表示说话人对所问内容的一无所知，并且对受话人的肯/否回答没有事先的心理倾斜。换句话说，此模式主要是在说话人没有任何获取与所问内容的相关知识或提示的情况下使用的。对此 А. Н. Баранов，И. М. Кобозева 和 И. Б. Шатуновский 都举了这样一个例子来证实 ли 问句的这种特点：当轮船正在蒙受海难的情景下，乘客问船长 * Утонем ли мы? 是不合时宜的，正常的提问应该是：Мы утонем? 并指出不能使用的原因是，眼前的情景已经告诉了会话双方"有沉没的可能"。我们再从认知的角度分析，纯疑问功能实现的条件是说话人对所问事件的一无所知。然而，此时展现在会话双方眼前的景象，足以成为对事态进一步发展的推断依据，这时的乘客对事态发展的认知状态不是一无所知的，所以，不可能再会借助 ли 问句来做纯疑问探询，而只能是做揣测探询。因此，表达纯疑问的 ли 问句通常与语境没有直接关系，按此表达模式建构的每一个疑问句都可以作为新话题开始新一轮的对话。И. М. Кобозева 对该表达模式归纳出三种使用的情景：一是说话人已有的经验无法为现有事件做出推断提供任何知识；二是说话人根据已有知识做出了可能性均等的推断；三是出于交际礼节，比如礼貌原则，说话人隐藏了自己的推断，以全然不知的状态提问。[①] 这三种情景中的 ли 问句，其内在的区别只有说话人自己清楚，对受话人来说，就是纯疑问信息探询的句子。

2. 语气词 не... ли 参与构成的句子

（44）Не заметил ли ты чего-нибудь необычного?[②] *

（45）Не встречал ли ты там моего брата?（转引 И. М. Кобозева）

这种表达模式与否定 ли 疑问句（негативные ли-вопросы）句法结构相同。И. М. Кобозева 指出，此模式构成的疑问句中含有推测意义，这也是许

---

① Кобозева И. М. Лингвистическая семантика［М］. М.：Эдиториал УРСС, 2000. С. 301.

② * 本书中没标明出处的俄语例句均出自《80 年语法》。

多研究者共有的认识。① 然而，《80 年语法》论述该模式时，对语气词 не...

ли 有这样一段注解："语气词 не... ли 突出感受动词的句子（Не видел ли

ты там моего брата?；Не заметил ли ты чего-нибудь необычного?）可以不含

推测意义"②，И. Б. Шатуновский 在来黑龙江大学讲学时，就此结构也有这

样一段论述："带 не... ли 的疑问句可以只是疑问，没有任何推测。这时的

疑问句只能允许有些谓词参与建构，且与带 не 的疑问句（即带 не 的肯定疑

问句 позитивные не-вопросы，引者注）同义。"③ 由此，可以得出结论，该

表达模式能够执行纯疑问功能，但这只是理论依据。从语言的应用中，也可

以找到相关的例证作为对理论的支持。就模式自身特点而言，否定词 не 已经

失去否定意义，这一点在第二章第一节中已经得到论证，它和语气词 ли 在模

式中形成了固定的结构，在句中位于有疑问的成分两边，在突出问题的同时，

也间接地反映出说话人的认知状态。鉴于此，无论是在教学中，还是在翻译

中，遇到该模式构成的疑问句时，就要有所考虑，不能一概译为："没

（不）……吗？"我们认为，用作探询信息的纯疑问时，更好的处理方法是译

成："V 没 V……？"或是："……吗？"如例（44）可译为：你发没发现有什

么异常？／你发现有什么异常了吗？例（45）的意思是：你在那儿遇没遇见

过我哥哥？／你在那儿遇见我哥哥了吗？而如果译成：你没发现有什么异常

吗？／你在那儿没遇见过我哥哥吗？同是该模式构成的语句，但是它执行的已

经不是纯疑问功能，而是说话人的揣测，问句表达的是说话人肯定的推断

"你应该发现有异常／你在那儿应该遇见过我哥哥"。说话人在说出该问句时，

大脑中已做了些许推断，认为受话人应该遇见或发现，之所以以问题形式提

出，是因为他还不能确定即是如此，需要在受话人的回答中来判断自己的

推断。

① Кобозева И. М. Лингвистическая семантика［М］. М.：Эдиториал УРСС，2000.
С. 312.

② АН СССР. Грамматика русского языка［М］. М.，1980. С. 387.

③ Шатуновский И. Б.，Основные типы общих вопросов в русском языке. 黑龙江
大学俄语学院系列讲座，2005 讲义，第 11 讲.

3. 陈述句＋？

（46）Скажите, Ирина Андреевна, трудно быть женой политика？（А. Маринина）

（47）Сочувствую вам, — очень серьезно сказал генерал. — Оружие нашли？（А. Маринина）

（48）У вас есть конкретные факты？...（А. Маринина）

我们这里的陈述句＋？只包括 А. Н. Баранов, И. М. Кобозева 划分出来的单纯肯定问（简单的肯定性问题／ППВ）。① 这种疑问句在交际中使用较频繁，它看似简单的构成模式，构成具体句子时在句法上却较难分析，因为它没有任何标识性的句法成分，而在交际中又能完成许多功能。语调和逻辑重音是该模式标示出疑问点的主要手段，然而，这两种语法手段只能在交际层面的语音中有所体现。总体来说，语调以升—降、降—升、降—升—降三种形式表达问句，逻辑重音则主要是突出带有疑问点的词。但是表存在的疑问句，如例（48），情况比较特殊，它固有的结构特点使逻辑重音在该结构句中只能处在 есть 这个位置上。

4. 动词不定式是非问句

（49）Вызвать его？

（50）— Ну куда же я денусь, — спокойно улыбнулась она. — Раздевайся. Чайник поставить？ Я ватрушки сделала с творогом, очень вкусные.（А. Маринина）

《80 年语法》对此类疑问句的解释是，"不定式疑问句含有是否该做某事的提问"②。那么该模式下的句子焦点就主要是针对不定式所引发的行为是不是需要而做出探询。所以，这类问句的逻辑重音一般要落在动词不定式上。此模式的句法特点是没有形式变化，也很少可以扩展，而且，由于对某事是否该做而征询，行为的实现往往是一次非重复性的完整的具体动作，因而模

---

① Баранов А. Н. Кобозева И. М. Семантика общих вопросов в русском языке（категория установки）[J]. Серия литературы и языка, 1983. том. 42（3）. С. 268.

② АН СССР. Грамматика русского языка [М]. М., 1980. С. 390.

式中的动词主要是完成体。

5. 表愿望动词参与构成的是非问句

（51）［Ирина 在回答记者提出的"您认为您丈夫的前妻会怎样回答这个问题？"时，说"要做出如此推测需要了解一个人的性格特点，遗憾的是我和她并不熟悉，所以无法判断"，就此记者进一步追问］А вы хотели бы с ней познакомиться поближе?（А. Маринина）

表愿望的动词参与构成的疑问句多是表达说话人对受话人提出的建议、邀请或请求，而用来表达对受话人是否愿意做某事进行探询的相对较少。该模式中，逻辑重音落在表愿望的动词上，并且该动词在句中是疑问点，"做某事"在句中已不是新知，通常在上文中已有所论及。按此模式构成的疑问句在脱离上下文时，很难判断出它执行的是哪一种功能。如例（51），抛开上文，我们无法确定它完成的就是纯疑问功能。因此，该模式在实现的功能上对语境有很强的依赖性。

汉语是非问句表达纯疑问的主要模式有两种，它们是：

1. "吗"字句

（52）扎了两针，服了剂药，他清醒过来，一睁眼便问："还下雨吗？"（老舍）

（53）［松二爷：（听）这得多少钱？］刘麻子：你爱吗？（老舍）

（54）丁宝：老掌柜，我到今天还不明白什么叫逆产，你知道吗？（老舍）

"吗"字句在是非问句中占有很大的比例，语气词"吗"在句中的位置固定，后置于问句句末，"吗"在语调上可成升调或降调。但"吗"字句的疑问点似乎与语气词"吗"无关，"吗"在句中只承载疑问信息与带"吗"的非疑问句相区别。有许多语言学者都认为"吗"问句有对答案推测的倾向性。如：赵元任认为"吗"问句"对于肯定的答案抱有或多或少的怀疑，也

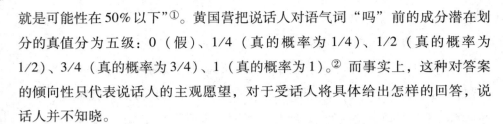

就是可能性在50%以下"①。黄国营把说话人对语气词"吗"前的成分潜在划分的真值分为五级：0（假）、1/4（真的概率为1/4）、1/2（真的概率为1/2）、3/4（真的概率为3/4）、1（真的概率为1）。② 而事实上，这种对答案的倾向性只代表说话人的主观愿望，对于受话人将具体给出怎样的回答，说话人并不知晓。

2．句中"X 不 X"句

（55）墙要塌了，问还收拾不收拾？（曹禺）

（56）你这里边的乐子大不大？（张辛欣、桑晔）

（57）炸得重不重？（老舍）

此模式构成的疑问句，执行纯疑问功能时，说话人借助该句式把对某行为的发生与否做直接探询。该模式的特点主要由动词或形容词在句中构成正反并列结构，负载整个问句的疑问点。它在句中可作谓语，如例（56），宾语，如例（55）或补语例（57）。该模式中的动词可以带宾语，构成"VO 不 VO?"结构，如：你走了，你想我不想我？你要我不要我？（曹禺）但是，交际中的经济性经常使动词所带的宾语发生省略，前省略构成"V 不 VO?"，如：真买没买猎装呀？（张辛欣、桑晔）后省略形成"VO 不 V?"，如：王掌柜，晚上添评书不添？（老舍）也可后省略掉整个动宾式，构成"VO 不?"，如：你喜欢愫小姐做你的妈妈不？（曹禺）这些不同的变化式极大地丰富了对事件做纯疑问的探询方式。

俄汉语是非问句在完成纯疑问功能时，它们的表达模式有以下几点不同：

一是数量上俄多汉少。俄语有 5 种表达模式可以实现纯疑问功能，丰富的表达方式源于俄语的形态变化丰富。俄语动词有体、式、人称等形态范畴，这些是汉语动词所没有的。汉语是重意合的语言，汉语有汉语的表达方式，以有限的表达模式实现繁多的言语意图。对比中发现，俄语中虽然表达模式相对较多，但是它们实现的功能、表述的意义，在汉语中都可用这两种模式

---

① 赵元任著，吕叔湘译. 汉语口语语法［M］. 北京：商务印书馆，1979 年版第356页。

② 黄国营. "吗"字句用法初探［J］. 语言研究，1986（2）。

表达，如上述的 5 种俄语模式中的例句可以翻译为：

（42'）你读没读过内容严肃的东西？（句中 V 不 V 是非问句）

（43'）他们是现实主义者吗？（"吗"字句）

（44'）你发没发现有什么异常？（句中 V 不 V 是非问句）／你发现有什么异常了吗？（"吗"字句）

（45'）你在那儿遇没遇见过我哥哥？（句中 V 不 V 是非问句）／你在那儿遇见我哥哥了吗？（"吗"字句）

（46'）请问伊丽娜·安德烈耶夫娜，做政治家的妻子难吗？（"吗"字句）

（47'）"我很同情你，"将军非常认真地说，"枪找到了吗？"（"吗"字句）

（48'）您有具体的事实证据吗？（"吗"字句）

（49'）用不用叫他来？（句中 V 不 V 是非问句）

（50'）用沏茶吗？（"吗"字句）

（51'）那您愿不愿意和她再熟悉一些？（句中 V 不 V 是非问句）

二是俄汉语表达模式中的语气词并不对应。纯疑问功能下的俄汉语是非问句表达模式中，俄语涉及两个语气词：ли（ль）和 не... ли，汉语是一个语气词"吗"。《现代俄汉双解词典》①中对 ли 是这样解释的：（用于疑问句中及关系句中）是，不是，是否，吗，并给出例句及译文：Придешь ли ты?（你来吗?）显然，该词典中把俄语语气词 ли 与汉语的语气词"吗"理解为意义对等。但是通过我们的对比可以看出，二者并不对应。它们在句中所起的不同作用，我们在上文已有论述，这里就不再赘述。如果单从句法上来看，上述带 ли 的各例句去掉 ли 后，仍旧可译成汉语的"吗"字句，反之亦然，但汉语的"吗"字句也不一定都译成带 ли 的俄语句，这要依句子的具体表述功能及说话人的言语意图而定。另一个语气词 не... ли 和汉语的"吗"也不相对应，它构成的句子在汉语中可分别由两种模式构句表达。所有这些都说

---

① 张建华等. 现代俄汉双解词典 ［M］. 北京：外语教学与研究出版社，1992 年版。

明，纯疑问功能下的俄汉语是非问句，没有相互对应的语气词。

三是疑问点的表达方式各有特点。有关俄汉语是非问句实现各探询功能时对疑问点的处理方式方面的问题，我们将在下面的各章节中做具体论述。

（二）揣测功能表达模式

疑 问 句 执 行 揣 测 功 能 时 ， 也 叫 推 测 问 （ предположительно-вопросительные предложения ）。俄 语 中 此 类 型 疑 问 句 是 由 И. П. Распопов① 首次提出的。问句执行该功能时，在句法结构上，无论是俄语，还是汉语，往往都有一些表示不确定意义的语法成分，如俄语的语气词 что，что ли, а что 等，它们和汉语中的语气词"吧"，都可成为这类疑问句的功能标识。推测问的第一个特点是说话人对所问事件"略有所知"，这个"所知"是他进行推测的依据，可是这个依据又是非常不可靠的，因为周围环境中的任何一点信息再加上说话人的认知知识都可成为这个所谓的"所知"推测的依据。这个不可靠的依据使说话人对推测的准确性感到怀疑，他要向受话人就此提问，所以说话人提出问题的目的是双重的：探询信息、检查推测的准确性。执行揣测功能的是非问句实质上是说话人以疑问的方式向受话人推出的一个假设为真的判断，在受话人是或非的回答中检查判断，调整对所问事件的认识。第二个特点，这种问句的提出有时不只是针对受话人，还针对说话人自己。推测问的第三个特点，就是它可以作为一种思维方式，说话人用它来自问自答，是人们进行逻辑推理从而得出初步判断的主要手段。

俄语用来表达揣测功能的是非问句的主要表达模式有：

1. 语气词 не... ли 构成的句子

（58） Не есть ли это обман, мечтание пустое？（Салтыков-Щедрин）

（59） Видит Теркин погребушку, — Не оттуда ль пушка бьет？（А. Твардовский）

---

① Распопов И. П. Типы вопросительных предложений в современном русском литературном языке. Автореф. дис. ... канд. филол. наук. Куйбышев, 1953. С. 14 – 15.

《80 年语法》指出，"语气词 не... ли 应置于要提问的那个词的两边"①。我们认为，"要提问的那个词"是说话人探询的疑问点的承载者，它本身没有揣测的意义，真正的揣测意义是由语气词 не... ли 表达出来的。не... ли 构成的揣测型是非问句在语义上还可以进一步地分为无把握的推测，即在用于询问所报道的内容是否符合现实的同时，兼表无把握的推测意义，如例（59），和怀疑性的推测，即对问句内容的存在与否做揣测探询的同时，对问句的内容表示怀疑和无把握的推测意义，如例（58）。二者在表层结构上没有区别，都是把有疑问的词夹在其中占据句子首位，但是在一定的语境里，例（58）和（59）的揣测功能是完全可能发生对调的，形成例（58）表示无把握的推测，例（59）表示怀疑性的推测，而它们"兼表无把握的推测意义"在揣测功能中是恒常不变的值，由此可以看出，语气词 не... ли 只表示一般性的推测意义，更细致的语义差异则是由语境促成的。

2. 语气词 что，что же，что ли 参与构成的句子

（60）［... — через два часа сюда приедет портниха. Закажешь ей несколько нарядов， для публичных выходов и для дома...］— Сережа... — робко сказала Ирина. — Я боюсь. Я что， должна буду остаться с ней один на один? Без тебя?（А. Маринина）

（61）［Проходя мимо гостиной， он заметил， что стол не накрыт к ужину. Странно. Она что же， собирается кормить его в кухне?...］— Мы что， будем ужинать здесь? — сдержанно спросил он.（А. Маринина）

（62）Он что же， по-советски женился?（К. Федин）

（63）Больной он， что ли?（К. Симонов）

（64）—Ты ничего не знаешь， что ли?（К. Симонов）

（65）Сюда， что ли， квартирантку-то вашу определить?（И. Бунин）

语气词 что，что же 在句子中通常被置于句首或者紧接在句首词形的后面，它们在强调疑问性的同时，表示怀疑、推测。当它们处在句首词形的后

① АН СССР. Грамматика русского языка［М］. М.， 1980. С. 388.

面时，尤可加强没有把握的推测意味。语气词 что ли 通常位于句末，表示没有把握的推测意味，当它被置于句子中间时，往往是为了强调提问的内容。语气词 что ли 在句中不一定是该句式推测意义的唯一表达手段，当这一意义已用其他手段表达了的时候，如例（64），它在句中的作用是对这种意义的加强。

3. 语气词 разве, неужели 构成的句子

（66）Сейчас все подам. — Ирина закрыла книжку и встала. — Разве тебя мама не покормила?... （А. Маринина）

（67）Папа, разве ты не пойдешь вместе со мной? （Ф. Достоевский）

（68）Неужели и на этот раз вам не понравился Сапожков? （А. Н. Толстой）

（69）Хозяйка не приходила разве ?

（70）А ты разве уезжала?

语气词 разве, неужели 赋予问句没有把握、怀疑的意味，它们通常位于问句之首，常常与有疑问的词相邻。

4. 陈述句 + ?

（71）—Ты плохо себя чувствуешь? — вежливо поинтересовался он. （А. Маринина）

（72）［Услышав об аресте оружейника Просперо, девочка заплакала. Ее мать обращается к ней:］ —Отчего же ты плачешь, глупенькая? Ты жалеешь оружейника Просперо? （Ю. Олеша）［选自 Кобозева И. М. 2000］

该句式中表达揣测、怀疑意义的语言手段不体现在句法层的某个构成成分上，而是在整个的语义层上。有两种形式可促成该句式在整个语义层上形成揣测、怀疑的意义：一是构成句子成分的各词的词汇意义汇总后，使整个句子在语义上产生揣测、怀疑的意义，如例（71）；二是一定的语境可使句子获得揣测、怀疑意义，如例（72）。

5. 否定语气词 не 参与构成的疑问句

（73）［Облонский 穿上皮大衣，走到台阶口，仆人 Матвей 问:］ —

Кушать дома не будете? — сказал провожавший Матвей. （Л. Толстой）

（74）—А ты не очень любишь устрицы? —сказал Степан Аркадьич, выпивая свой бокал,... （Л. Толстой）

（75）—Но ты не ошибаешься?... （Л. Толстой）

否定语气词 не 与它所否定的词一起表达该句式的揣测或怀疑的意义。该类问句的运用，往往是说话人认为？P 的可能性大于 P 的可能性，因此，也可以把该问句理解为是以疑问的方式为受话人拟出的回答。

汉语揣测功能是非问句的主要表达模式有：

1. "吗"字句

（76）["这叫瞎抓，不叫制度！你必须到鸿兴饭馆留留学去！"] 人家肯把窍门告诉我吗？（老舍）

（77）你们这里，就只这几个人吗？（张恨水）

（78）[店里坐着许多人，老栓也忙了，提着大铜壶，一趟一趟的给人冲茶；两个眼眶，都围着一圈黑线。] "老栓，你有些不舒服么？——你生病么？"一个花白胡子的人说。（鲁迅）

"吗"字句完成揣测功能时，揣测意义的生成基本有两种方式：一是句中有表示揣测意义的副词参与，它同时负载着逻辑重音，表达说话人对推断的无把握，如例（76）中的"肯"，例（77）中的"就"或"只"；二是语境的支持，有提供给说话人做出推测的信息，如例（78）中老栓的两个黑眼眶是说话人推测出老栓不舒服、生病的依据。

2. "吧"字句

（79）爷爷不会又骂你吧？（曹禺）

（80）你们是拿着录音机录下来，整理出来的吧？（张辛欣、桑晔）

（81）你大概是没有关好窗户吧？（曹禺）

语气词"吧"的基本意义就是表示不定、猜测，由它构成的问句主要用来执行揣测功能，且语调在"吧"上下挫。语气词"吧"在句中传达疑问和揣测信息，但是当句中另有表示揣测意义的成分时，"吧"在句中主要是加强揣测的意义，这时语气词"吧"与俄语语气词 что ли 十分相似。

3. 句中"X 不 X"句

（82）老婆问他，吴胖子说的药方，会不会也是金一趟的金丹？（陈建功、赵大年）

（83）谁要揍女人呀？是不是白二叔？（方珍珠）

句中"X 不 X"句在实现揣测功能时，填充 X 位置的词要受一定的限制，它在反复后要能形成推测的意义，因为整个句子的揣测意义就是由反复后的结构语义来表达的。在这类句式中以助动词"会"和动词"是"构成的句子居多。

4. 副词"莫非"、"难道"参与构成的问句

（84）莫非我听错了？（《现代汉语词典》）

（85）今天她没来，莫非又生了病不成？（《现代汉语词典》）

（86）难道他病了不成？（《现代汉语词典》）

（87）你难道还没有把她找回来？（曹禺）

副词"莫非"、"难道"具有思量、猜测的意义，常跟"不成"构成首尾呼应，加强揣测的意义。这种句式也常用于思考或推理中的自言自语。

5. 纯语调是非问句

（88）王福升：（四面望望）方先生不在这儿？（曹禺）

（89）你似乎还没有忘记他？（曹禺）

语调是非问在完成揣测功能时，其揣测意义不完全是由语调表达的，而是借助一些词汇手段，如例（88）中的"不"，例（89）中的"似乎"、"还"。动词"不"本身没有猜测的意义，它之所以能够在句中与其他成分一起形成揣测意义，是它的否定意义起到了一定的作用。这时，一般说话人在大脑中有个预先的认识，当他发现事实与自己已有的认识冲突时，在对已有认识怀疑的基础上做出新的推测，如例（88）王福升推测方先生应该在这，但他"四面望望"没看见时，提出推测式的探询问。副词"还"也没有揣测意义，它表示某种状态的持续存在，常常与否定词一起形成揣测意义，它使用的条件是受话人的大脑中事先有说话人所问事件的存在。副词"似乎"有不定、猜测的意义，它可以赋予句子揣测意义。

俄汉语是非问句实现揣测功能时，主要的句子表达模式在数量上相差并不悬殊，相比之下二者的相同点是，在类型特点上，它们都有各自的表揣测意义的疑问语气词参与构句，都有由语调构成的是非问句表达的揣测意义。其中俄语语气词 разве，неужели 和汉语的副词"莫非"、"难道"虽然词性不同，但在句法功能上、句中分布上极其相似。俄汉语揣测意义是非问句表达模式的差异则主要表现在：第一，俄语中具有揣测意义的语气词种类要比汉语多，有 6 种：не... ли，что，что же，что ли，разве，неужели，汉语只有一个语气词"吧"。俄语的 6 种语气词在句法功能和句中分布上能够和汉语"吧"相似的只有 что ли，其余 5 种中，除了 разве，неужели，其他 3 种构成俄语揣测是非问句特有的表达模式。在翻译中，汉语则是非固定地运用它的 5 种表达模式构句，与俄语的这 3 种表达模式的构句保持在功能和语义上的一致。第二，同是陈述句形式加疑问语调构成的是非问句表达揣测，但是实现揣测意义的语言手段不同。俄语通过句子的整个意义或者是语境限制，而汉语则是借助句中具有揣测意义的词表达。第三，汉语句中"V 不 V"句是汉语特有的表达模式构句，若翻译成俄语，则只能确保在句子功能和语义上的一致。

（三）确认功能表达模式

俄语中的确认问句（удостоверительно-вопросительные предложения）和我们提出的实现确认功能的是非问句有所不同。И. П. Распопов[①] 根据疑问句的情态性质划分出三种疑问句类型，划分的范围是所有疑问句，确认问是其中的一种。指出该疑问句实现的条件是说话人想要受话人确认某事的现实性，他将此以信息的形式向受话人通报，让受话人对不确定的部分或者是所要求的部分给出肯定或是否定的回答。而本书所说的确认型是非问是说话人在提问之前根据内在的或外在的各种知识对所问事件已经做出一个完整的判断，但他对该判断的正确性没有十分的把握，提出来，在受话人的肯定或

① Распопов И. П. Строение простого предложения в современном русском языке [М]. М.：Просвещение，1970. С. 90 – 92.

否定的回答中加以检验，从而获取一个完整的知识，或者是重新认识。所以，本书中的确认问，要求确认的是整个判断而不是某个部分。而从 И. П. Распопов 随后所给出的例句中我们看到，有许多属于本书已经论述的纯疑问型是非问、揣测型是非问和下文将要论述的祈使型是非问，如：

（90）—Трудно тебе жить без отца-то？— раздался его ［Шурова］голос.（М. Горький）（纯疑问）

（91）Вы были тогда совсем мальчиком, милым студентиком, а теперь волосы не густые, очки. Неужели вы все еще студент？（Чехов）（揣测问）

（92）— Послушайте, — обратился к ней Иноков. — От сигары киргизом пахнет. Можно мне махорки покурить？ Я в окно буду.（М. Горький）（祈使问）

本书提出的俄语确认功能是非问的主要表达模式有两种：

1. 语气词 a, да, не правда ли, так ведь 等参与形成的句子

（93）Ведь хорошо сказано, а？

（94）Я угадала, да？

（95）Он влюблен в тебя, не правда ли？（И. Тургенев）

（96）Но ведь снаряды у них должны быть к утру, так ведь？（Н. Погодин）

该模式构成的问句在汉语中叫附加疑问句，英语叫 tag question，在俄语中我们还没有找到相关的名称。此问句的结构特点是以逗号为界，之前是说话人提出的对事件的一个判断，之后的附加部分是对前面判断真假的探询。俄语此类问句的附加部分主要是语气词，受话人的回答从形式上看只针对附加部分，而实质是指向判断部分，对判断内容的现实性做评判。英语附加问的结构特点是前（逗号之前）肯定形式，后（逗号之后）否定形式，或是前否定，后肯定。但这一规则在俄语中并不适用，比如上面列出的这几个句子，从（93）到（96），在前面判断部分不变的情况下，后面的附加部分都可用否定形式的语气词询问，或者是后面的附加部分不变，前面判断部分变为否定形式，这在句法和语义上是完全行得通的。这样灵活的构句形式不是说俄

语确认型是非问句在运用上无章可循，而是附加部分中，语气词肯定和否定两种形式的选用，要有语用因素的限制。不同语气词的使用能在句子的功能上产生细微的差别，如：а，да，правда，хорошо，ладно 有确认的意义；не правда ли，так ведь，не так ли 有检查的意味；так 含有对前面整个判断的复述意义。[①] 这些就成为语气词进入句子的限制因素。

2. 插入语 значит/语气词 ведь + S（语调是非问句）

（97）Значит , все-таки надежда на примирение жива?（В. Катаев）

（98）Значит , я не ошибся?

（99）Ведь у тебя билет уже есть?

插入语 значит 和语气词 ведь 参与构成的确认型是非问句在对话中不能作为启句出现，句中的插入语 значит 和语气词 ведь 是说明该模式句有上文存在的标识，它们在句中也可以说起到了承上启下的作用，而其后面的判断，则是对上文所述内容的一种尝试性总结。

汉语中用来完成确认功能的主要表达模式也有两种：

1. 附加 "X 不 X" 句

（100）妈妈把你养大了的，你跟妈妈一条心，对不对？（老舍）

（101）团结才能发生力量，是不是，二叔？（老舍）

（102）我要是个男人，我就不要像我这样的老婆，（更亲昵地）憬妹妹，你说是不是？（曹禺）

附加 "X 不 X" 句中的确认意义主要在 "X 不 X" 上，汉语中能用在此结构中的动词很有限，多以 "对" 和 "是" 参与构成此类模式句。有时动词 "对" 和 "是" 加上语气词 "吗" 构成附加时，也可以表达确认意义，如把上面（100）和（101）两个例句改为：（100'）是妈妈把我养大了的，我得跟妈妈一条心，对吗？（101'）团结才能发生力量，是吗？

---

① Александров А. С. Характеристика вопросов, употребляемых в ходе судебного допроса//Диалог 2005. Труды международной научной конференции. М. , 2005. Электронный вариант：http：// www. dialog–21. ru. С. 5–7.

2. 纯语调是非问句

（103） 刚才我在门房听见这家还有两位少爷？（曹禺）

（104） 听说你要走？（曹禺）

语调是非问句执行确认功能时，其确认意义表现在句子的整个语义上，而不是由句中的哪一部分表达。一般这时句中多有表达不确凿的词汇，如：（103）中的"听见"，（104）中的"听说"。它们在句中就像一种"暗示"，向受话人暗示他得出的这个判断的不确切性需要受话人的确认。

俄汉语是非问句用来执行确认功能的表达模式数量相同，都是两个，在类型上都有附加问。附加问在表达要求确认的意义时，俄汉语构句明显的不同之处是，充当附加部分的成分不同，俄语是语气词，而且数量较多，而汉语则主要是动词反复。另外一种表达模式——语调是非问句，俄汉语也各有特点，在结构特点上没有可对比性，表达需要确认的语言手段也各有特点。但它们有一点相同，即，在构句过程中都包含进了一个表示不确切的成分。

二、祈使功能型是非问句表达模式

以是非问句实现的祈使功能中，请求功能是使用频率较高的一种。这一节就针对此功能类型，论述其表达模式的类别与特点。是非问句表达请求时，存在两种功能意义：一是说话人向受话人提出请求，希望受话人在行动上有所反应，句中谓语动词所表示的行为，由受话人完成；二是说话人向受话人提出请求，希望得到受话人的应允，句中谓语动词所表示的行为由说话人完成。

（一） 第一种请求功能意义的是非问句表达模式

表达请求的第一种功能意义时，俄语是非问句的主要表达模式有4种：

1. 语气词 He...ли 参与构成的问句

（105） Не дашь ли мне свою тетрадь с лекциями? У меня не все написано.（А. Акушина）

语气词 He...ли 参与构成的问句要表达请求意义时，填充 He...ли 中间部分的必须是动词，而且，该动词在词汇意义上要有一定的限制，多是表

102

示给予意义的动词。整个句子的请求意义就是由位于句首位的 He... V. ли 这部分表达。语气词 He... ли 能给予全句以婉转、客气的意义。

2. 能愿动词参与构成的疑问句

（106）—Не можешь дать мне клочок бумажки и карандаш? Я сейчас уйду. Мне надо кое-что записать, —сказал он.（А. А. Фадеев）

（107）—Иван Ильич, вы могли бы меня проводить до дома? Они свернули в боковую улицу и шли теперь в тени.（А. Толстой）

（108）— Можно , вы мне решите задачу по арифметике? — спросил он робко.

　　　　— Можно, — сказал Вадим, — покажи.（Ю. Трифонов）

这类构句模式中，说话人主要是向受话人强调对所问事件是否执行，能愿动词就在全句中用逻辑重音突显出来，成为疑问点。因为是请求受话人的行为帮助，所以该模式句中的能愿动词的变位形式必须是第二人称的，如例句（106）中是单数第二人称的陈述式，（107）中是复数第二人称假定式。

3. 陈述句＋？

（109）—Ты проводишь нас немножко?

　　　　—Провожу.（Ю. Казаков）

（110）—Вы не подарите этот портрет нам? — попросил старик.（В. Тендряков）

该模式中，句子的疑问点及逻辑重音一般在做谓语的动词上，动词表示的行为就是说话人希望受话人所能完成的。但是全句的请求意义却不是由谓语动词独立来表达的，它要有一定的辅助手段，可以是副词，如（109）中的 немножко，它在句中的作用不是简单修饰，它还表现出了说话人提出要求时底气不足，行使"要求"的条件不很充分，从而变成了请求。如果去掉这个词，句子就从祈使变为了探询。还有一种辅助手段，就是否定词 не，如（110）。否定词 не 在句中并不一定表达否定意义，它使语气委婉，降低了"要求"含义，增加了"请求"的意义。第三种辅助手段，就是疑问语气。以征询的语气提出的"要求"，能够表达出说话人的礼貌、客气。这些因素相

互作用，才能使受话人明白这是请求。

4. 语气词 хорошо，ладно 构成的附加问

（111）—Только не стреляйтесь，ладно？Я как раз без бронежилета，надо же...（А. Бушков）

（112）— Только без проповедей，ладно？— сказал Зубаров.（Ю. Трифонов）

语气词 ладно 构成的是非问句在表达请求意义时，一般是受话人在某方面高于说话人，如：地位、辈分、年龄等。交谈双方各方面条件相仿时，该模式句表达的多是商量，而若反过来，说话人高于受话人时，句子表达的意义就变为了要求。请求、商量或者是要求，祈使语气主要由语气词 ладно 表达，而请求、商量或要求的内容则主要是由前面的陈述部分表达。

汉语请求是非问句的主要表达模式有 3 种：

1. 能/可以 + 吗？

（113）我就会不顾颜面地对她说："您能回家待两天吗？"（www. china–ba. com）

（114）能概括一下您见到的偏僻地区的贫困状况吗？（news. sohu. com）

（115）我想捐点钱给贵州贫困山区儿童，您能帮我转交吗？（news. sina. com. cn）

（116）你可以给我两百福林吗？（qnck. cyol. com）

该模式句中"能"和"可以"是全句请求意义的主要表达者。疑问语气词"吗"在句中有两种作用，一是传达疑问信息；二是"吗"字上的上升语调，是表达请求意义的另一个手段。虽然受话人的回答是针对"能"和"可以"的，但是问句的疑问点和逻辑重音却不一定落在这两个词上。也就是说，问句的疑问点和逻辑重音直接落在说话人所强调的请求内容上。如：（113）句可以有 5 个疑问点，分别是"您"、"能"、"回家"、"待"、"两天"，由逻辑重音突出出来。

2. 句中"X 不 X"句

（117）咱们总算有缘，你能不能帮帮忙，给我找点事做？（老舍）

（118）你先叫辆汽车来好不好？（老舍）

（119）你别拿这事来麻烦我成不成？（曹禺）

句中"X 不 X"句在执行请求功能时，填充 V 的动词非常有限，主要是助动词"能"和"可以"。在模式 1 中已经提及这两个助动词在表达请求时的特点及相互关系。在此模式中，它们同样具有这些特征，只是反复后的助动词结构进一步加强了请求的意义，从语气上也更加诚恳、礼貌，接近祈求。对这类问句的回答虽然针对 X 不 X，但是它的疑问点连同逻辑重音通常都是在表达请求内容的某个词语上。

3. 附加"X 不 X"或"X 吗"句

（120）翠珊，你别对我这样，行不行？（老舍）

（121）小姐，点心预备好了，放在五十一号，您去看看，好么？（曹禺）

这种后置的"X 不 X"或"X 吗"问句，X 的位置多由"行"、"好"充任，它们的反复结构，或者是与语气词"吗"的结合能表达祈使中的请求意义，是该问句请求意义的载体。而同是可以构成反复结构和与语气词"吗"结合的动词"是"、"对"就不能构成此请求意义。受话人就该请求给出回答的同时，也是在通告说话人他对该陈述的请求内容的执行与否。

从以上的论述中可以看出，俄汉语是非问句在实现该功能时，俄语的能愿动词参与构成的疑问句和汉语的"能/可以＋吗？"，俄语的语气词 ладно 构成的是非问句和汉语的附加"X 不 X"或"X 吗"句，这两对表达模式，无论从结构、语义，还是从表达模式要素在问句中的功能和作用看，都非常相似。除此之外，其他的表达模式则各具其语言特点。在结构上，俄语中没有"X не X"这样的结构，汉语也没有疑问语气＋V 位于句首的表达模式，更没有纯语调是非问表达的这种请求意义。但在语义层面上，两种语言都有表达相同语义的语言手段，如：汉语可用"V 不 V"的结构或"能/可以＋吗？"与俄语的 Не… ли 构句模式形成语义上的对应：（105）— Не дашь ли мне свою тетрадь с лекциями？能不能把你的课堂笔记借给我？/能（可以）把你的课堂笔记借给我吗？而俄语的陈述句＋？的模式，汉语则更多是用"能/可以＋吗？"、"V 不 V"的结构和附加"V 不 V"或"V 吗"句构成语义一致：

（109）—Ты проводишь нас немножко？你能送送我们吗？/你能不能送送我们？/你送送我们，行吗？（110）— Вы не подарите этот портрет нам？您能把这张肖像画送给我们吗？/您能不能把这张肖像画送给我们？/您把这张肖像画送给我们，行吗？通过这样的对比，从中我们又再一次证实了俄语中否定词 не 在此模式句中已经失去了否定意义。

（二）第二种请求功能意义的是非问句表达模式

第二种表达请求意义的表达模式，俄语主要有 3 种：

1. можно + V 构成的疑问句

（122）—А мне можно спросить？（М. Чулаки）

（123）Можно попросить карту России？（Н. Породин）

（124）—Можно，я немного пока выпью？（А. Бушков）

можно 参与构成的是非问句两种请求意义都可以表达，它们的区别是：表达第一种请求意义时，можно 指向的人称是第二人称——受话人；表达第二种请求意义时，它指向的是第一人称——说话人。

2. 表"允许"动词命令式构成的疑问句

（125）Отец，разреши к тебе？...（Ю. Бондарев）

（126）Разрешите посмотреть иллюстрацию в этом журнале？（Н. Погодин）

（127）А мне，— она остановилась и покраснела，но не опустила глаза，— а мне позвольте поцеловать вашу руку？（Л. Андреев）

命令式的范畴意义就是祈使意义，动词表示的动作是说话人祈使某人去完成的，是有所要求的。那么有动词命令式参与构成的句子在表达祈使意义时，该命令就可成为表达祈使意义的标识，在是非问句中它以第二人称的形式承载着疑问点。

3. 后附加疑问句

（128）Я пойду к нему... можно？ладно？ — Она как будто спрашивала у меня разрешения.（Ю. Трифонов）

后附加疑问句要完成第二种请求意义时，后附加的词主要就是例句中给出的这两种：можно 和 ладно。它们表达的是对前面陈述内容可行性的探询。当说话人以第一人称形式进行前面部分的陈述后，再使用这两个词附加疑问时，句子就获得了向受话人请求允许的意义。

汉语表达第二种请求意义的主要模式有 4 种：

1. 能/可以 + 吗?

（129）请问我能用吗?（www. rjh. com. cn）

（130）我可以抱你吗?（张惠妹 歌名）

（131）我可以帮你们捡球吗?（www. longyin. net）

"能/可以 + 吗?"构成的疑问句执行第二种请求意义时，表明请求的内容将由"我"、"我们"或"他（她）"、"他们（她们）"来完成，疑问的提出是希望得到"你（你们）"的应允，所以，句中的主语一般不能是第二人称形式。模式中的语气词"吗"是不可缺少的部分，除了传达疑问信息，它还是该模式实现请求功能的保证。

2. 语气词"吧"构成的是非问句

（132）四爷，报馆的张先生来了，在三十四号，请他到这儿来吧?（曹禺）

（133）吹灯吧? 大少爷?（曹禺）

语气词"吧"在是非问句中有两种功用：一是表疑问；二是表祈使。语气词"吧"构成的是非问句用于祈使功能时，"吧"就成了该模式句表达祈使意义的标识，但它不承担句子的疑问点和逻辑重音，只担负上扬的疑问语调，句中的疑问点在语气词"吧"之前的陈述内容上。

3. 句中"X 不 X"句

（134）儿子看爸爸妈妈都很高兴，趁机说："妈妈，我可不可以看看我的玩具?"（www. zhulang. com/htmpage）

（135）爸爸，灵灵吃什么? 我能不能喂它喝一点铜汁汤? （www. zhulang. com/htmpage）

（136）那我可不可以要求你给我最新的香奈儿夏季粉色系列里那套粉红色的?（www. uuzone. com）

第二章 俄汉语是非问句句法对比

句中"X 不 X"句用于请求功能时,"X 不 X"结构主要由助动词"能"和"可以"构成。这种模式要表达第二种请求意义的关键是句中的主语不能是第二人称代词。

4．附加"X 不 X"或"X 吗"句

（137）我的暑假我做主,行吗? （http：//edu．zj．com/jyxw/xyxw/118812．html）

（138）如果明天你赢了,我们在混合区里再采访你一下好吗?（http：//itking1．bokee．com/5410053．html）

（139）我提个建议行吗?（www．im286．com/archiver）

附加"X 不 X"或"X 吗"句表达第二种请求意义时,与第一种请求意义相比,促使意义改变的因素是句中陈述请求内容的人称变化。人称的改变说明请求内容已不是由受话人来完成,陈述部分的作用是通告受话人一个未成事实的事件,或者说是一个打算。说话人用后面的附加部分向受话人询问,不是询问事件或打算将会如何,而是询问受话人对整个事件或打算的态度,这个态度对说话人来说就是指令,决定事件或打算的实施与否。所以,附加的部分表达的是一种请示,是请求受话人对前面的陈述做出指示,希望能给予应允。

在第二种请求意义的表达模式中,俄汉语表达模式要素以及模式句在结构、语义上能够相同的,依然是我们在第一种请求意义表达模式中论述的那两种。我们这里想分析的是俄语的动词命令式构成的疑问句和汉语的语气词"吧"构成的是非问句。和汉语相比,俄语的动词命令式是俄语动词特有的语法形式,因此,汉语在翻译俄语这种模式句时,只要意向功能、语义确保一致,就可以算作翻译成功。如俄语模式数字 2 中:

（140）Отец, разреши к тебе?... 父亲,可以去看你吗?

（141）Разрешите посмотреть иллюстрацию в этом журнале? 能看看杂志的插图吗?

（142）— А мне, — она остановилась и покраснела, но не опустила глаза, — а мне позвольте поцеловать вашу руку? 我……,——她停了一下,

108

脸上泛起了红晕，但目光坚决，——我可以亲亲您的手吗？

由此也看出，俄语动词命令式 разрешите，позвольте 在汉语里基本由助动词"能"、"可以"来表达。俄语的动词命令式构成的模式句在汉语里多用"能/可以＋吗？"模式句与之对应。在对待汉语语气词"吧"构成的是非问句时，俄语也采用了翻译中的意向功能、语义一致原则，同时还要考虑语境对语义的影响。如汉语模式语气词"吧"问句例（132）中的"请他到这儿来吧？"和（133）中的"吹灯吧？"，抛开上下文，它们可有多种俄语的表达形式，交际功能也可能有所改变。而上下文中仆对主这种等级对话的语境支持，使我们认为使用俄语的动词命令式构成的模式比较好：

（132'） Разрешите（позвольте）его сюда принести？

（133'） Разрешите（позвольте）мне загасить свечу？

当然也可以用 можно＋V 的模式，只不过说话人在语调和表情上要有所配合：Можно его сюда принести？／Можно，мне загасить свечу？汉语这种缺少形态变化的语言使得它要以较少的模式对应俄语较多模式表达的意向功能和语义，也使汉语的某一句子能够对应多种俄语的表达模式。相比较之下可以发现，俄语的这些表达请求的句法结构，附加问句结构除外，所表达的请求意义在汉语中都可以用能愿动词的适当形式结构表达。申小龙认为汉语的这种特点，"使它们能动地随表达意图穿插开合，随修辞语境增省显隐，体现出强烈的立言造句的主体意识。……汉语语流中的单位实体，是一种功能发散的实体，是能动地体现交际意识的'活'体。以这种功能实体建构的句子，不再依赖形式的内聚力，而是依托功能的涵摄力"[1]。

在祈使功能中，俄语的有些表达模式能够和其表达的具体功能形成对应，如：Не могли бы вы...？表达请求，Можно（мне）...？表达对允许的询问。[2] 相比之下，汉语没有某一表达模式只对应某个功能的语言现象。

---

① 申小龙. 论汉语句型的功能分析［J］. 孝感学院学报，2002（1），第 19 页。

② Шатуновский И. Б. Речевые акты［M］. 黑龙江大学俄语学院系列讲座，2006 年第 1 讲。

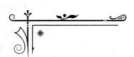

三、观点表达功能型是非问句表达模式

是非问句的探询功能是说话人向受话人探知某个信息，祈使功能是希望受话人能以行动或言语做出某种回应，而观点表达功能则是说话人以是非问句的形式向受话人表达他对某个事件的看法，是个人观点的外露，不需要受话人语言形式的回答。问句中的问号或许提醒我们，句子在某种程度上表达的是某种怀疑，问句的形式及语调会使整个句子在观点表达中掺杂着说话人的情感态度。

俄语是非问句用于此功能的主要表达模式有两种：

1．语气词 разве，что ли，что 构成的句子

（143） Разве можно надевать сапоги к такому платью？（А．Маринина）

（144） Что я，рыжий，что ли？（引自 И．Б．Шатуновский，2004）

（145） Что я，ненормальная，что-нибудь здесь трогать？ （引自 И．Б．Шатуновский，2004）

Шатуновский[①] 指出，此类型问句有特殊的结构、语调和语气词。它不可能用亲切、柔和的语调，而是必须用恼怒、激动的语调读出，语气词主要用разве，что ли，что 这三种。Булыгина 和 Шмелев[②] 也指出，这种问句的构成必须使用语气词 разве，что ли。语气词 разве 构成的句子在用于表达个人观点时，常常是对受话人观点的反驳，所以该模式句一般不能用于对话中的首启句。语气词 разве 是该模式句的标识性成分，位置固定，居句首，它能赋予问句怀疑、惊讶的意味，加强问句所表达的绝对性否定的观点态度。

2．固定结构表达的疑问句

До... ＋ли... ＋...？

（146） Целый день гулял．До занятий ли ему？（Л．Зорин）

---

① Шатуновский И．Б．Риторические вопросы как форма агрессивного речевого поведения// Агрессия и речи．М．，2004．С．20．

② Булыгина Т．В．，Шмелев А．Д．Языковая концептуализация мира ［М］．М．：Школа «Языки русской культуры»，1997．С．271．

（147）Давно я не болтал ни с музой, ни с тобою. До стоп ли было мне? (Д. Давыдов)

（148）Не знаю, откуда он родом, даже отчества его не помню — до отчества ли было на войне? (журн.)

《80 年语法》^① 对该模式的解释是，"前置词 до 和语气词 ли 的位置是固定的……这类句子表达对涉及某事的否定，这种否定是由某种环境所引起的"。我们的理解是，"某种环境"就是上下文构成的语境，那么该模式句是不能作为新话题出现在对话中的，它往往是对正在谈论的事件的否定性评价，表达个人对此事件的看法。

代词性词 ＋ ли ＋ не ＋ ...?

（149）Это ли не свидетельство подлинной демократии? (Из газ.)

（150）Я ли ее не любила? Я ли не берегла? (М. Горький)

（151）Это ли не чудо великое, это ли не указание? (И. Бунин)

此模式中的代词性词、语气词、否定语气词 не 排列顺序固定，位于句首。该模式句表达说话人对正在谈论事件的看法是肯定或否定的。

汉语的主要表达模式有：

1. "吗"字句。"吗"字句还可再细分为 5 类：

"能"、"会"、"敢"、"肯"、"该"等参与构成的问句：

（152）他们还能反到天上去吗？（老舍）

（153）由我身上掉下来的肉，我能不心疼吗？（老舍）

（154）他不愿牵连无辜的小李，倘若沈瑶他们知道小李为布天隽和马弟元领牛肉，会对她有好处吗？（蒋子龙）

（155）说那是"无可辩驳"的，还敢辩吗？（张辛欣、桑晔）

（156）您要有了大姑娘，你肯教她去自由吗？（老舍）

（157）你应当去，我就该老坐在家里？（老舍）

助动词"能"、"敢"、"肯"等在此模式句中表明问句表达的观点是说话

---

① АН СССР. Грамматика русского языка ［M］. M., 1980. C. 393.

111

人对某事的主观上的意愿，或者是在客观上的推理。句子在语义上与句子表层表达的字面意义相反，以此加强说话人对其观点的肯定语气。该模式句还可以在助动词之前加上语气副词"还"，或者之后添加否定形式，使反问语气更强烈。如：例句（152）、（153）、（155）。

"就"、"不"参与构成的问句：

（158）小刘，老掌柜在这儿多少年啦，你就不照顾他一点吗？（老舍）

（159）凤，你看不出来，现在我怎么能带你出去？——你这不是孩子话么？（曹禺）

（160）我饿，学生们饿，还要运动，不是笑话吗？（老舍）

"就"、"不"是问句加强语气的手段，表达出说话人责备的语气，通常其前面是支持该观点的理由陈述。

副词"还"参与构成的问句：

（161）现在我要是再不要强，还算个人吗？（老舍）

（162）他……还配上报纸？（张辛欣、桑晔）

（163）凭咱们的三张嘴还说不服一个老太太吗？（老舍）

副词"还"在该模式句中的作用是加强说话人不容置疑的强硬口气，突出句子所表达的观点，一般语调到此要下挫，形成重读音节。副词"还"和其后面的成分构成说话人的主要观点部分。

"V 得 C"、"V 不 C"结构：

（164）那么贵重的东西，买得起吗？（张辛欣、桑晔）

（165）不少喝，你请得起吗？（高行健）

（166）我碰不了洋人，还碰不了你吗？（老舍）

"V 得 C"、"V 不 C"结构中的"C"代表的是补语。该结构本身没有表达观点的功能意义，当它与观点理由陈述、疑问语调，或疑问语气词"吗"一起构成问句时，就获得了此功能意义。

一般"吗"字句：

（167）你们说，这日子有法儿过吗？（张辛欣、桑晔）

（168）拿我的设计去显摆的人，够战友的资格吗？（张辛欣，桑晔）

（169）有人拿我们当国家代表吗？（张辛欣、桑晔）

一般"吗"字句是指该模式句中没有构成表达说话人观点的句法结构标识性的成分。语境和说话人质问式的语气是促成该模式获得此功能意义的主要动因。

上述这5种"吗"字句用于表达观点时，其模式句有一个共同的特点，就是整个问句分为两部分，陈述部分多是观点的推理依据，观点部分则是对前面部分做出的结论性判断，是说话人观点性的结论，两部分合起来，全句就向受话人表明此观点的得出是有理有据的、无可辩驳的，并同时以疑问语调向受话人加强这种认识。整个问句在语调上，一般前面部分用陈述语调，后面部分用疑问语调，句子表达的观点在后面的疑问部分上，逻辑重音多落在说话人认为能够起加强受话人认同其观点作用的某个句子成分上，如句子（167），说话人向受话人强调的观点是"这日子没法儿过"，他希望受话人也能得出这样的结论，所以他在陈述了缘由后，以问句的方式推出"这日子有法儿过吗？"的疑问，以对"有法"的质疑，推出"没法"的观点。因此，逻辑重音落在"有"上。

2．"吧"字句

（170）人总得活着吧？我变尽了方法，不过是为活下去！（老舍）

"吧"字句在完成表达观点功能时，语气词"吧"特有的商量的口吻，相对来讲，使得该模式句是所有是非问句表达观点功能中语气比较温和的一种。语气词"吧"本身没有此功能意义，"吧"字句表达观点的功能意义不是由句中某个成分实现的，没有标识性的功能意义成分。这类句子往往以常规性的知识加上语气词"吧"用疑问语调向受话人推出。说话人把它作为自己的观点，常常是在对话中用以阐释缘由的理论依据。既然是常规、常识，它就比较有说服力，说话人运用时，逻辑重音也大多要落在表示常规意义的成分上，来突出普遍性，或者是不可抗拒性。

3．副词"难道"或和副词"就"构成的问句

（171）难道你们的办法就是圣旨？（老舍）

（172）难道我的心不是肉作的？（老舍）

（173）没有他，难道我还活不了吗？（老舍）

"难道……就"可以算作是该模式句的功能意义标识。副词"难道"可加强反问的语气，是构成表达观点功能的一个因素。副词"就"有一个义素是"表示在某种条件或情况下自然怎么样"①。它和"难道"一起构句时，副词"难道"居句首，对其后的句子成分形成的意义进行反向质疑，这样一来，副词"就"引出的就是"难道"质疑的某种条件或情况下的事态自然状况。问句质疑的是"自然"，表明说话人认为这种事态状况的"不自然"，这才是说话人问句的真正目的——表达相反的观点。这也是所有观点型是非问句的共同特点，即，句法上是肯定形式，表达的是说话人否定的观点态度，而否定的句法形式则是表达肯定的观点态度。句子的语调多在句末上扬。

4. 句中"X 不 X"句

（174）过去唱些没多少人听的戏，活得窝囊不窝囊？（陈建功、赵大年）

（175）您说这人可恶不可恶？我听您的话，刚一跟他商量，他就横着来了！（老舍）

（176）全世界，全世界找得到这样的政府找不到？（老舍）

句中"X 不 X"句是概括的说法，在实际运用中，它会有不同的变体，像例（176）中的"找得到这样的政府找不到"，还有一些其他的情况，我们都把它们视作是由句中"X 不 X"模式构成的句子。这类问句在执行表达观点功能时，句中一般都存有"你说"这样的意义成分，它是该模式句获取此功能意义的关键因素。它使句子具有了较强的反问语气，向受话人暗示"要是你也得这么认为"，以此加强说话人观点的正确性。句中的反复部分表达说话人的观点、看法。

5. 由"岂、岂不"等副词构成的问句

（177）这样的画岂是我们中国人能画的？（邓友梅）

---

① 中国社会科学院语言研究所词典编辑室. 现代汉语词典（2002 年增补本）［M］. 北京：商务印书馆, 2004 年版第 678 页。

（178）人人都象我这样，一年岂不多几次享受么？（老舍）

"岂"是表示反问的副词，它能加强问句的反问语气。因为"岂"是书面语，所以，这样的句子在使用上要受到一定的限制，比起单纯以反问语气表达的观点，更能体现出说话人是有一定文化素养的。

俄汉语是非问句在执行该功能时，问句已经失去了疑问功能，说话人只是借助问句的句法结构形式来表达他的观点、态度，所以此功能下的是非问句是不需要受话人回答的，目的是让他从问句中获知说话人对某个事件的观点态度。通过对比发现，俄语3种模式句主要通过句法结构表达此功能意义，而汉语5种模式中表达此功能意义的手段，单纯从结构上表达的，只有副词"难道"或和副词"就"构成问句的模式（模式3），而其余几种是结构与意义相结合。从结构上来说，俄语中的疑问语气词和汉语中的助动词、副词，可以作为是非问句实现此功能的形态标记，表达了说话人的某种预设，而有些不包括这些标记的句子，多是由于其他原因的促使，从而获得该交际功能的。

四、情感表达功能型是非问句表达模式

是非问句用于表达情感意向功能时，旨在向受话人表示出他的内心情感状况，如：惊喜、激动、惊讶、愤怒、不满等。所以此功能下的是非问句没有疑问功能，也不需要受话人回答，自然也就没有疑问点。

俄语是非问句实现该功能的主要表达模式有：

1. 陈述句 + ？

（179）—Это Гриша? Боже мой, как он вырос! —сказала Анна. （Л. Толстой）

（180）Влетела мать, взъерошенная, с припухшими после сна и давешних слез глазами.

— Что ж ты не будишь меня? Да и я хороша! Нет чтобы пораньше лечь, такой трудный день. （Д. Вересов）

（181）Ярослав? Это вы, Ярослав? （С. Алексеев）

115

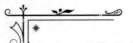

此模式在表达情感时，句子的主要特点就是说话人向句子中注入了相应的情感语气。这时，逻辑重音不再是突出疑问点所必需的语言手段，它在句中的出现只是为了加强情感意味。因为整个句子所要表达的情感是在语调和说话人加入的情感语气上，而不是由句子中的某个成分表达的，如例（179）、（180）、（181）三个句子表达的惊喜和不满就不是由哪一个成分单独实现的。

汉语是非问句实现情感功能的主要表达模式有：

1."吗"字句

（182）[看见小福子在祥子屋里，二强子歪歪拧拧的想挺起胸脯，可是连立也立不稳，说：]我说祥子，你还算人吗？（老舍）

（183）还有，维持住这个家，也是我的义务吗？（陈建功、赵大年）

（184）那卖瓜的倒爷说，您还甭嗑牙花子，咱大兴县的早花儿西瓜还差个把月呢，我这瓜不起眼儿，可是从广西空运过来的！您坐过飞机吗？（陈建功、赵大年）

语气词"吗"虽然是该模式句的构句标记，但是它只是标记性的疑问特征。"吗"字句用于表达情感功能时，情感意义是全句的语义、语调和说话人的情感语气共同实现的，而其中最主要的还是说话人的语气。例如上面（182）、（183）、（184）这三个例句，如果没有说话人的情感语气，就很容易把这三个语句理解成是观点表达或信息探询功能。

2. 句中"V不V"句

（185）板着脸干一天，不知累不累？（张辛欣、桑晔）

（186）你们要我说话不？（曹禺）

（187）俩多月了，她给过我一分钱没有？（老舍）

该句式的特点是借助反问语调和句子中的反复结构来表达不满的情感，句子中常常使用否定成分来加强这种不满情绪的表达。这种模式句表达出的不满情感正是针对句中所述的事件而发的。这类句子的逻辑重音通常落在第一个V上，来加强不满的语气。

3. 附加"X不X"句

（188）我不再出声，只当我没长着嘴，行不行？（老舍）

116

（189）骑毛驴，北方的，小毛驴，懂不懂？（陈建功、赵大年）

（190）没有卦礼就不能随便问卜，懂不懂？（老舍）

附加问句表达情感时，抒发情感的主要是附加部分，而且在第一个 X 上要重读，前面的陈述部分是激发情感的真正原因。能用在 X 上的词非常有限，虽说"X 不 X"是情感抒发的主要承载者，但是情感意义却是由句子的语义、说话人的语气和疑问语调共同表达的。

4. 纯语调是非问句

（191）你不来，我能倒这样的霉？（曹禺）

（192）你既然知道这家庭里可以闷死人，你怎么肯一个人走，把我丢在这里？（曹禺）

（193）哭什么？你爹死了？（曹禺）

语调是非问句表达情感意义的主要语言手段是说话人的情感语气，而情感意义的生成则是一定语境下形成的语义。有些句子不需要语境支持，语义上就能生成某种情感意义，如例（191）；而有些句子脱离开语境，就无法实现它的功能意义，如（193），如果说话人知道受话人的爹已经病很久了，当他看见受话人在哭时，他的第一反应很可能是认为受话人的爹死了，从而提出该问题，这时的问句完成的是揣测功能。所以，语境是该模式句实现此功能的一个条件，但不是必需条件。

表达情感功能的俄汉语是非问句与表达其他功能的是非问句相比，主要的差别是逻辑重音与句子疑问点的分离。逻辑重音由在句中主要起突出疑问点的作用，变成了起加强情感意义的作用。此外，句子的焦点（信息焦点）也都是在语义层上体现出来，而不是落在哪一个成分上。

上述所列出的俄汉语是非问句在不同交际功能下的模式类型，不是该功能下模式类型的全部，我们只是列出了一些使用频率较高的类型来说明是非问句在执行某一交际功能时的句法结构特点。在这一节的论述对比中可以看出，总体上，汉语的特点是结构与功能的一对多，对此，申小龙认为，在汉语语法中，结构并不是自足的，只有表达功能才是自足的，功能涵盖了结构。从本质上说，语言结构趋于某种形式的动力和形式的功能，都是在语言的具

体运用中实现的。在此意义上，语言的表达功能是第一性的，结构的阐释只能在言语表达中进行。①

俄汉语对句子结构模式有着不同的概念解释，出于对比论述的需要，提出"句子抽象模式"和"表达模式"。俄汉语是非问句的句子抽象模式为"S + 疑问语气词?"和"S + ?"，而表达模式却各具特点。从句子抽象模式的角度，我们论述分析了俄汉语是非问句的疑问标示元，俄汉语是非问句的两大类型：带疑问语气词的是非问句和不带疑问语气词的是非问句的句法结构，俄语的词序和汉语的语序这三个问题。首先，在疑问标示元的问题上，对比得出，汉语的疑问标示元可以单独传递疑问信息，而俄语的疑问标示元中只有语调具有传递疑问信息的能力。复用的疑问标示元，其羡余部分是增加所传递疑问信息的强度，传递一定的语用信息，也是言语交际的需要。此外，疑问标示元中用于表达疑问的固定结构，俄汉语存在很大的差别，汉语"X不X"结构具有疑问特征，在语义上，"X 不 X"结构构不成问句完整的语义框架，而只能是其中的一部分。而俄语用于表达疑问的固定结构在结构和语义上都相对较完整，空缺之处是说话人所要表达的语义核心。其次，在两类是非问句句法结构问题上，我们采用了 N. Chomsky 的最简方案和 Rizzi、Luigi 的相对最小化理论，对是非问句的肯定形式和否定形式从生成的角度做出解释。在肯定形式中，俄汉语"S + ?"抽象模式下的问句，其生成的逻辑层都只体现在 IP 中，句子的疑问特征出现在语音层（PF），即，CP 结构中的 C 由疑问语调填充。而"S + 疑问语气词?"抽象模式下的问句，其逻辑层 CP 结构中的 C 由疑问语气词填充，但是由于俄汉语的生成方式不同，从而导致了两种语言疑问语气词在句子中位置的不同。俄汉语否定是非问句都有语义上否定冗余的现象，但是形成否定冗余的原因却各不相同。俄语前置否定是非问句是由于其否定结构游离出了否定算子的辖域范围，致使该否定问句在语义上出现了否定冗余。而汉语否定是非问句在结构上没有原位否定与前置否定之分，它在构成否定冗余时，句中的否定成分是在 I 中否定屈折形态 NO

---

① 申小龙. 论汉语句型的功能分析 [J]. 孝感学院学报，2002（1），第 19 页。

的制约下形成的，是 X 不 X 的简化形式，此类型的否定问句与俄语有着不同的生成路径。最后，在词序与语序的问题上，我们依据俄汉语的语言特点论证得出，在术语使用上，俄语适合以"词序"指称句子词汇－语法成分在某个线性连续体中的排列，而汉语则更适合将此称为"语序"。汉语的语序相比较俄语而言，有它的稳固性，但是也有它的灵活性。静态语序的制约因素和动态语序的制约因素是汉语表现为既稳固又灵活的主要原因。俄汉语词序与语序的变化能够突出句子的疑问点，改变句子的中性修辞色彩。如果从生成的角度来解释，则表明俄语自由的词序变化是源于各词类丰富的屈折变化使几乎每一类词都有强一致特征。因此，无论句中的哪一成分移动，都能对 IP 中相关特征进行核查，不会造成理解失败。

对俄汉语是非问句表达模式的论述分析中，我们首先按照说话人使用是非问句时所要实现的意向目的，把是非问句分为四种功能类型：信息探询、祈使、观点表达和情感表达。随后，对比分析了俄汉语是非问句在实现这些交际功能时，其表达模式的类型和特点。对比的结果是，俄语表达模式在数量上要明显地多于汉语，而在翻译中，汉语总是以它少量的表达模式对应俄语的各种不同表达模式。俄汉语的这种差别，主要是由于在汉语语法中，结构并不是自足的，只有表达功能才是自足的。

第三章

信息探询功能型是非问句

第一节　信息探询是非问句的语义分析

一、语义特征

Hamblin 提出，疑问句的语义理解是可能回答的集合。是非问句的语义可表示为 $\{[Q]\} = \{[p], W-[p]\}$。其中，p 是 Q 的陈述，是基于 Q 的命题，$[\ ]$ 是理解函数，W 是所有可能世界（possible worlds）的集合。[①] Karttunen（1977）以及 Groenendijk 和 Stokhof（1984，1997）发展了这一观点，提出是非问句的语义伴有逻辑空间的分区，它对应着命题，这些命题构成问句的可能回答，它们相互独立并穷尽逻辑空间。是非问句语义对应分区的观点，很好地说明对一个疑问句的语义理解可以决定对其的回答。

在是非问句的三种信息探询功能中，纯疑问功能在语义上是较为简单的一种，受话人理解用力最小。说话人以是非问句做纯疑问时，主要用在中性的语境下，问句产生出一个平衡的命题分区 $[P, \neg P]$。它的语义用逻辑式表示为 $\{[Q]\} = \lambda p_{<s,t>} \lambda w_s \lambda q_{<s,t>}[q=p \vee q=\neg p]$。[②] 一般来说，说话人对现实存在的是 P，还是 $?P$ 并没有事先的预期，大脑中对疑问点的认知状态是空白的，但是他认为，或者至少他期望受话人对此的认知是完整的，所以他需要从受话人 P 或 $?P$ 的回答中获取相应的知识。[③] 此外，纯疑问中能体现出说话人要从受话人那里获取知识的要求是迫切的，知识的特点也多是概括性的。如《Анна Каренина》第一部中 Долли 向仆人 Матвей 的提问 Да послали ли за свежим молоком？（新鲜牛奶叫人拿了吗？）。这句话的语用背

---

① Hamblin C. L. *Questions in montague grammar* [J]. Foundations of Language，1973 (10)．pp. 41–53.

② Karttunen Lauri. *Syntax and semantics of questions* [J]. Linguistics and Philosophy，1977（1）．pp. 3–44.

③ 受话人也有回答"不知道"的时候，这是受话人对此事的认知状态。受话人的回答没有为说话人提供相应的知识，所以，在说话人的认知状态中对此依旧是空白。

景是：Долли 把自己关在房间里三天没有管理家务，家里已经一团糟，孩子们经常是很晚也吃不上饭。当老仆人 Матвей 再次来向她征询是否让他的兄弟来做厨师时，Долли 决定重新开始操持日常家务，让家务把她的痛苦暂时淹没掉。对于 Долли 而言，她的思绪是刚刚从痛苦和混乱中回到她好像已经久违的日常家务上，她不知道今天有没有人去取新鲜牛奶，所以，在她的提问中有一个平衡的命题分区〔P：послали за свежим молоком〕和〔$\neg P$：не послали за свежим молоком〕，其语义逻辑式为 ｛〔послали ли за свежим молоком〕｝ $= \lambda p_{<s,t>} \lambda w_s \lambda q_{<s,t>}$〔$q =$ послали за свежим молоком $\vee$ $q =$ не послали за свежим молоком〕。她相信老仆人 Матвей 一定知道这事，她要从他给出的回答中开始着手处理家务。

再如汉语：《茶馆》第一幕，〔刘麻子为了打岔，掏出一块小表让松二爷看，听听表针的响声，也想借机卖表。松二爷：（听）这得多少钱？〕刘麻子问松二爷："你爱吗？一句话，五两银子。"（Нравятся?）刘麻子不知道松二爷想不想要这块表，他是属于得机会就挣点的人，所以，在刘麻子的大脑中对松二爷爱不爱有两个平衡的逻辑空间的分区：〔P：松二爷爱〕和〔$\neg P$：松二爷不爱〕。

通常说话人从受话人类似"是"或"不是"的回答中获知所问事件的是否存在，形成总的认知状态后，说话人才能针对自己所感兴趣的局部或是细节再做进一步探询或展开下一步的言语意图。所以，此功能下的是非问句常常被说话人用作对信息进一步索取的铺垫，受话人的回答对说话人来说也就变得极其重要。如《Анна Карениа》中，Левин 在听到 Сергей Иванович 说看见过他哥哥 Николай 后，忙问：Здесь, в Москве? Где он? Ты знаешь? — Левин встал со стула, как бы собираясь тотчас же идти. 由此可见，在此交际环境中，说话人向受话人探询自己未知的信息，受话人也在真实地回答说话人，会话双方都忠实地遵守着合作原则，确保信息交流顺畅。

与纯疑问功能不同，揣测功能在语义上较为复杂，主要有三种情况。

首先，它可以作为一种思维方式出现在人的大脑中而不需要受话人的存在，说话人同时又是受话人。如：Л. Толстой 的长篇名著《Анна Каренина》

第八部第十七节中，Левин 在雷雨中奔向树林，去寻找被雷雨围困在树林里的 Кити、他们的儿子，还有保姆，当他恐惧地看到树林中间那棵熟识的麻栎树的绿色梢头已古怪地换了位置时，在他的大脑中闪现出下面这个揣测是非问：Неужели разбило？（难道真的被雷劈了？）又如说话人在找不到钥匙时，在大脑中做出的揣测：Не забыл ли я ключи на столе？（是不是把钥匙忘在桌子上了？）（引自 И. Б. Шатуновский）再看汉语，老舍的《骆驼祥子》中，在曹宅，祥子把自己的积蓄都给了孙侦探做了买命钱后离开了曹宅，出于良心的谴责，他又回到了曹宅，发现曹太太和孩子并没有被抓走，他糊涂了：奇怪，到底是怎回事呢？难道孙侦探并非真的侦探？（Вдруг Сунь не сыщик？）此类揣测问句不属于交际中的揣测功能问句。

其次，作为说话人对事件思考的一种可能性结论，由说话人在交际中推出时，同时是针对说话人自己和受话人，这类问句常被用在对某事件的分析讨论中。如，会议上讨论潜艇遇难的可能原因：Не столкнулась ли подводная лодка с миной？（是不是潜水艇撞上水雷了？）（引自 И. Б. Шатуновский）又如，同学们发现班长没来上课，同学甲说："是不是生病了？"（Не заболела ли она？）说话人对所问事件不是全然不知，问句表达的实质是说话人已有的知识为他提供的可能性的答案。这两种情况反映出人们认知客观世界时的一般推理过程，因为人类认知世界，对事物事件的范畴化过程中，逐渐掌握了它们的一般发展规律，从而大脑中就形成了一些认识世界的模式。这些模式是人们思考的凭据，用它们去套用所面对的事件，逆向推导出该事件的一般发展规律，再按此规律推出事件发展的一般结果。

最后，在说话人的认知状态中，已经存在了一个 P，或者是 $?P$，当交际中存在某个与其已有认知状态相矛盾的因素时，如受话人说出的话，客观场景中出现的一些情景等，迫使说话人做出与自己最初认知状态相反的揣测。他提问的目的是在受话人的回答中核查问句揣测的内容真实性。通常，这种揣测功能下的是非问句表达两种交际目的：一是假设受话人隐含暗示了一些反面证据，说话人开始怀疑自己的认识，想检查自己最初认知状态的正确性；二是假设受话人隐含暗示了一些反面证据，说话人因怀疑受话人的这些反面

证据而询问受话人，以此检验受话人认知状态的正确性。如果我们假设说话人的认知状态中已经存在了一个 P，根据第二章有关俄语否定是非问句原位否定和前置否定的论述，我们认为，俄语中，在实现上述第一个交际目的时，说话人可以使用前置否定的是非问句，再次检查他起初的 P，而在实现上述第二个交际目的时，则可以运用原位否定是非问句，检查受话人隐含的命题 $?P$。如《Анна Каренина》第四部第二十三节中，Вронский 受伤后第一次说话时，只有他嫂子 Варя 一个人在他房里。Вронский 伤得很重，有好几天处在死亡的边缘，伤口必然会疼痛（P），Варя 也是这样认为的，所以当她听到 Вронский 说话后，看见他的眼睛明亮，没有发烧的样子，眼神也很严肃，似乎"没有伤痛的迹象"（$\neg P$）。这与 Варя 的最初认知状态 P 产生了矛盾，她开始怀疑自己的认识，提出问题以检查自己认知的正确性：Не больно тебе？（你不痛吗？）问句推出自己的 P 命题"你应该痛"。再如：第一部第十节中，Левин 和 Облонский 一起来到饭店，Облонский 认为或者是预期 Левин 也应该喜欢吃牡蛎（P），因为在点菜时，Левин 对 Облонский 的挑选也给予了肯定。然而 Левин 虽然也吃着牡蛎，但是他更爱吃白面包夹干酪。他在欣赏 Облонский 那种吃得津津有味的模样。Левин 的这种表现使 Облонский 觉得 Левин 不喜欢吃牡蛎（$?P$），Облонский 开始怀疑 Левин 是否真的不喜欢吃牡蛎（$?P$）：——А ты не очень любишь устрицы？（你不太喜欢牡蛎吗？）问句检查的是 $?P$ 命题。汉语是非问句在揣测功能的第三种情况中，如前第二章汉语否定是非问句所述，没有俄语的这种情况。同样是假设说话人的认知状态中已经存在了一个 P 的条件下，实现两种交际目的时，使用的可以都是问句的否定形式，且都带疑问语气词"吗"。我们认为，疑问语气词"吗"能够反映出说话人当前认知状态的矛盾：到底是 P，还是 $\neg P$？以"你不痛吗？"为例，"吗"为上升语调，它的疑问特征表示出说话人对"痛"还是"不痛"的怀疑。而如果我们把语气词"吗"换上"吧"，问句就失去了说话人对所问事件认知矛盾状态的含义，表现出的是揣测功能的第二种情况——说话人对事件思考的一种可能性结论，如："你不痛吧？"。所以，也可以说，汉语否定"吗"是非问句是同时检查说话人的命题 P 和受话人的

⌐ P 命题的。此外，汉语是非问句中也经常会使用一些具有认知意义的词汇手段来标示出说话人需要检查的是自己的 P，还是受话人的 ?P，这时，疑问语气词就不再是必需的成分了。如副词"还"，它的第一个义项就是"表示现象继续存在或动作继续进行"[①]，可以被用来标示出是对受话人命题的检验，如：《日出》中陈白露与方达生的对话：

陈：不，他决不会回来的。他现在一定工作得很高兴……（悲痛地）他早把我忘了。

方：你似乎还没有忘记他？

从对话中我们可以看出，在方达生的最初认知状态中存在的 P 是"你现在已经把他忘记了"，但是陈白露的话语含义和表情清楚地表达出 ⌐ P "直到现在也没有忘记他"，所以方达生用了一个认知副词"还"对陈白露的命题 ⌐ P 做了再次检验。如果我们假设方达生要检查自己的命题 P，那么他的揣测问或许应该是"你不是已经把他忘记了吗?"，或者是其他形式的句式，但是认知副词"还"就不能参与构句了。

简言之，揣测功能下的是非问句总体上反映了所问事件在说话人的大脑中被衡量、思考的状态，形成的认识多是经验式，所以当他的认知状态受到冲击时，他对自己的这种经验式的结论就有了一定的怀疑。这时，他把自己这个无把握的结论提出来，进行检验。在有受话人存在时，他更想从受话人的直接裁定或话语意义中来判断该推测的正确性。由此，揣测功能的是非问句无形中给受话人以要回答说话人的"责任"。揣测功能下的是非问句，其语义逻辑式有两种：$\{[Q]\} = \lambda p_{<s,t>} \lambda w_s \lambda q_{<s,t>} [q = p]$ 和 $\{[Q]\} = \lambda p_{<s,t>} \lambda w_s \lambda q_{<s,t>} [q = \urcorner p]$，问句能够反映出说话人对所问事件产生了认知偏差。

是非问句的确认功能要求必须有受话人存在，在受话人的回答中检查自己的判断。与揣测功能相比，二者存在的明显差别是：揣测功能多是说话人

——————————
① 中国社会科学院语言研究所词典编辑室. 现代汉语词典（2002 年增补本）[M]. 北京：商务印书馆，2004 年版第 489 页。

第三章 信息探询功能型是非问句

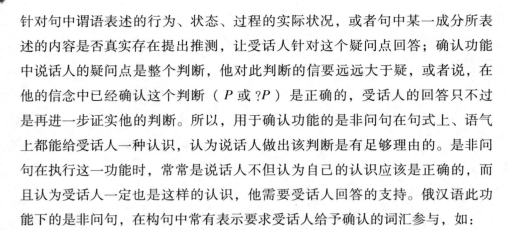

针对句中谓语表述的行为、状态、过程的实际状况，或者句中某一成分所表述的内容是否真实存在提出推测，让受话人针对这个疑问点回答；确认功能中说话人的疑问点是整个判断，他对此判断的信要远远大于疑，或者说，在他的信念中已经确认这个判断（*P* 或 ?*P*）是正确的，受话人的回答只不过是再进一步证实他的判断。所以，用于确认功能的是非问句在句式上、语气上都能给受话人一种认识，认为说话人做出该判断是有足够理由的。是非问句在执行这一功能时，常常是说话人不但认为自己的认识应该是正确的，而且认为受话人一定也是这样的认识，他需要受话人回答的支持。俄汉语此功能下的是非问句，在构句中常有表示要求受话人给予确认的词汇参与，如：

（194）—Вы собираетесь вступить в брак, и бог, может быть, наградит вас потомством, не так ли? （您准备结婚，上帝将赐给您子孙后代，是不是啊?）

（195）Значит, я не ошибся? （也就是说，我没错?）

（196）正当这个工夫，一个车夫又指着他的脸说："祥子，我说你呢，你才真是'哑巴吃扁食——心里有数儿'呢。是不是，你自己说，祥子? 祥子?"（—А ты, оказывается, хитрец, Лото! Расчет у тебя тонкий. Ну, что молчишь, жених?）

汉语还有语调、语境参与下是非问句表示的确认功能，如：祥子准备离开曹家，让老程看他要带走的物品时，对老程说的下面这句话：

（197）我的东西就是这些，我没拿曹家一草一木? （Это мои вещи. У хозяина я ничего не взял. Видишь?）

确认功能下的是非问句与纯疑问功能、揣测功能相比，说话人对所问事件疑问点的认知状态是相对最饱满的，但是由于揣测功能和确认功能下说话人对自己认知的不确定，所以此两种功能问句下说话人的认知状态又是有空缺的、不实的，而如果认知状态是饱满且充实的，则这时说话人要么根本没有疑问，要么是在受话人的回答填补了他的认知空缺后，形成无疑问状态。如图 3-1 所示。

纯疑问　　　　　揣测　　　　　确认　　　　　无疑问

图 3 - 1　说话人的认知状态

确认功能的语义逻辑式与揣测功能没有区别，也是两种：$\{[Q]\} = \lambda p_{<s,t>} \lambda w_s \lambda q_{<s,t>}[q = p]$ 和 $\{[Q]\} = \lambda p_{<s,t>} \lambda w_s \lambda q_{<s,t>}[q = \neg p]$。确认功能问句的说话人对所问事件没有产生认知偏差。

二、疑问焦点

焦点是语言学界研究的一个热点，在语言学不同的研究领域中，存在不同的诠释视角。最早对焦点进行较全面研究的是 M. Halliday。他认为，交际中人们总是把要传递的信息内容组织成一个个的信息单位，每个信息单位的信息显著部分代表了说话人对信息焦点的选择，并指出"焦点反映新信息"[①]。就疑问句而言，在其执行探询信息功能时，问句所探询的新信息对说话人来说，是未知信息，对受话人来说，则可能是已知信息，而问句传递给受话人的新信息是说话人对所问事件的认知状态。鉴于疑问句的这种特点，疑问句的焦点应该是说话人在疑问句中所标示出的需要受话人予以回答的部分。显然，在疑问句中，疑问焦点不是问句传递给受话人的新信息，这一点与陈述句明显不同。在俄汉语疑问句中，特指问句含有疑问词，能够明确地标示出焦点的性质、范围，受话人对此做出补充说明即可，因此，可以说特指问句是焦点外显的疑问句。而是非问句的特点是以命题的形式提出问题，焦点隐含在命题中，相比之下，其焦点问题就比较复杂。

---

① Halliday M. A. K. *Notes on transitivity and theme in English* [J]. Journal of Linguistics, 1967 (3). p. 204.

（一）疑问焦点类型

Lambrecht[①] 认为，根据实现焦点的句法单位的大小，可以把焦点分为窄域焦点和宽域焦点。窄域焦点是句子中的某一个单一的成分做焦点，用来确定一个所指对象，句子的其他成分是预设。宽域焦点主要指的是由包含两个或两个以上的句法单位的形式充当的焦点。宽域焦点又下分为两个次类：句焦点和谓语焦点。句焦点是整个句子都用来表达焦点，是用来报道事件或者引进新的话语所指的对象。谓语焦点是句子的整个谓语部分表达的焦点，用来评论话题。宽域焦点的句子中不包含预设成分，或者只含有主语预设。Lambrecht 观点的支持例证主要是陈述句。是非问句在结构上是一个完整的命题，与陈述句有相似之处，说话人以此提问时，可以是针对整个命题要求受话人确认，也可以是对命题中某个不明确的部分做出探询。根据 Lambrecht 的上述观点，我们尝试性地对俄汉语是非问句进行分析论证，从而得出俄汉语是非问句的疑问焦点类型。

在绪论中，我们曾提出本书对是非问句的理解，即，说话人期望得到受话人给予肯定/否定回答或非语言的肯定/否定反应的疑问句句式。总体上，这类是非问句在俄语中有三个句法结构：带疑问语气词的是非问句，如：Так ли я должна понять смысл вашей речи?（И. Тургенев）；单纯疑问语调参与构成的是非问句，如：Скажите, Ирина Андреевна, трудно быть женой политика?（А. Маринина）；固定结构表达的是非问句，即，熟语化结构，特点是"句中有起疑问语气词作用的固定组合"[②]，如：Это ли не счастье? 汉语是非问句也有三种句法结构：带疑问语气词的是非问句，如：怎么啊？六爷，仗打得紧吗？（老舍）；语调是非问句，如：常四爷：你喝这个，（然后往后看了看），松二爷，好像又有事儿？（老舍）；X 不 X 结构问句，如：说说吧，十两银子行不行？（老舍）。无论俄语，还是汉语，在这三个句法结构

① Lambrecht K. *Informational structure and sentence form: Topic, Focus, and the Mental Representation of Discourse Referents* [M]. Cambridge: CUP, 1994. pp. 222 – 223.

② АН СССР. Грамматика русского языка [M]. М., 1980. С. 397.

中，疑问语气词是疑问句的标识，它只负载疑问，不能传递所要探询的信息，所以不能成为焦点。俄语的固定结构总是与一定语义紧密相连，如代词性词 + ли + не... 结构表示的语义是"……还（不）……吗？"。结构突出的是所填充成分的意义，说话人常用来表达某种情感或观点，这时句子执行的不是探询信息功能，而是传递信息功能，因此，句子中表达的不是疑问焦点，而是一般陈述性的信息焦点。

1. 窄域焦点

窄域焦点之所以称为窄域，我们认为可以从两个方面来理解：一是，承载此类焦点的句法成分单一，如：只能是主语、谓语、定语、状语、补语这些句法成分之一；二是，该单一的句法成分语义辖域范围相对狭窄，其所指对象单一。如果以俄语陈述句为例，窄域焦点可分别表示如下：

（198）［Она сидела на полу среди открытых чемоданов и разбросанного белья. У нее было серое лицо и потухшие глаза.］И губы серые. （В. Панова）

焦点是主语 губы，句法上，是被谓语描述的成分，它的语义辖域范围是"围绕嘴的皱褶皮肤"，所指对象是"一个女人的围绕嘴的皱褶皮肤"。

（199）［—А где же отец?］— Уехал отец. （О. Крылова）

焦点是谓语 Уехал，句法上，是表示主语动作的成分，它的语义辖域范围是"乘交通工具离开某地去某地"，所指对象是"父亲已经乘交通工具离开某地去某地了"。

（200）［—Что ты там показываешь?］— Посмотри. Хорошенький я сейчас по дороге блокнотик купила. （Н. Лобанова）

焦点是定语 хорошенький，在句法上，是表示事物性质的成分，它的语义辖域范围是"优点多的，使人满意的"，所指对象是"挺好的"。

（201）［—Где Саша?］—В парикмахерскую он пошел. （Н. Лобанова）

焦点是状语 В парикмахерскую，在句法上，是表示动作发生的地点的成分，它的语义辖域范围是"在修整头发的地方"，所指对象是"在某一个修整头发的地方"。

（202）［—Что вы купили в подарок маме?］—Вазу я купила.　（Н. Лобанова）

焦点是补语 Вазу，在句法上，是表示客体意义的成分，它的语义辖域范围是"插花用的瓶子"，所指对象是"某一个插花用的瓶子"。

由此可以说，俄语陈述句有窄域焦点类型，这些做焦点的成分无论是在句法上，还是在语义上，相对全句而言，其辖域要狭窄得多。上述的 5 个例句，虽然是陈述句，但是它与是非问句的相似之处是，它们都陈述一个命题 P，不同之处是，陈述句的语气是肯定的，命题 P 表达的是一个事实，而是非问句是以疑问的语气描述命题 P。如果将上述 5 个例句分别以疑问的形式表达，它们就成了是非问句，每个问句中的窄域焦点就是说话人的疑问对象，要求受话人对此进行回答，语句的其他成分就成了会话双方的已知，是整个问句的预设。问句的窄域焦点在表层表现为说话人向受话人提出自己对整个事件某一部分的认知假设，要求受话人对该假设的正确性做出判断，而在深层，则表现为说话人对焦点部分内容的真实性存在产生怀疑，希望得到受话人的证实。如：

说话人对主语质疑：

（203）［Вронский 告诉追上来的站长，那二百卢布是他给被火车压死的路工的妻子的。Облонский 在后面问:］—Вы дали? —крикнул сзади Облонский...　（"是您给的吗？"奥勃朗斯基在后面大声问。）

（204）［Шталь 夫人发觉公爵脸上微妙的神情，就不再理公爵，转而继续对年轻的瑞典人说:］—Так вы пришлете мне эту книгу, любезный граф?（那么，这本书是您给我们送来的吗，亲爱的伯爵？）

说话人对谓语质疑：

（205）［Облонский 想从女儿那儿获悉一点妻子现在的状态，问女儿:］— Что, она весела?（那么她高兴吗？）

（206）［侍者告诉 Облонский 牡蛎是弗仑斯堡货，Облонский 说:］—Фленсбургские-то фленсбургские, да свежи ли?（弗仑斯堡货就弗仑斯堡货吧。新鲜不新鲜？）

说话人对定语质疑：

（207）［Левин 和 Кити 在教堂举行婚礼。来看热闹的女人们不漏掉整个场面的任何一个细节：］— Чудовские？（这是邱多夫的唱诗班吗？）

（208）［投票表决的空隙，在供吸烟和小吃的小厅里挤满了贵族。大家的情绪越来越激动。Левин 和一个地主正在交谈，这时 Свияжский 向他们走来，说：］—Что ж, побранили новые порядки? — с улыбкой сказал Свияжский.（"噢，是不是在骂新制度哇？"史维亚日斯基微笑着说。）

说话人对状语质疑：

（209）［Анна 和 Вронский 同乘一列火车离开莫斯科。第二天早晨在站台 Вронский 问：］Хорошо ли вы провели ночь?（"您昨儿晚上睡得好吗？"）

（210）［仆人 Матвей 告诉 Облонский 来了一个请愿的女人。］— Давно тут? — спросил Степан Аркадьич.（"来了好一阵子吗？"斯基潘·阿尔卡伊（奥勃朗斯基）问。）

说话人对补语质疑：

（211）［在火车站，Облонский 告诉 Вронский 他是来接他妹妹 Анна 的。Вронский 问：］—Ах, это Каренину? —сказал Вронский.（"哦！是卡列宁夫人吗？"弗龙斯基问。）

（212）［Облонский 从壁炉上挑了两块女儿喜爱的糖：一块巧克力，一块软糖。］—Грише? — сказала девочка, указывая на шоколадную.（"这是给格里沙的吗？"她指着巧克力问。）

汉语是非问句的情况也是如此，如：

（213）［刘麻子：说说吧，十两银子行不行？］康六：刘爷，十五岁的大姑娘，就值十两银子吗？（老舍）

（214）我现在用着的人太懒，他老不管擦车，虽然跑得也怪麻利的；你来不来？（老舍）

（215）王大栓：他们就那么老实，乖乖地叫你打？（老舍）

（216）二德子：怎么着？我碰不了洋人，还碰不了你吗？（老舍）

（217）王利发：怎么霸占？这个破茶馆还值得他们霸占？（老舍）

133

2. 宽域焦点

宽域焦点是相对于窄域焦点而言的。根据 Lambrecht（1994）对宽域焦点的论述，它有两种具体的焦点表现类型，即句焦点和谓语焦点。它们之间的界定又是根据焦点辖域范围的比例，句焦点是整个命题做焦点，语句没有预设。至于谓语焦点，我们认为，Lambrecht 所选用的概念名称有些欠妥，极易被理解为窄域焦点中的概念。窄域焦点和宽域焦点是两种截然不同的类型，既然"谓语焦点""是用来评论话题的"①，且从 Lambrecht 所给的例句和论述来看，它在句法上的辖域范围至少是谓语和补语两个句法单位形式，而且话题（topic）与述题（comment）是对立的，因此，我们暂且称它为述题焦点。一则能够明确该焦点的"宽域"范围，是除做预设的主语外的整个述题部分，再则在概念上可以与窄域焦点中的单纯谓语焦点相区别。

总体来说，焦点"这个概念指的是说话人在句中所重点强调的东西，是述题或述位中的关键词，……因而要小于述题或述位"②。这样一来，即使是在宽域焦点的句子中，焦点的承载者也只能是整个命题或述题中的某个关键词。在俄语对整个命题，或者是对整个述题做信息探询的是非问句中，由于探询是针对所问事件的是否真实存在，所以，它们的焦点一般都落在谓语上，并以一定的语调重音予以突出。然而，我们也注意到，虽然此类问句的焦点承载者是谓语，但是焦点所辖域的疑问范围却明显地不同于窄域焦点中的谓语焦点类型，要比后者宽泛很多。因此，我们认为，在俄语是非问句中存在宽域焦点。

对整个命题 P 质疑，语句中没有预设：

（218）［Облонский 睡醒后，使劲摇了摇铃。贴身老仆 Матвей 应声而来，手里拿着衣服、靴子和一封电报。］—Из присутствия есть бумаги? —спросил Степан Аркадьич, взяв телеграмму и садясь к зеркалу.（"衙门里有没有来公文？"他接过电报，在镜子面前坐下。）

---

① Lambrecht K. *Informational structure and sentence form*：*Topic*，*Focus*，*and the Mental Representation of Discourse Referents*. Cambridge：CUP, 1994. pp. 222 - 223.

② 陈国亭. 俄汉语词组合与构句［M］. 北京：商务印书馆，2004 年版第 38 页。

对整个述题部分质疑，话题部分为预设：

（219）［Оболонский 告诉 Вронский，Левин 昨天忽而特别高兴，忽而特别痛苦是有原因的。Вронский 马上问：］— то есть что же? Или он вчера сделал предложение твоей belle soeur? （这是怎么回事？是不是他昨天向你的姨妹求婚了？）

（220）—Одно еще я тебе должен сказать. Ты знаешь Вронского? — спросил Степан Аркадьич Левина. （"我还有一句话要跟你说。你认识弗龙斯基吗？"斯基潘·阿尔卡伊奇问列文。）

在这三个例句中，宽域焦点的承载者虽然只是谓语 есть，сделал 和 знаешь，但是它们所辖域的疑问范围却是问句中的整个黑体部分："衙门里来没来公文？"、"是不是向你的姨妹求婚了？"、"你认识弗龙斯基吗？"，而不是单纯地针对"来没来"、"做没做"、"认识不认识"做探询。从例句的汉语译文中我们也发现，汉语同样具有这样的焦点类型，请看汉语相关例句：

（221）咱们买两辆车赁出去，你在家里吃车份儿行不行？（老舍）

（222）王利发：没有的事！都是久在街面上混的人，谁能看不起谁呢？这是知心话吧？（老舍）

综上所述，俄汉语是非问句的焦点类型依据焦点所辖域的疑问范围可划分为窄域焦点和宽域焦点。窄域焦点辖域的疑问范围，在句法上，体现为某个单一句法成分。宽域焦点辖域的疑问范围，在句法上，则体现为包括谓语在内的某两个或两个以上的句法成分。

（二）凸显焦点的机制

凸显焦点的机制是指在交际中，说话人为了明确所传递信息的重点，在语言上所采用的一些方法和手段。针对是非问句而言，无论哪种焦点类型的问句，回答都是用两个极限性的词之一，答非所问地肯定或否定会影响说话人对所问事物的认知结果。所以，能否有效地突出焦点，对交际的成功就显得尤为重要。一般说来，凸显焦点的机制有非标记性的，如语音手段，和标记性的，如词汇手段、语法手段。

第三章 信息探询功能型是非问句

1. 语音手段

语音手段是突出焦点的基础手段。语音是语言的物质外壳，它虽然不是信息的全貌，但是说话人在传递信息的过程中所使用的语调、音的强弱以及停顿等因素的协同作用会使所传递的信息焦点发生变化。在各种句式中，能够突出焦点的主要语音手段有三种：停顿、语调和重音。其中，语调和重音虽然分属两种不同的语音手段，但是在突出焦点上，它们又是无法分开地相辅相成。

停顿在有些语言的陈述句中有比较显著的突出焦点的作用，如汉语句子"喂婴儿奶粉"。如果停顿在"喂"与"婴儿奶粉"之间，那么句子所突出的信息焦点是"婴儿奶粉"（而不是其他类别的奶粉）；如果停顿在"喂婴儿"和"奶粉"之间，则焦点是"奶粉"（而不是别的食物）。如果我们将该句子变为是非问句，停顿同样可以起到突出疑问焦点的作用：喂/婴儿奶粉吗？（疑问焦点在婴儿奶粉上）喂婴儿/奶粉吗？（疑问焦点在奶粉上）然而，俄语是形态变化丰富的语言，句子中格的制约能清楚地标示出各成分间的支配关系，所以，停顿在俄语句子中对信息的影响不是非常明显。即使在形态上无支配关系标识时，也是如此。例如句子：Мать дочь любит 可以有二处停顿：Мать /дочь любит 和 Мать дочь/ любит。但是我们单从停顿无法判断该语句所传递的究竟是"母亲爱女儿"，还是"女儿爱母亲"。而在是非问句中，逻辑重音和疑问语调的出现使得停顿对突出焦点的作用更是达到了可以忽略不计的地步。

"语调是音调、音色、音强、音长等各种数量变化对应关系，用以表达话语的语义差别和情感差别"[①]。重音"是以比较紧张的发音器官造成比较清晰的音色，同时增加元音的长度"[②] 来突出某一音节的语音手段。语调和重音的相互配合是突出焦点的有效手段。俄语语调有 7 种调型，是非问句主要用调型 3 表述，整个语调的轮廓从中间开始陡然升高，然后降低。调型包括调首、

① АН СССР. Грамматика русского языка ［М］. М. , 1980. С. 120.

② 信德麟、张会森、华劭. 俄语语法 ［М］. 北京：外语教学与研究出版社，2009 年版第 53 页。

调心和调尾。调心只能落在重读音节上，也可以从重音的角度描述为，语句中重音最突出的词语是语调单位中调心的所在之处。那么在交际中，说话人根据所传达信息的相对重要性，用调心和重音突出的词，就是说话人所要传递的最重要的疑问信息即焦点所在。它们突出的焦点类型不同，形成的语调轮廓各异。在窄域焦点的是非问句中，预设部分可以省略，形成只有调心的语调轮廓，如：можно？其语调轮廓见图 3 - 2。

Можно?

图 3 - 2　只有调心的语调轮廓

　　在不省略预设的情况下，根据承载焦点的句法成分在句子中的位置，也可形成不同的语调结构：只有调首与调心，如：Вы были в кино？（黑体为调心所在词，下同）也可以只有调心与调尾，如：Вы были в кино？或同时具备调首、调心与调尾，如：Вы были в кино？它们分别对应不同的语调轮廓：上扬语调、下挫语调、先上扬再下挫语调。如图 3 - 3—3 - 5 所示。

Вы были в **кино?**　　　　**Вы** были в кино?　　　　Вы **были** в кино?

图 3 - 3　上扬语调　　　**图 3 - 4　下挫语调**　　　**图 3 - 5　先上扬再下挫**

　　俄语宽域焦点的是非问句，一般来说，语调的调心和重音都落在问句的谓语上。因此，例（218）—（220）其语调轮廓图与窄域焦点中的谓语焦点类型相似，如图 3 - 6 所示，但窄域谓语焦点较宽域焦点的重音要强。

　　然而，由于宽域焦点是非问句所传递焦点的辖域特点，我们认为，调心

和重音突出的只是焦点承载者，单从语音手段无法辨别出被凸显的焦点是宽域的。

Из присутствия **есть** бумаги?

Или он вчера **сделал** предложение твоей belle soeur?

Ты **знаешь** Вронского?

图 3 - 6　宽域焦点是非问句的语调轮廓

汉语的情况是，没有俄语这么丰富的调型，汉语的疑问句主要用升调表达，但是汉语有逻辑重音，它是突出焦点的主要手段之一。汉语的逻辑重音可以根据说话人的需要，落在问句的任何成分上，使该成分成为指示疑问焦点的标记性成分。如，同是问句"小王买了那本书吗?"，逻辑重音可表达出4 个疑问焦点，疑问焦点用黑体标出：

（223）**小王**买了那本书吗？（疑问焦点是"是小王，还是别的什么人"）

（224）小王**买了**那本书吗？（疑问焦点是小王是"买了"那本书，还是"借了/捡了/偷了……"那本书）

（225）小王买了**那本**书吗？（疑问焦点是"那本"，还是"这本"）

（226）小王买了那本**书**吗？（疑问焦点是"书"，还是"期刊"等）

逻辑重音是汉语交际中比较常用的突出焦点的手段，例句（223）—（226）逻辑重音突出的都是窄域焦点。在汉语宽域焦点的是非问句中，对整个命题 P 质疑的是非问句通常不使用逻辑重音，一般只用疑问语调表达，如例句（221）咱们买两辆车赁出去，你在家里吃车份儿行不行？这是虎妞不让祥子出去拉车时说的一句话，问句的焦点是整个问句所传递的全部信息，所以在这一问句上，虎妞要用一般疑问句的语调。小说中，在这句话之后，紧接着快语的虎妞又加重语气地问了一句"行不行?"，这时的"行不行?"表

138

达的就不再是宽域焦点了，因为"行不行?"所指的内容在此问句中已经变为了预设，逻辑重音也突出了对"行不行?"的重点探询，所以这句"行不行?"表达的是谓语焦点。在电影《骆驼祥子》中，斯琴高娃也是这样处理这两句话的：咱们买两辆车赁出去，你在家里吃车份儿行不行? 行不行? 对整个述题部分质疑的问句要运用逻辑重音，重音落在句中的谓语成分上，如例（222）"这是知心话吧?"汉语的逻辑重音同样突出的只是焦点承载者，无法辨别焦点的类型。

论述到这里，需要对俄汉语中的几个概念予以区别性的论述，它们都与突出句中焦点有关：俄语中的对比重音与中立重音和汉语中的常规重音与对比重音。对比重音这个概念是 Bolinger[1] 提出的，但是很多语言学者对它都有自己的理解，总体来说有两种对立观点：一是认为，对比重音等同于逻辑重音，如 В. С. Юрченко[2] 把那些与自然形成的句重音不发生直接联系的成分视作表达对比意义的载体；二是 Т. М. Николаева[3] 认为很多带有逻辑重音的成分并不表示对比，而只是强调。中立重音是相对于对比重音而言的，是指语句自然形成的句重音。汉语中有常规重音和对比重音之说，常规重音伴有常规焦点，对比重音伴有对比焦点。（方梅1995）焦点的作用是突出说话人所要强调的，那么"突出作用"就是焦点的基本的也是主要的特征。当说话人赋予语句对比意义时，焦点便又同时起到了对比的作用。汉语突出焦点的手段离不开逻辑重音，常规重音是只突出不对比，对比重音是对比作用在前，突出作用在后，应该说它们都属于逻辑重音。其实俄语也是如此，对比重音的两种观点实质上表述的就是逻辑重音的两种功用，从这一点上来看，俄汉语中的对比重音都是逻辑重音的下位概念。"逻辑重音（логическое

① Bolinger D. L. *Contrastive Accent and Constrastive Stress* ［J］. Language，1961. p. 37.

② Юрченко В. С. О функционально-структурных типах фразы в русской разговорной речи ［J］//Вопросы стилистики. Вып. 1. Саратов，1961. С. 140.

③ Николаева Т. М. От звука к тексту. Человек и язык，язык：разгадки и загадки，язык и текст. М.，2000. С. 66.

ударение）是一种特殊的重音，其目的在于强调句子中对于该言语情景而言意义上更为重要的词语。"[①] "在俄语中词重音通常是自由的，可以落在词的任何音节上，语段重音通常落在一个语段最后一个词的重读元音上，而句重音通常落在句子最后一个语段的最后一个词的重读元音上，即句末。把语段重音从语段最后一个词上移到另一个词上就产生了逻辑重音。"[②]

就是非问句而言，逻辑上是说话人提出的假设判断，在受话人肯定或否定的回答中获知该假设判断的真假，可见在是非问句中本身就带有一定的对立（对比）意义。纯疑问功能下的是非问句只是说话人对受话人的回答没有任何个人的选择倾向性，汉语的句中 "V 不 V" 句更是把对比直接置于句子的表层。因此，在俄汉语的是非问句中，逻辑重音具有突出对比双重作用。

2. 词汇手段

突出焦点的词汇手段，主要是指那些可以用来提示语句中的某一成分为信息焦点的词语，也可以叫作焦点提示语，或焦点敏感算子（focus – sensitive operator）。从它的功用来看，词汇手段只能起到凸显窄域焦点的作用。俄语中可做焦点提示语的有副词、语气词、前置词和固定短语等。英国语言学家Quirk[③] 按功能把英语焦点提示语划分为限制性词语和添加性词语两大类。限制性焦点提示语又分为排他性词语和特指性词语两个次类。在借鉴此分类的基础上，我们尝试性地把能运用在俄汉语是非问句中的焦点提示语划分出以下三类：排他性、添加性和否定性。

排他性焦点提示语强调焦点成分的唯一性，由它提示的话语内容在句子中被表示为是不可替代的。俄语是非问句中，被较多使用的排他性焦点提示语有 только，именно 等，它们在句中主要位于被提示的焦点之前。汉语中有 "只"、"就"、"是" 等，在句中主要位于焦点之前。例如：

（227）［Левин 第一次向 Кити 求婚时，Кити 对他的回答是 "那不可

①　Большой энциклопедический словарь—языкознание. М., 1998. С. 530.

②　Русский язык. Энциклопедия［М］. М., 1979. С. 357 – 358.

③　Quirk R. et al. *A Comprehensive Grammar of the English Language*［M］. London：Longman，1985. pp. 604 – 605.

能"。当他们在乡下再次相遇，Кити 告诉他，当时她说的不是真心话，不表示"永远"。Левин 忙怯生生地问：] —Только тогда?（只限于"当时"吗?）

(228)［Левин 的观点没能得到同伴们的认可，他们认为，Левин 的公正行动是消极的。这问题一直萦绕在他的心头。他问自己：] Неужели только отрицательно можно быть справедливым?（难道公正行动只能是消极的吗?）

(229) Именно поэтому вы платите ему такие деньги?（www. f1new. ru / interview.）（就是因为这您才付给他那些钱?）

(230)［Левин 对 Облонский 大赞靠发横财致富的 Мальтус 生活的讲究和气派感到不解和鄙视，问：] Но неужели тебе не противна именно эта роскошь?（但是这种穷奢极侈，你难道不反感吗?）

(231) 王大拴：你着急，我也着急! 可是，你就忘记老裕泰这个老字号了吗?（老舍）

(232) 真要凑上三四十块，再加上刘四爷手里那三十多，和自己现在有的那几块，岂不就是八十来块?（老舍）

(233) 你们这里，就只这几个人吗?（张恨水）

添加性焦点提示语所标示的话语内容是在语句中已经提到的内容之上又添加上的新内容。俄语是非问句中具有提示添加性焦点作用的词语有：и，тоже，даже 等，и 主要位于焦点成分之前，而 тоже 和 даже 可出现在焦点成分之前或之后。汉语有"也"、"连……也"、"还"、"又"等。如：

(234)［医生走后，家人开始商量让 Кити 出国疗养的事。公爵夫人想和女儿一起去，Кити 向妈妈建议让爸爸一起去。] — Так и мне собираться? — обратился он...（公爵说："那么连我也得去吗?"）

(235)［Левин 认为社会对农民是不合理的，没有规定来明确人们行使权利的范围。Облонский 不愿再谈论下去，提出一起去 Весловский 那儿，Левин 不去，Облонский 笑嘻嘻地说：] —Неужели ты это тоже из принципа?（难道你这也是出于原则吗?）

(236)［这时大家都站起来，准备到花园里去。Лиза 说："我不去，"笑盈盈地挨着 Анна 坐下，对 Анна 说：] —Вы тоже не пойдете?（您也不

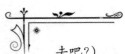

去吧?)

（237）[人们在谈论爱情。Бетси 公爵夫人认为，要懂得爱情，就必须先犯一下错误，然后再改正。对此，公使夫人说:] —Даже после брака ？ —шутливо сказала жена посланника. （"连结婚之后也得这样吗?"公使夫人开玩笑说。）

（238）[Весловский 恭维 Анна 懂得建筑方面的知识，昨天还谈到防湿层和踢脚板。Анна 对此不以为然，继续显示着自己:] —А вы ，верно，не знаете даже，из чего делают дома? （您恐怕连房子是用什么造的都不知道吧?）

（239）常四爷：我也得罪了他？我今天出门没挑好日子。（老舍）

（240）王淑芬：前面的事归他，后面的事不是还有我帮着吗？（老舍）

（241）常四爷：你喝这个，（然后往后看了看），松二爷，好象又有事儿？（老舍）

在俄语窄域焦点的是非问句中，如果句中存有疑问语气词，那么它的作用是标记出疑问焦点的存在。与提示语不同的是，疑问语气词只标记疑问焦点的存在，是焦点标示语，而焦点提示语是标记出具体的疑问焦点，使它在全句中凸显出来。焦点标示语和焦点提示语在问句中各行其能，并可同时共现于是非问句中，如：

（242）А только ли из-за занятости некогда вспомнить о Кате? （В. Тендряков）（真的就是因为忙才想不起来卡佳了?）

否定性焦点提示语是一些具有否定意义的词语，它在句中能够把语句中的某一成分予以否定，使之成为否定焦点。俄语是非问句中具有否定作用的焦点提示语主要是否定词 не，汉语中则是"不"，出现在焦点成分前，它们都有一个否定范围。钱敏汝认为，"否定载体'不'的否定范围是它最大可能的语义作用范围；无论'不'在一个语言表达中出现在什么位置，所有在语义上有可能成为被否定项的成分都属否定范围。在否定范围内的，可能被否定项中最终确定下来的实际被否定项是否定焦点，所以，否定焦点原则上是位于否定范围之内或与否定范围重合。否定焦点的确定一般借助对比重音和语境"①。随后，她以"我今天不看书"为例，说明用对比重音和语境最终确定下来的否定焦点可以是"我"、"今天"、"看"、"书"，这样一来，除了"不"以外的其余成分都属"不"的否定范围。这种观点同样也可以解释俄语的否定现象，如 Сегодня я не читаю книгу 这句话，也可以得出同汉语一样的分析结论。因而，我们认为，无论是俄语，还是汉语，当否定词执行焦点提示语功能时，它们的否定范围相比之下要缩小，语义作用范围向右倾斜，而在是非问句中，否定焦点和疑问焦点重合，如：

（243）［Анна 和 Вронский 和好后，再次做起了动身的准备，Анна 向 Вронский 述说，她腻烦这里的一切。然后问：］Ты не отсылаешь еще лошадей?（你还没把马匹打发走吗?）

（244）—Вы не едете на публичное заседание?（您不去参加大会吗?）

（245）乡妞：不卖妞妞啦? 妈，不卖啦?（老舍）

（246）王利发：你不知道这是马五爷呀? 怪不得你也得罪了他。（老舍）

3. 语法手段

语法手段主要是指以句法结构突出焦点成分的方法。如位移、限定句（то，что…）、固定结构（代词 + ли не…? До… ли?；是……的，X 不 X）等，在俄汉语是非问句中比较常用的是位移（前置）和固定结构。

前置是提示焦点成分的一种手段，通过它可以把某些本来不在句首的句子成分提至句首位置，使之成为焦点，以示强调。被提至句首的成分必须是一个完整的句子成分，它不会因前移而发生相应的语法功能的变化。因此，前置的这种语法手段只能起到突出窄域焦点的作用。如例句中的黑体部分：

（247）［在饭店，侍者问 Облонский：］Сыру вашего прикажете?（要不要来一点您的干酪?）

（248）［大家在谈论选举的事，Левин 冒失的言语使大家有些尴尬。Облонский 为化解局面，说：］—Что，и тебя забрало за живое?（怎么，连你

① 钱敏汝. 否定载体"不"的语义 – 语法考察［J］. 中国语文，1990（1），第 31 页。

也被触动了？）

　　（249）王淑芬：三爷，咱们的茶馆改了良，你的小辫儿也该剪了吧？（老舍）

　　（250）"喝！院子都扫完了？你真成！请请你！"（老舍）

　　固定结构，如前所述，俄语用于表达疑问的固定结构，其表达的语义是固定的，对语言使用者来说，固定结构就像是一个信号，听到或看到这个信号时，在交际者的大脑中就会条件反射式地把对信息获取的"兴奋"注意到填补该结构的成分上，因为整个句子的语义是填入到该结构中的词汇意义与结构意义的结合。固定结构这种特殊的效用使它成了焦点的提示语，而它所突出的焦点也只能是信息焦点中的窄域焦点。汉语的固定结构"是……的"和"X 不 X"与俄语的固定结构还不一样，它们构不成句子所要表达的主要语义，主要语义要由它们所提示的焦点部分表达。"是……的"的结构突出的焦点处在该结构的中间，而"X 不 X"突出的疑问焦点则多紧随该结构之后。它们突出的可以是信息焦点，也可以是疑问焦点，而焦点的类型可以是窄域焦点，也可以是宽域焦点。如下面的俄汉语例句，黑体为固定结构，下加线部分为焦点成分：

　　（251）Это **ли не** <u>чудо великое</u>, это **ли не** <u>указание</u>?（И. Бунин）

　　（252）Я **ль не** <u>робею от синего взгляда</u>?（С. Есенин）

　　（253）Давно я не болтал ни с музой, ни с тобою. **До** <u>стоп</u> **ли** было мне?（Д. Давыдов）

　　（254）Целый день гулял. **До** <u>занятий</u> **ли** ему?（Л. Зорин）

　　（255）王利发：你怎么知道？三皇道是好惹的？（老舍）

　　（256）忽然一位说了话："猫国的学者是不是属我第一？"（老舍）

　　这些凸显焦点的手段在俄汉语是非问句中并不是被单独使用的，更多的是几种手段同时出现。其中，词汇手段和语法手段发挥其凸显焦点作用的时候，还要有语音手段的协助。多种语言手段的运用，可以使焦点的突出更为显著，但也不是多多益善，关键是适当，说话人根据交际的需要和所表达焦点类型的特点，进行有目的的选择凸显手段，才能使焦点有效凸显，让受话人能准确而快速地领会问句所传递的信息。

从这些凸显焦点手段的论述中我们也注意到，并没有专门凸显宽域焦点的语言手段。宽域焦点的问句常常是与会话情景或会话的上文有关。因为宽域焦点的是非问句表达的是说话人对所问事件的认知空白，或几乎接近于空白的状态，问句经常是作为新问题出现的，所以，其会话情景通常是全新的，没有对话的前文，如例（218）、（221）。当然，宽域焦点的是非问句也可以出现在对话的进行中，这时说话人会在提问前做出相应的言语铺垫，暗示要有新问题提出，如例（219）、（220）、（222）。在全新的会话情景中，出于会话的合作，受话人会自律自己的注意力，时刻准备全力听取并理解说话人的话语。而在非全新的会话情景中，说话人为了保障交际的成功，就要采取一些方法，或者说是交际技巧，例（219）、（220）、（222）中的做法都是为了引起受话人注意的有效手段。

第二节　信息探询是非问句的语用特征

一、是非问句的直接言语行为——信息探询

J. Searle（1969）提出，所有语言交际都涉及言语行为，说出话语就是完成一种行为。提问作为一种语言交际手段，它是在言语交际中靠疑问句形式实施的一种言语行为。他还概括出 4 种制约一切言语行为交际成功的条件：预备条件（preparatory condition）、真诚条件（sincerity condition）、命题内容条件（propositional content condition）和本质条件（essential condition）。根据实施言语行为时这 4 个条件的差异，可以区分出不同类型的言语行为。俄国语言学家 E. B. Падучева 把 J. Searle 的 4 个制约条件修改为 3 个：准备条件和本质条件、真实条件、目的条件。我国俄语语言学研究学家华劭把 4 种制约条件归结为 3 种：预备性条件、真诚性条件、本质性条件。[①] 就疑问句而

---

① 华劭. 从语用学的角度看回答［J］. 外语与外语教学，1996（4）。

言，Е. В. Падучева 和华劭两位语言学家提出的疑问行为交际成功的制约条件分别是：

Е. В. Падучева[①]：

1. 准备条件和本质条件：a. 说话人不知道答案；6. 无论说话人，还是受话人都不清楚，如果不提问，受话人自己会报道需要的信息；в. 说话人认为受话人知道答案。

2. 真实条件：说话人希望得到信息。

3. 目的条件：说话人试图从受话人处得到信息。

华劭：

1. 预备性条件：说话人自己不知道，但认为对方知道答案。

2. 真诚性条件：说话人想获得信息。

3. 本质性条件：说话人认为对方不会不问就自动提供必要的信息，至少是双方还不清楚这一点。

在借鉴 3 位学家观点的基础上，结合本书是非问句的研究，我们提出交际中以是非问句实施言语行为时，制约交际成功的条件是：

1. 预备性条件：a. 说话人不知道答案；6. 说话人假设受话人知道答案。

2. 真诚性条件：说话人想知道答案（获得信息）。

3. 本质性条件：说话人希望受话人回答（给出答案）。

Е. В. Падучева 指出 "提出问题时，说话人在实现两种行为：1）按他自己的认识拟定出若干可穷尽所问事件情景的选择；2）请求受话人指出哪个选择是真实存在的"[②]。据此，说话人以是非问句提问时，实现的两种行为是：1）按他自己的认识拟定出两种所问事件情景的选择；2）请求受话人指出哪个选择是真实存在的。如果从问句所实现的功能角度来看，问句此时完成的是信息探询，说话人的言语目的是获取信息。具体表现为，说话人以是非问

---

① Падучева Е. В. Высказывание и его соотнесенность с действительностью［М］. М.：Наука，1985. С. 25.

② Падучева Е. В. Высказывание и его соотнесённость с действительностью［М］. М.：Наука，1985. С. 240 – 241.

句的形式推出他的"求知点"，并希望在受话人对该"求知点"的回答中获取完整的信息，将认知状态中的残缺部分补齐。"求知点"可反映说话人的认知状态。在纯疑问、揣测、确认这三类功能中，说话人"求知点"大小的比例成降幂排列。据此推出，纯疑问是非问句的交际成功条件是：

1. 预备性条件：a. 说话人不知道答案；6. 说话人假设受话人知道答案。

2. 真诚性条件：说话人想知道答案（获得信息）。

3. 本质性条件：说话人希望受话人回答（给出答案）。

揣测是非问句的交际成功条件是：

1. 预备性条件：a. 说话人对答案有所知或6. 说话人不确信受话人的答案。

2. 真诚性条件：说话人想知道答案（获得信息）。

3. 本质性条件：说话人希望受话人回答（给出答案）。

确认是非问句的交际成功条件是：

1. 预备性条件：a. 说话人认为自己的答案应该是正确的；6. 说话人假设受话人知道答案。

2. 真诚性条件：说话人想知道答案（获得信息）。

3. 本质性条件：说话人希望受话人回答（给出确认）。

由此可以看出，当是非问句违反预备条件 a 或 b 时，可以改变问句的纯疑问功能。

二、信息探询功能问句的会话条件

不同功能类型问句的使用，除了因其使用者对所问事件"信—疑"比例的认知状态不同以外，还可以从语境和预期回答的角度进行解释。在交际中，会话的语境大致有两种：中性语境和非中性语境。所谓中性语境是指对话的上文、交际中的情景没给会话双方任何认知提示。在这个语境中，说话人可根据自己现有的认知状态提问。而非中性语境是指，对话的上文或交际过程中的某个情景，能够给会话双方一定的认知提示，成为会话双方当前会话的

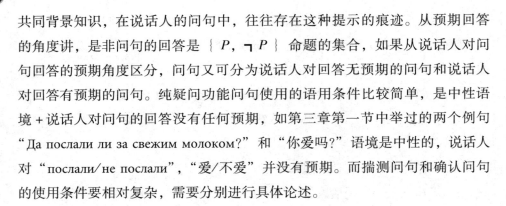

共同背景知识，在说话人的问句中，往往存在这种提示的痕迹。从预期回答的角度讲，是非问句的回答是｛P，￢P｝命题的集合，如果从说话人对问句回答的预期角度区分，问句又可分为说话人对回答无预期的问句和说话人对回答有预期的问句。纯疑问功能问句使用的语用条件比较简单，是中性语境＋说话人对问句的回答没有任何预期，如第三章第一节中举过的两个例句"Да послали ли за свежим молоком?"和"你爱吗？"语境是中性的，说话人对"послали/не послали"，"爱/不爱"并没有预期。而揣测问句和确认问句的使用条件要相对复杂，需要分别进行具体论述。

（一）揣测功能问句的会话条件

揣测功能问句探询的内容往往是说话人有所依据地对事件发展的下一步或结果的预先假设。说话人的"有所依据"可以源自以下两个方面：认知经验和语境（对话上文、对话情景），说话人对问句回答的预期（P或￢P），也是说话人当前对事件的预期认知状态。这两个方面排列组合，形成实现揣测功能问句的两个语用条件：中性语境＋对回答有预期；非中性语境＋对回答有预期。

条件1：中性语境＋对回答有预期

此条件下的揣测功能问句，可以作为一个新问题出现在对话中。说话人的揣测依据主要来自他已有的认知知识，做出一个推断。但是说话人对事件的发展或结果还有一个个人的预期，预期是感性的，推断是理性的，预期与推断有时能够一致，有时也会出现相反。此条件下的揣测问句主要体现的还是说话人的推断，具体表现为，预期与推断一致时，说话人期望的是受话人对问句命题的肯定回答，预期与推断不一致时，说话人期望的是受话人对问句命题的否定回答。如：

（257）Не столкнулась ли подводная лодка с миной?

（258）［同学乙没来上课。同学甲对其他同学说：］莫非生了病不成？

这两个例句都是说话人根据已有的知识做出的推断，如果说话人预期事件的结果是这样的，那么他希望受话人能做出一个肯定的回答；如果说话人不希望他的推断就是事实，那么他更希望能得到一个否定的回答。

条件2：非中性语境+对回答有预期

此条件下的揣测功能问句，语境会给说话人一个 P 或 $\neg P$ 揣测依据，如果不考虑说话人已有的认知状态，他会据此做出 P 或 $\neg P$ 揣测推断。提出问题要求受话人对此推断的正确性做判断时，说话人对回答就有了一个预期。这时与条件1一样，预期的回答是肯定还是否定，要看说话人的预期是否与他做出的推断相一致。而若将说话人已有的认知状态考虑进来，如果说话人根据语境提示做出的推导与已有的认知状态相对立，那么这时说话人做出的揣测问句可以有两种核查方向：核查自己已有的认知状态；核查语境所给提示的真实性，如：

（259）［晚上，出来打猎的 Левин，Облонский，Весловский 带着猎狗在一农夫家安顿下来。Левин 和 Облонский 在争论着一些问题，这时农夫推门进来，Весловский 向他打招呼。农夫说：……我来拿把钩镰。这时，他看见了猎狗，他又问一句：］Не укусит она？（那狗不咬人吧？）［光着脚小心翼翼地走进来］

这句话表达的真正含义是 P "укусит она"，说话人已有的认知状态是"狗是咬人的"，预期的回答是"这条狗（она）不咬人"。当问句的推断与预期一致时，问句核查的是语境提示。具体分析如下：农夫推门进来，狗没叫也没有进攻他的意图，该语境（$\neg P$）给了说话人一个揣测的依据，由此推导出 $\neg P$ "这狗可能不咬我"，这与他的预期 $\neg P$ "希望狗不咬他"一致。但是，说话人已有的认识是"当陌生人逐渐接近狗时，狗会警惕地注视他，并随时准备进攻"，这使得他对当前语境所给、自己的推断、自己的预期并不确信，提出 $\neg P$ 问题核查。而如果假设说话人熟识这条狗（она）的本性，很温顺，不咬人（已有认知状态 P），这一次狗见到他忽然有了要进攻他的动作（语境提示 $\neg P$），依照语境做出的推断"она укусит"（$\neg P$）与说话人的预期"она не укусит"不相一致，说话人核查自己已有的认知状态："Укусит она？"。

（二）确认功能问句的会话条件

确认功能问句只能运用在非中性语境下，因为确认问提出的命题 P 或 $\neg P$

是说话人已经近似完整的一个认知状态，该状态的获得主要就是来自说话人将语境的提示、他自己原有的认知综合后，提炼出来的接近真值判断的一个认识。确认问句中，说话人对回答的预期能够体现在问句的陈述部分 P 或 $\neg P$ 中，且对其有一定的自信。此类问句有一个特点，就是说话人当前的认知状态就是问句推出的命题 P 或 $\neg P$，该命题又是他所预期的回答，如：

（260）А хорошо стала кататься наша Кити, не правда ли?（我们的吉娣现在溜得可好了，是不是？）

（261）— То есть что же? Партия Бертенева против русских коммунистов?（你这话是什么意思？你是指别尔捷涅夫那个反俄国共产主义者的政党吗？）

（262）有些块现大洋，想在北京藏起来，是吧？ （Припрятали серебришко и решили укрыться в Пекине?）

（263）［刘麻子：有现大洋，没有办不成的事，老林。］老陈：真的？（В самом деле?）

三、肯/否形式问句的会话条件

Баранов, Кобозева（1983）曾指出，是非问句在 P 和 ?P 选择的可能性上，肯定问——P 有较多的可能，否定问—— ?P 有较多的可能。Баранов 和 Кобозева 的观点说明，俄语中这两种问句总体上有此选择可能性的倾向，而在实际交际中，它们的运用却是非常庞杂的，需要根据说话人的意向目的做具体分析。我们先看几个分析肯/否形式问句比较常用的例句：

（264）Идет дождь?（下雨了吗？）

（265）Не идет дождь?（没下雨吗？）

（266）На улице солнце?（外面是晴天吗？）

（267）На улице не идет дождь?（外面没下雨吗？）

假定只存在两种天气情况：晴天和下雨，即，［晴天］∪［下雨］＝W。根据 Hamblin（1973），Groenendijk & Stokhof（1984）有关问句的语义理论，是非问句中的肯定问和否定问在语义上没有区别。那么这四个问句表达的就是两个语义：

　　a. 句（264）和（265）的语义为｛W/идет дождь（在下雨）в（在）W｝

　　б. 句（266）和（267）的语义为｛W/на улице солнце（外面是晴天）в（在）W｝

　　a. 中的 W =［идет дождь（在下雨）］U［не идет дождь（没下雨）］，б. 中的 W =［на улице солнце（外面是晴天）］U［идет дождь（在下雨）］。那么，四个问句的语义逻辑式只有一个，就是 Q =｛［p］，W⌐［p］｝。鉴于此，要区别肯定问和否定问，我们就得离开语义因素的研究，而转向语用因素。德国语言学家 Büring 和 Gunlogson（2000）提出，肯/否形式是非问句的使用要有一定的证据去支持或反对，即"证据条件"。受此启发，在遵循其观点的基础上，我们以说话人使用肯/否形式是非问句的语境条件为切入点，来分析论述两种问句的使用条件、具有的含义，及其语用效果。我们姑且称其为"情景证据"。

（一）肯定是非问句

　　Büring 和 Gunlogson（2000）提出，使用肯定问句的证据条件是，不存在压倒性的情景证据反对 P（P 为肯定问句中包含的肯定命题），或者有证据支持 P。情景证据是指，在当前的对话环境中，刚刚成为会话双方共同可能得到的证据。它排除了会话双方在开始会话时的个人信念，以及共同的知识、共同的背景。然而，我们认为，情景证据也应该属于共同背景，不存在某个情景对说话人来说是情景证据，而对受话人来说却是一个未知。如果对会话参与人是情景证据，那么它就是共同背景的一部分。但是，可以说，它是刚刚进入共同背景的，只不过还需要用问句进行某种确认或证实。压倒性的情景证据有两个方面：一是支持 P 的情景证据是压倒性的，它允许说话人假定 P 的存在，因为此证据可以合理地证明 P 存在的可能性；二是反对 P 的情景证据是压倒性的，它支持的是与 P 对立的⌐P。这样一来，支持说话人使用肯定是非问句的情景证据有两个：有压倒性的情景证据支持 P 和不存在压倒性的情景证据支持或反对 P。

151

　　首先来看第一种情景证据存在的情况。我们以例句（264）—（267）为说话人可选问句的对象。如果会话双方对话的情景是，受话人穿着正在滴水的雨衣走进说话人没有窗户的微机室。受话人滴水的雨衣为说话人提供了此刻对话的情景证据：P = 正在下雨。这个证据对说话人得出"外面正在下雨"的推断是压倒性的，所以他将使用的问句一定是例句（264）。即使说话人在此对话前，有很强的个人信念支持￢P，在此压倒性情景证据下，也会迫使他重新做出推断。这种压倒性情景证据还可以解释同是肯定形式问句，但表层意义却是 P 与 ￢P 对立的问句使用情况。如，说话人知道受话人是右撇子，有一天他看见受话人用左手使筷子吃饭，这个情景与他原有的信念发生了冲突，此压倒性的情景证据迫使说话人重新推断，他的问句只能是："你是左撇子吗？"，而不能是："你是右撇子吗？"。

　　肯定问句使用的另一种情景证据，就是通常我们所说的中性语境。这种情景不表达任何可能性的假设，对 P 和 ￢P 没有选择倾向。例如，说话人在一个没有窗户的微机室里接到受话人的电话，约好见面地点共进午餐。这时说话人忽然想起，不知道外面的天气如何，就会向受话人探询。说话人使用的问句可以是例句（264）和（266），具体表达如下：

　　（268）Как сейчас погода? Идет дождь?（外面天气怎么样？下没下雨？）

　　（269）Как сейчас погода? На улице солнце?（外面天气怎么样？是晴天吗？）

　　其实，这两个问句也是属于肯定形式相同，而表层意义相反的句子。然而，这种情况若使用否定形式问句，就不太适宜了，会让受话人感到说话人的问话中含有一种暗示：他不太想赴约。而作为说话人来说，即使他真的不愿意去赴约，那么，出于礼貌，他也不会选择否定问句，取而代之的是类似"中午某某要使用微机室"或"中午我还有某某急需处理的事"等等这种近似规约化的表示拒绝的间接言语行为语句。肯定是非问句使用情况归纳如下表 3 – 1：

表 3 – 1

语境类型	情景证据	支持	反对	$P?$	$\urcorner P?$	预期回答
中性	无	—	—	√	—	无
非中性	有	P	$\urcorner P$	√	×	P

在无情景证据支持的中性语境中，肯定是非问句表达的是对回答的无预期，探询 P 现实存在的可能性，问句实现的是纯疑问功能，而在有情景证据支持的非中性语境中，肯定是非问句表达对回答是 P 可能性的预期，问句实现的是揣测功能或确认功能。

（二）否定是非问句

Ladd[①] 对否定是非问句又做了进一步的划分，分为内部否定问句和外部否定问句。Ladd 认为，内部否定问句的使用情况是：说话人最初假定命题 P 为真，但是他从受话人的话中推断出他假定的命题 P 为真是错误的，就用否定问句来核查他的新推断。即，当说话人刚刚推断一个命题 $\urcorner P$，他要问这个推断 $\urcorner P$ 是否正确时，使用内部否定问句。外部否定问句的使用情况是：说话人有一个信念 P，他之所以运用否定问句，是希望在受话人的回答中核查其信念 P 的正确性。即，问句以否定形式表达肯定意义。Ladd 认为，内部否定问和外部否定问的背景相同，都是说话人预期/相信 P，不同的是说话人希望确认的一个是 $\urcorner P$，一个是 P。从 Ladd 的观点中我们总结出，内部否定否定的是说话人原有的信念，外部否定否定的只是形式，它不但没有否定说话人的信念 P，反而是间接地向受话人表明了他有 P 这样一个信念。然而，Ladd 的这种区分似乎并没有说清说话人为什么这么用的实质原因，Büring 和 Gunlogson 的"压倒性情景证据"对分析形成否定是非问句的合适条件同样适用。

首先是内部否定问句。使用内部否定问句的情景证据只有一个：存在压

---

① Ladd, R. D. *A First Look at the Semantics and Pragmatics of Negative Questions and Tag Questions* [J]. Chicago Linguistic Society. vol. 17, 1981. pp. 164 – 171.

第三章　信息探询功能型是非问句

倒性的情景证据支持¬P。而在没有压倒性情景证据支持¬P 和有压倒性情景证据反对¬P 的情况下，运用内部否定问句则不适宜。我们举例来说明这几种情况：

情景 1：存在压倒性的情景证据支持¬P

a.［Оболонский 和 Левин 一起来到饭店吃饭。在征得 Левин 的同意下，Оболонский 点了牡蛎。进餐时，Левин 也吃着牡蛎，虽然他更爱吃白面包夹干酪。他在欣赏 Оболонский 那种吃得津津有味的模样。］Оболонский：А ты не очень любишь устрицы?

Оболонский 最初的认识是 Левин 喜欢吃牡蛎（P），当他看到 Левин 自己不怎么吃却看着他吃（压倒性情景证据）时，认为他最初的认识有可能是错的，他重新做出一个推断——可能 Левин 不喜欢吃牡蛎（¬P），提出¬P 并在 Левин 回答中检查推断的正确性。

6.［王利发问跑进来的小花：怎这么早就下了学呢？］王小花：老师们罢课啦！（看见于厚斋、谢勇仁）于老师，谢老师！你们都没上学去，不教我们啦？

在这个情景中，王小花去上学时，她大脑中的认识是"老师给我们上课"（P）。来到学校后，发现没有老师来上课（压倒性情景证据 1），她有一个新的推断"老师们都不来教课了"（¬P），回到家看见两位老师正在这儿喝茶（压倒性情景证据 2），两个情景证据使王小花向两位老师提出了自己的新推断。

情景 2：没有压倒性情景证据支持¬P，也没有情景证据支持 P（中性语境）

a.［Оболонский 知道了 Левин 此次来莫斯科是为了向 Кити 求婚，而此时 Кити 的母亲正在极力地撮合 Кити 与 Вронский 的婚事。Левин 自己并不知道此事。］Оболонский：—Одно еще я тебе должен сказать. ＊Ты не знаешь Вронского?

6. 丁宝来茶馆要做女招待，王利发问她一些情况。丁宝说："政府硬说我爸爸给我们留下的一所小房子是逆产，给没收了！……"

丁宝：老掌柜，我到今天还不明白什么叫逆产，＊你不知道吗？

显然，否定问句在这里是不合适的。言谈中 Облонский 知道了 Левин 此次来莫斯科是为了向 Кити 求婚，但是他不知道 Левин 是否知道他还有一个强有力的对手 Вронский，出于对 Левин 的考虑，他在提问前说了一句：Одно еще я тебе должен сказать。这种情况是运用肯定问句的语境条件，同时向受话人推出两个命题 знаешь Вронского（P）和 не знаешь Вронского（$\urcorner P$）。汉语在这种情景中同样也不能使用否定问句。丁宝在向老掌柜做探询，她不知道老掌柜知不知道。中性语境下，受话人的回答有两种可能，即 P 或 $\urcorner P$，说话人对此没有预期，那么在他的问话中也就没有倾向性，而否定形式的问句有两种语用意义倾向，要么 P，要么 $\urcorner P$，所以，只能用肯定形式问句。

情景3：有压倒性情景证据反对 $\urcorner P$

a. 轮船正在蒙受海难，旅客问船长 ＊Мы не утонем？（例句转引 Баранов，Кобозева 1983）

б. 报童走进茶馆卖报，对王利发说：长辛店大战的新闻，来一张瞧瞧？

王利发：＊没有打仗的新闻吗？

a，б 两个情景中所给出的证据对 $\urcorner P$ 具有压倒性的否定，在正常的探询信息的言语行为中，可以说，否定问句在此情景证据下是不可能被使用的。内部否定问句的使用情况用表格 3 – 2 表示如下：

表 3 – 2

语境类型	情景证据	支持	反对	P?	$\urcorner P$?	预期回答
中性	无	—	—	×	×	
非中性	有	$\urcorner P$	P	—	√	$\urcorner P$
非中性	有	—	$\urcorner P$	×	×	

内部否定是非问句不能在无情景证据支持的中性语境中使用，而在有情景证据支持的非中性语境中，也只能是在支持 $\urcorner P$ 的非中性语境中使用，因此，该问句在信息探询中不能实现纯疑问功能，只能实现对 $\urcorner P$ 探询的揣测

155

功能或确认功能。

再来看外部否定问句的使用情况。

情景 1：没有证据支持或反对 P 和 ⌐P（中性语境）

a. 大家在一起商量去原始森林探险所需要携带的物品。这时其中一人突然说：

А мы не заблудимся？（句子转引自 И. Б. Шатуновский，2005 讲义）

б. 虎妞不想让祥子出去拉车，祥子硬出去拉了一天，在外面吃完饭回家倒头就睡。第二天早上，虎妞威胁祥子再出去，她就上吊。祥子说："我不能闲着！"

虎妞：你不会找老头子去？

情景 2：有压倒性证据支持 ⌐P

a. 同内部否定问句情景 1：a.

Облонский：А ты не очень любишь устрицы？

б. 同内部否定问句情景 1：b.

王小花：于老师，谢老师！你们都没上学去，不教我们啦？

同是这句话，也可以作为外部否定问句来表达说话人因情景证据提供的 ⌐P 与自己相信的 P 矛盾而产生的不解和怀疑。此时，他的不解和怀疑主要还是针对情景证据提供的 ⌐P，否定问句传递的语用含义还应该是 P。在该情景下，内部否定问句和外部否定问句的区别是说话人所赋予问句的不同重读语调，外部否定是非问句借此向受话人表示，问句与目前信息有关，而与以前的信息状态无关，内部否定正好与其相反。此外，汉语外部否定问句中还可以添加上认知性词汇"真"、"真的"。这些手段都能够帮助受话人正确捕捉到这些语用因素，判断出问句所表达的真正言语意图。

Büring 和 Gunlogson 认为，外部否定问句和内部否定问句不同，它更像肯定问句，可以出现在中性语境中。他们提出外部否定问句的使用条件是：没有压倒性的情景证据支持 P。由此可以得出，在没有证据支持或反对 P 和 ⌐P，或者有压倒性证据支持 ⌐P 的情景下，都可以使用外部否定问句。即表 3–3：

表 3-3

语境类型	情景证据	支持	反对	P?	$\neg P$?	预期回答
中性	无	—	—	—	√	P
非中性	有	$\neg P$	—	—	√	P
非中性	有	P	$\neg P$	—	×	

在中性语境中，外部否定问句实现的是纯疑问功能，而在非中性语境中，此类型问句除了实现对 P 探询的揣测功能外，还可以实现间接言语行为中的观点表达功能。该类型问句在非中性语境中能够表达出说话人怀疑或无法理解的思想因素。

一般来说，当情景证据来自语境的自然流露时，说话人据此提出问题是正常的，但是在对话中，如果受话人向说话人报道了一个事实，说话人对此事实要再进行提问，就要受到一定的限制。正常情况下，如果这个事实对说话人来说是个好消息，说话人就此事再进行核查性的提问，那么对受话人来说，听起来就显得冗余且厌烦。但是如果受话人报道的是坏消息，那么受话人会留出一定的提问空间给说话人来核查。Grice 称这种行为限制是社会准则——礼貌所允许的：这是一个坏消息，我礼貌地给你更多的空间进行确认和接受它。如：我们假设 A、B 两人在通电话：

A：我跟你说，你申请出国的事，主任没批。

B_1：……?! 真的没批吗？

B_2：……?! 真的就没有批的可能了吗？

B_2 的问题也可以理解成是另外的一个问题，即，询问是否存在其他能让主任批的可能性。此时，该问句是改变话题，而不是核查推断 $\neg P$。

综上所述，得出俄汉语是非问句肯、否形式有三类：肯定、内部否定、外部否定。它们与情景证据的对应关系如下表 3-4 所示：

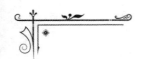

表 3 – 4

情景证据	肯定问句	内部否定问句	外部否定问句
无（中性语境）	√	×	√
支持 P	√	×	×
反对 P	×	√	√

三类问句的使用条件是：

肯定是非问句：没有压倒性证据反对 P

内部否定是非问句：有压倒性证据反对 P

外部否定是非问句：没有压倒性证据支持 P

由此可以得出，我们在第二章中论及的俄语在结构上存在的原位否定是非问句和前置否定是非问句，应分别属于内部否定问句和外部否定问句。

（三）X 不 X 问句的会话条件

X 不 X 问句是汉语特有的问句结构，对它用于实现信息探询功能的分析需要单独论述。为了便于论述，我们把 X 不 X 问句分为两类：A 不 A 问句，A 为动词；B 不 B 问句，B 为动词"是"和助动词。这两类问句与"吗"问句的会话条件不同，虽然有时它们与"吗"问句可以相互替换。

Li & Thompson 早在 1979 年对 A 不 A 问句的研究结论是，A 不 A 问句原则上只能在中性语境中使用，当其中一个选项（A 或不 A）能某种程度地成为说话人的预设时，就不能再使用 A 不 A 问句，取而代之的只能是"吗"问句。在近年来的研究中，Schaffar & Chen[①] 在对此类问句做了详细的语用要求考察后指出，A 不 A 问句提出的是一个宽域焦点，它所适用的语境往往具有认知"突然性"，没有语用预设，也可以说它是"突然性"问句。在这种适合"突然性"问句的语境下，A 不 A 问句和"吗"问句可以相互替换，如下面这个语境：甲、乙两人看过通宵电影后都饿了，正开车经过"汉斯啤酒

---

① Schaffar Wolfram；Chen Lansun. *Yes-no questions in Mandarin and the theory of focus* [J]. Linguistics，2001. 39（5）. pp. 837 – 870.

坊"，甲问乙：你去没去过"汉斯啤酒坊"？／你去过"汉斯啤酒坊"吗？B不B问句通常是用在有语境支持或有预设存在的情况下，是一个认知偏移的语境，说话人对一个选项的倾向超过了另一个，即，"B＞不B"，或者是"不B＞B"。这时，A不A问句则不再合适，语境需要的是一个表达窄域焦点的问句。B不B问句与"吗"问句均可，与A不A问句相比，句子多了一个逻辑重音。Schaffar & Chen（2001）把该语境下问句推出的焦点称为"VERUM焦点"，"VERUM"为认知算子。如下面这个语境：甲请乙去"汉斯啤酒坊"就餐。甲是第一次来这个餐馆。当他们走进餐馆时，甲看见一个不认识的服务员笑眯眯地冲他们招手，甲问乙：你是不是来过这儿？／你来过这儿吗？据此，Schaffar & Chen（2001）提出，A不A问句明显地表达宽域焦点，B不B问句则明显表达窄域焦点，而"吗"问句则没有特别的焦点类型约束。

实际上，焦点问题是一个复杂的语言现象，判断一个问句的焦点类型有时也是相当困难的，所以，在许多文献中出现了对焦点判断的相互矛盾现象，我们认为这也不足为奇。Schaffar & Chen 对 X 不 X 问句焦点的论述，可以反映出该类问句表达焦点类型的主要特点。然而，我们更赞同他们对该类问句的有关语境的论述。A 不 A 问句的"突然性"特点印证了 Li & Thompson 关于"A 不 A 问句原则上只能在中性语境中使用"的观点，也支持了本书下一节中有关"X 不 X 问句在中性语境中更多地表达宽域焦点"的结论性论述。B 不 B 问句具有认知偏移的特点，使得该类问句经常被说话人用来表达揣测。"吗"问句既可以用于中性语境，也可以用于非中性语境。

第三节　俄汉语是非问句信息探询功能类别分析

一、俄汉语纯疑问功能是非问句

（一）俄汉语纯疑问功能是非问句的焦点类型

И. Б. Шатуновский（2005）根据问句中所包含成分是新知（новизны），还是已给（данности），把纯疑问句分为两类：情态问

（модальные вопросы）和陈说－情态问。情态问的交际焦点是情态（存在性），描写情景的陈说、命题属于已给。而陈说－情态问的交际焦点是情态（存在性）和描写情景的陈说、命题。И. Б. Шатуновский 划分的这两类疑问句，分别对应本书的窄域焦点（对谓语质疑）或宽域焦点中的对整个述题部分质疑的问句和宽域焦点中对整个命题 P 质疑的问句。И. Б. Шатуновский 的分类中没有交际焦点是陈说的问句类型，作为描写情景的陈说、命题对于说话人来说，不可能是一无所知的，因此，在纯疑问句中一般没有对主语、定语、状语、补语质疑的窄域焦点。

从前文的论述中，我们可以得出一个结论：俄语纯疑问功能是非问句主要是纯语调是非问句和 ли 问句，而汉语则主要是"吗"问句和句中"X 不 X"问句。我们对 Л. Толстой 的长篇小说《Анна Каренина》和老舍的《茶馆》、《骆驼祥子》、《猫城记》分别做了统计，结果从数据上也证实了我们的结论。长篇小说《Анна Каренина》中，纯疑问功能的是非问句有 227 个，其中，纯语调是非问句有 164 个，ли 问句有 32 个；《茶馆》中，纯疑问功能的是非问句共 13 个，其中"吗"问句有 8 个，句中"X 不 X"问句有 4 个；《骆驼祥子》中纯疑问功能的是非问句有 13 个，其中"吗"问句有 3 个，句中"X 不 X"问句有 4 个；《猫城记》中纯疑问功能的是非问句有 19 个，其中，"吗"问句有 5 个，句中"X 不 X"问句有 9 个。它们传递焦点类型的特点是，俄语 ли 问句传递的焦点类型主要是窄域焦点中的对谓语质疑和宽域焦点中的对整个述题部分质疑。而纯语调是非问句可以传递各种焦点类型。汉语的"吗"问句传递的焦点类型与俄语纯语调是非问句相同，而"X 不 X"问句传递的焦点类型有三大类：窄域焦点中的对谓语质疑、宽域焦点中的对整个命题 P 质疑和对整个述题部分质疑。这样一来，由这些模式构成的纯疑问句，在俄汉语互译过程中，往往是俄译汉时，俄语的每一种模式都可以同时对应汉语的两种模式，而汉译俄时，俄语表达模式的选择在某种程度上要受到问句所传递的焦点类型的限制，因此，使用纯语调是非问句的情况要多一些。请看例句：

（270）Из присутствия есть бумаги？ — спросил Степан Аркадьич, взяв телеграмму и садясь к зеркалу. ("衙门里有没有来公文?" 他接过电报, 在镜子面前坐下。)（对整个命题 P 质疑）

（271）［保姆看见 Долли 从房间里出来, 马上针对有关孩子的生活, 向她提了几个不能耽搁而且只有她才能够回答的问题: ］Давать ли молоко? （让不让他们喝牛奶）（对整个述题部分质疑）

（272）Есть ли граница между психическими и физиологическими явлениями в деятельности человека и где она? （在人类活动中, 生理现象和心理现象之间有没有界线? 如果有, 又在哪里?）（对谓语质疑）

（273）"告诉我, 那个老年人是不是你的祖父?" 我问。（Скажи, этот старик твой дедушка?）（对整个述题部分质疑）

（274）［可是, 你没听见我刚才哭吗?］你听见没有? （слышал?）（对谓语质疑）

我们在对例句进行统计时, 除了发现交际中汉语相对较少使用纯疑问探询外, 还注意到, 汉语特有的 "X 不 X" 句法结构, 做纯疑问句探询时, 以传递宽域焦点中的对整个述题部分质疑居多。它在被译成俄语时, 多用纯语调是非问句表达。对于这一语言现象, 根据纯疑问探询的特点可解释为, 对整个述题部分质疑的宽域焦点纯疑问句向受话人推出的是 X 和 ⌐X 存在可能性的均等选择, 这种均等的选择在俄语中通过逻辑重音和在谓语上急骤升起的语调表示出来, 而汉语 "X 不 X" 结构是将这种均等的选择置于了句子的表层, 能够很好地表达出这种无倾向的选择。而 ли 问句的结构特点, 使得位于其前面的谓语动词可以是焦点［占据（Spec, CP）焦点位］, 也可以不是焦点（由韵律倒置居于 ли 前）, 所以, 判断 ли 问句传递的焦点类型要有语境做依据, 单从结构上和语义上都不能表示出问句的焦点类型。

（二）纯疑问功能句的语调

语调和逻辑重音是表现疑问焦点的手段, 也是纯疑问功能下是非问句突出焦点的唯一手段。前面我们已经提及语调和逻辑重音是不同的两种手段。语调（интонация）,《80 年语法》的解释是 "音调、音色、音强、音长的各

161

种数量变化对应关系，用以表达话语的语义差别和情感差别"①。这里所说的音调，主要指整个调型中声调升降的程度、位置、起讫点等，属于整句的语调范畴，而音色、音强、音长主要指音节的音色、音强、音长变化。Е. М. Галкина-Федорук（1958）划分出俄语疑问句语调的三个主要类型：上扬语调、下挫语调和先上扬再下挫语调，她认为这三种语调的实现取决于语句中逻辑上划分出的词的位置，居于句末用上扬语调，居于句首是下挫语调，居于句中则是先上扬再下挫语调。三种语调中，下挫语调通常要用降调读出来，但和陈述句中的降调不同，"因为疑问句中的降调是以如此之高的音调开始，以至于在陈述句中不可能有这种音调，所以在疑问句中音调的下降要比陈述句中急剧得多"②。这个逻辑上划分出的词也是逻辑重音（логическое ударение）着落处。也可以说是逻辑重音把逻辑上划分出的词突出出来，置于语调的致高处，以提醒受话人注意，该词是疑问焦点的承载者。

俄语纯疑问功能下的是非问句，语调能够表明 ли 问句所传递的焦点类型。窄域焦点的 ли 问句有一个语调高峰，逻辑重音落在 ли 前面的动词上，形成 Е. М. Галкина-Федорук 划分出的下挫语调。宽域焦点的 ли 问句有两个语调高峰：在动词上有个声调上扬，然后下降并重新在静词组上再次上扬。如例句 Переехал ли он на новую квартиру? ③两个语调高峰标示出问句的焦点是整个述题部分。语调轮廓图如 3 - 7 所示。

Переехал ли он на новую квартиру?

图 3 - 7　两个语调高峰轮廓

---

① АН СССР. Грамматика русского языка［М］. М. , 1980. С. 120.

② Пешковский А. М. Русский синтаксис в научном освещении［М］. Учпедгиз, 1956. С. 394.

③ Шатуновский И. Б. Основные коммуникативные типы полных（общих）вопросов в русском языке［J］// Русский язык: пересекая границы. Дубна, 2001. С. 246.

纯语调是非问句只有一个语调高峰，逻辑重音突出的谓语（动词）多居于句中，形成先上扬再下挫的语调。该语调不能指示问句所传递的焦点类型。其语调轮廓图如本章第一节中的图 3－5 和 3－6 所示。

汉语的情况是，汉语没有俄语中的词重音。汉语字、词的语音外壳以音高（四声）为主，在音的各要素中，音高占了压倒性优势，这可以说是汉语的特点。然而，汉语中还没有人专门论及过语调的类型。陆俭明（1984）在分析汉语疑问语气词时，曾提到是非问句是"句尾趋升"的形式，简称"升调"，但"吗"字是非问句有升调和降调两种，"吧"字是非问句为降调（以北京话为例得出的结论）。汉语升调与降调都处在句末，表现为："S＋吗↗?"，"S＋吗↘?"，"S＋吧↘?"，"X 不 X↗?"，"X 不 X↘?"。汉语语调的这种固定位置使它不能具有突出焦点的功能，它只能用来传达疑问语气，这是俄汉语的不同，也是各自的语言特点。这样一来，汉语语句中的逻辑重音在突出焦点上就起到了至关重要的作用。陈国亭在对汉俄语非词序变式——焦点变式的对比分析中谈到，"焦点变式指不是由于词序变化而是由于强调点改变而产生的变异句式。强调点即说话者强调的重点，也即焦点，是每个句子逻辑重音所在"①。那么也就是说，逻辑重音是汉语突出句子焦点的主要手段。但是逻辑重音只能突出焦点承载者的所在，不能标明问句传递焦点的类型。这一点与俄语的纯语调问句相同。

二、俄汉语揣测功能是非问句

（一）说话人运用揣测探询的因素

揣测功能是非问句是相对比较复杂的功能问句。使用它的语境主要是非中性的，在交际中，它不是新问题，常常出现在纯疑问句之后。所以此类问句的特点是，说话人在提问之前思想中已经对所问事件略有所知。然而，我

---

① 陈国亭. 俄汉语词组合与构句 [M]. 北京：商务印书馆，2004 年版第 314—315 页。

们也发现，要想获得完整的信息，说话人可有多种探询方式选择，而当以揣测的形式针对该事件向受话人探询时，常常是因为说话人的信念受到了某些因素的影响，根据这些因素的特点，我们把它们分为内在因素和外在因素两种。

内在因素主要来自说话人自己。我们注意到，受内在因素影响的时候，多是说话人已有的经验式知识已经形成了对某事的信念，但是说话人对此还有些怀疑，出于礼貌、面子、观念等方面的考虑，使得他不能，或不敢不考虑这些方面对自己的影响，而将该信念以判断的形式陈述出来，从而取而代之的是揣测地探询。例如我们在本章第二节中转引的俄语例句：He столкнулась ли подводная лодка с миной? 说话人在说出该问句之前，当他获悉潜水艇沉没后，他已有的相关知识——当船、舰艇在行进中遇到暗礁时，会造成船体受损、破裂后进水下沉，就给他构建了一个造成事故原因的信念——潜水艇撞上了暗礁（Подводная лодка столкнулась с миной）。我们知道，人们在说出一个判断时，需要有一系列的证据来支持、证明此判断的正确性，否则在别人质疑时，不能以理服人会引来人们的非议和讥笑：你怎么知道的？根据什么？胡说！瞎编！人在自己生活的环境中总是希望得到尊敬，所以人也十分注意自己的言行以维护其自尊与声望。这种经验知识提供的信念在得到事实的证实之前，只能是作为一种个人的揣测，而不能成为断言。因此，说话人把它以疑问的形式提出来就显得自己很谨慎、客观，暗示受话人"这只是我个人的认识，提出来仅供参考、讨论"，同时，在受话人的回答中检查自己的信念。汉语也是如此，因为中国人受儒家思想的影响，尤为注重讲究内涵，不能冒失。本章第二节中的例子"莫非生了病不成？"就可以这样解释，没有证据是不能随便下结论的。如果同学甲说："他生病了"，那么他会在其他人质疑之前就说出支持此结论的证据"他发烧了，让我帮他跟老师请假"。

外在因素主要指来自受话人和语境的。这是说话人做出揣测探询比较多见的情况。说话人已经对某事有了某种信念，然而，在交际中，受话人说出的话，或者是语境中展现出的情景与说话人的信念发生了对立，迫使说话人做出与自己已有信念相反的揣测探询。如：

（275）［Иван 和 Петя 是公司里的电脑专家，受话人的电脑软件出了问题］А（受话人）：—Ой, сегодня Иван не приехал на работу. Теперь некому помочь мне. Г（说话人）：—Петя сегодня не приехал？（别佳今天没来吗？）

这种情况的问句中还常常可以加上添加性焦点提示语 тоже，и，这样就更能体现出外在因素与说话人的信念产生的矛盾。

（276）［说话人早晨上班时，天气还非常好。当受话人穿着湿漉漉的雨衣走进说话人没有窗户的电脑房时］Г：—На улице идет дождь？（外面在下雨吗？）

（277）［当轮船正在蒙受海难的情景下，问船长］Мы утонем？（我们会溺水吗？）（摘自 Баранов，Кобозева 1983）

（二）俄汉语揣测功能问的焦点

1. 俄汉语揣测功能问的焦点类型

说话人运用揣测探询时，探询的部分可以是整个事件，也可能是某一局部。这类问句的焦点类型有两种：宽域焦点和窄域焦点。其中，宽域焦点类型的揣测问句多是对整个述题质疑，其构成背景是说话人受内外因素的影响，推测出有某事（将存在）存在（存在过），但现实是不是会如此，即该事件是不是（将存在）存在（存在过），他不敢确定，他问受话人，以检查他推测的正确性。如：

（278）［Левин 向 Кити 求婚。他一说出这句话，她脸上亲切的表情顿时消失了，好像太阳躲进了乌云里。列文熟悉她脸上这种变化，知道她在深思，她那光滑的前额也出现了皱纹。Левин 急忙说：］—У вас нет ничего неприятного？（您没有什么不愉快的事吧？）

（279）松二爷：我说这位爷，你是营里当差的吧？（Я вижу, вы не из простых.）

窄域焦点揣测问使用的情景是，说话人受内、外因素的影响，单就事件的存在性或事件的某个细节部分向受话人做出揣测探询。如本章第一节中窄域焦点例句表达的都是揣测意义：

（280）［Вронский 告诉追上来的站长，他那二百卢布是给被火车压死的路工的妻子的。Облонский 在后面问：］—Вы дали? —крикнул сзади Облонский... （"是您给的吗？"奥勃朗斯基在后面大声问。）

（281）［在火车站 Вронский 听 Облонский 说是来接 Анна 的，问："是卡列宁夫人吗？"，Облонский 说：］—Ты ее, верно, знаешь? （莫非你认识她？）

（282）［投票表决的空隙，在供吸烟和小吃的小厅里挤满了贵族。大家的情绪越来越激动。Левин 和一个地主正在交谈，这时 Свияжский 向他们走来，说：］—Что ж, побранили новые порядки? — с улыбкой сказал Свияжский. （"噢，是不是在骂新制度哇？"史维亚日斯基微笑着说。）

（283）［Каренин 在火车站接 Анна，Анна 向丈夫介绍 Вронский 时，Каренин 说：］—Вы, верно, из отпуска? —сказал он... （您一定是来休假的吧？）

（284）［Облонский 从壁炉上取下昨天放在那里的一盒糖果，挑了两块女儿喜爱的糖：一块巧克力，一块软糖。］—Грише? — сказала девочка, указывая на шоколадную. （"这是给格里沙的吗？"她指着巧克力问。）

（285）［"你走吧！"祥子好容易找到了一句话："走吧！"］"你看家？"高妈的气消了点。 （—А ты присмотришь за домом? —Гаома немного успокоилась. ）

（286）周秀花：你是要走吧？（Вы уходите?）

（287）难道孙侦探并非真的侦探？（Вдруг Сунь не сыщик?）

（288）［20 年后康顺子领着康大力又来到茶馆］康大力：妈！你爸爸当初就是在这里卖了你的？（Твой отец тебя здесь продал, да?）

俄汉语揣测是非问句都经常使用一些表示不确定意义的词汇来加强问句的揣测特征，如俄语中的 неужели，что，что ли，не... ли，верно 等，汉语中的难道、好像、那么、大概、或许、是不是、吧等。从例句中，我们也注意到，俄汉语在同一功能、同一语义下，其表达却不相同。首先，俄语句法中省略的部分，在汉语中一般在句法上都要填补上，否则语义不通。如例

（283）汉译文中的"来"，例（284）Грише？——这是给格里沙的吗？这主要是由于俄语格的存在，能使句法中省略的部分在语义上得到补充。其次，语调上存在差异。同是语调揣测是非问句，俄语中焦点类型不同，问句的语调不同，而汉语只有两种语调：升调和降调。首先看俄语。俄语宽域焦点揣测问句有两个语调高峰，分别位于句首和句末，类似纯疑问 ли 问句，如例（278）У вас н'ет ничего непри'ятного？而窄域焦点揣测问句的语调，则是依据焦点在问句中的位置，可以出现 Е. М. Галкина-Федорук（1958）提出的3 种语调。如例（281）、（283）、（284）为上扬语调，例（280）为下挫语调，例（282）为先上扬再下挫语调。汉语的情况是不分焦点类型的，"吗"问句和语调问句为升调，"吧"问句为降调。

2. 揣测功能问凸显焦点的手段

在本章第一节中曾谈及是非问句凸显焦点的手段有语音手段、词汇手段和语法手段 3 种，它们主要被广泛地运用于凸显揣测功能是非问句的焦点。语音方面，俄汉语除了语调各有特点外，都运用了逻辑重音以突出说话人做揣测问的焦点部分。词汇方面，焦点提示语是凸显该功能下窄域焦点的主要手段，如：

（289）［Левин 第一次向 Кити 求婚时，Кити 对他的回答是"那不可能"。当他们在乡下再次相遇，Кити 告诉他，当时她说的不是真心话，不表示"永远"。Левин 忙怯生生地问:］—Только тогда？　（只限于"当时"吗？）

（290）Именно поэтому вы платите ему такие деньги？（www. f1new. ru/ interview.）（就是因为这您才付给他那些钱？）

（291）［医生走后，家人开始商量让 Кити 出国疗养的事。公爵夫人想和女儿一起去，Кити 向妈妈建议让爸爸一起去。］— Так и мне собираться？— обратился он...（公爵说："那么我也得去吗？"）

（292）［Левин 认为社会对农民是不合理的，没有规定来明确人们行使权利的范围。Облонский 不愿再谈论下去，提出一起去 Весловский 那儿，Левин 不去，Облонский 笑嘻嘻地说:］—Неужели ты это тоже из

167

принципа？（难道你这也有原则规定吗？）

（293）[人们在谈论爱情。Бетси 公爵夫人认为，要懂得爱情，就必须先犯一下错误，然后再改正。对此，公使夫人说：] —Даже после брака？ —шутливо сказала жена посланника.（"连结过婚的都得这样吗？"公使夫人开玩笑说。）

（294）[康顺子提着个小包，带着康大力，往茶馆里探头] 康大力：是这里吗？（Сюда？）

（295）[吴祥子：报告长官，我们在这里盘查一个逃兵。] 军官：就是他吗？（指刘麻子）（Он？）

（296）[祥子把卖骆驼的三十块钱放到刘四爷那儿，刘四爷让祥子再买辆车，祥子说："不够！买就得买新的！"] 刘四爷："借给你？一分利，别人借是二分五！"（—Может, одолжить？）

（297）松二爷：这号生意又不小吧？（Дельце, видно, выгодное？）

（298）[常四爷无意中说了句 "大清国要完！" 宋恩子要将他带走质问，常四爷：上哪儿？事情要交代明白了啊！] 宋恩子：你还想拒捕吗？（Сопротивляешься власти？）

在语法手段方面，俄语揣测是非问句中并不使用固定结构，但是它运用前置，而在汉语揣测问句中，正好与俄语相反，很少用前置，却较多运用 "是……的" 和 "X 不 X" 结构。如：

（299）А у тебя разве уж назади？（难道你的一切都过去了吗？）

（300）—Выходить изволите？ —спросила Аннушка.（"您要出去吗？"安努施卡问。）

（301）松二爷：我说这位爷，你是营里当差的吧？（Я вижу, вы не из простых.）

（302）是不是这屋子有点冷？（Может быть, в этой комнате немного холодно？）

（三）揣测功能的否定是非问句

И. Б. Шатуновский（2006 待发表）指出，肯定问和否定问的对立在于

168

交际参与者认知状态的不同。相对于命题 P 在说话人大脑中的认知图景的建构，划分出三种情景：1）认知图景有单一的特点，即，主体（субъект）知道、认为、想是 P，或者是他知道、认为、想 ¬ P；2）主体大脑中的认知图景是选择性的状态：主体不知道存在的是 P，还是 ¬ P，但是他知道，在某个现实片段中存在的要么是 P，要么是 ¬ P；3）主体可能根本就没有有关 P 的任何概念。И. Б. Шатуновский 认为，否定问句主要被运用在情景 3）中。然而，我们在结合了本章第二节中揣测问的有关论述后认为，俄汉语揣测功能下的否定是非问句在 И. Б. Шатуновский 归纳的 3 种情景中均可出现。俄语中，не 问句和 не... ли 问句是俄语是非问句主要的两种否定结构形式。И. Б. Шатуновский（2006 待发表）把 не... ли 问句划分出两种类型：纯疑问（信息问）、兼有信息探询和推测的综合问。他指出，这两种类型推出的都是命题 P。这与我们第二章中认为该类型问句没有否定意义的观点一致，因此，не... ли 问句不能纳入否定问句的论述中。汉语是非问句的否定结构，我们主要论述"不"、"不是"构成的问句。它们与俄语的 не 问句在揣测问句中都是一种比较常见的类型。下面我们分别论述这 3 种情况中的否定揣测问句。

在情景 1）中，可以有两种情况：一是说话人出于内在因素的考虑，提出揣测否定问句，如：

（303）［Нордстон 伯爵夫人说起了扶乩和灵魂，除了 Левин，大家都表现出了兴趣。Нордстон 问 Левин 信不信。Левин 说："我的意见就是，邪念扶乩只能证明所谓有教养的上流社会并不比庄稼汉高明……"，Нордстон 伯爵夫人打断他说：］—Что ж, вы не верите?（怎么，您不相信吗？）

（304）［王利发听秦仲义说要收回房子，把本钱拢到一块儿开工厂，救国］王利发：你就专为别人，把财产都出手，不顾自己了吗？ （Вы все о других печетесь, а о вас кто позаботится, когда имущество ваше из рук уйдет?）

在这两个例句中，两个说话人的社会地位截然相反。Нордстон 是伯爵夫人，她蔑视 Левин，希望 Кити 嫁给 Вронский。她知道 Левин 不相信灵魂之类的事情（￢P），但是她为了顾全自己的身份且又能达到侮辱 Левин 目的，以否定形式揣测探询（￢P），想在一问一答中孤立 Левин，使其难堪。例句（304）王利发租秦仲义的房子开茶馆，他不希望秦仲义收回房子。他十分清楚秦仲义正是因为顾自己（P），才要收回房子。王利发为了自己的利益，又不好直说"您别把房子收回去"，所以他以揣测问做￢P探询，以表示关心，拉近关系。

二是说话人受外在因素影响，做出 ?P 的判断，对此做出揣测探询，如：

（305）　［Облонский 穿上皮大衣，走到台阶口。］—Кушать дома не будете? — сказал провожавший Матвей. （"您不回来吃饭吗？"马特维送他到门口，问。）

（306）［乡妇本想卖乡妞，常四爷叫李三给她俩两碗面到门外吃。乡妇：走吧，乖。］乡妞：不卖妞妞啦？（Мама, ты меня не продашь?）

例句（305）的背景是，贴身老仆人 Матвей 劝 Облонский 向妻子赔礼，再说些好话。然而，Облонский 不但没有得到妻子的原谅，反而被严厉地斥责了一顿。他出来吩咐 Матвей "你同 Мария 还是把休息室收拾收拾让 Анна Аркадьевна 住吧"，然后穿上皮大衣，准备去官厅。Матвей 从 Облонский 的话语中已经判断出，他没有得到妻子的原谅，因此，不太可能回来吃饭（￢P）。例（306）生活所迫，乡妇把乡妞领进茶馆，要卖她（P）。当乡妇对妞妞说："走吧"时，乡妞推测出"很可能是不卖了"（￢P），并就此提问。

第2）种情况出现否定揣测问时，往往是说话人虽然不能确信事实到底是P，还是￢P，但是在二者之间，对￢P 有一定的倾向性，提出来，在受话人的回答中，检查揣测的正确性，如：

（307）［Кити 对选择是 Вронский，还是 Левин 做未婚夫有些犹豫。公爵夫人担心 Кити 会答应 Левин 的求婚，就对女儿说］—... но одно, моя душа: ты мне обещала, что у тебя не будет от меня тайны. Не будет? （但是有一件事，我的心肝，你曾经答应过我，说你不会对我隐瞒任何事情的，不会吧？）

（308）［正值兵荒马乱时期，祥子拉着骆驼要出西口，对前面有没有大兵他说不准，他问一老者] 骆驼出西口没什么危险啦吧？（A c верблюдами на дороге не опасно？）

第3）种情景中的否定揣测问主要用于说话人虽然心中认为是 ?P，但是对自己 ?P 的认识还不是很确信，他以此提问，目的是检查自己的认识是否正确，如：

（309）［Вронский 和 Анна 为了躲避彼得堡社交圈的攻击，去了国外。回到彼得堡后，堂姐问 Вронский］ Вы не долго пробудете здесь？（你们在这里不会住很久吧？）

（310）［王利发问跑进来的小花：怎这么早就下了学呢？］王小花：老师们罢课啦！（看见于厚斋、谢勇仁）于老师，谢老师！你们都没上学去，不教我们啦？（Вы не хотите нас больше учить？）

这3种情景中的否定问句，否定词突出了问句探询的揣测焦点，从中我们也发现俄汉语中存在的差异。俄语否定词 не 在句中位置是紧接被否定的成分的，即疑问焦点，而汉语的"不"则是既可以与疑问焦点紧密相连，也可以在它与疑问焦点之间存在其他成分。俄语虽说词序灵活自由，但是否定词 не 与疑问焦点在句中只能一起移动，不能分开。

三、俄汉语确认功能是非问句

在第二章中，我们论及，俄汉语是非问句在执行确认功能时，各有两种是非问句表达模式，且模式相同——附加问句和语调问句。在这一节中，我们将具体分析俄汉语确认是非问的焦点以及两种句式的语用情况。

（一）俄汉语确认问的焦点

确认问的构句特点使得这类问句传递的焦点类型主要是宽域焦点，负载焦点的词辖域的范围是整个命题或者是整个述题部分。附加问句中，疑问焦点的辖域是陈述部分的整个命题，附加的疑问部分可以理解为说话人向受话人提出的要求，即要求受话人对这个命题进行确认。如：

（311）A хорошо стала кататься наша Кити, не правда ли？（我们的吉娣现在溜得可好了，是不是？）

第三章　信息探询功能型是非问句

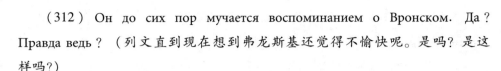

（312）Он до сих пор мучается воспоминанием о Вронском. Да? Правда ведь? （列文直到现在想到弗龙斯基还觉得不愉快呢。是吗？是这样吗？）

（313）"受苦的命！" 她笑了一声。"一天不拉车，身上就痒痒，是不是？（—День не побегал с коляской, и душа ноет, да?）

（314）咱们要是老在这儿忍着，就老是一对黑人儿，你说是不是？（Здесь нельзя оставаться надолго, иначе будем всю жизнь бедняками. Правильно я говорю?）

语调确认问句虽然也是传递宽域焦点，但是它常常是对预设做出确认，如：

（315）—То есть, ты думаешь, что у меня есть недостаток чего-то? （你是不是认为我有什么缺点？）

（316）Ведь ты член управы? （你不是地方自治会理事吗？）

（317）Значит, все-таки надежда на примирение жива? （这么说，和解还有希望，是不是？）

（318）忽然一笑，露出两个越老越结实的虎牙："傻子，你说病在了海甸？"（—Дурень! Говоришь, три дня провалялся в Хайдяне?）

俄汉语确认问句是是非问句探询信息功能中差异最小的功能类型句。从表达模式的种类到问句传递焦点的类型，这种极度的相似反映出，当对某个事物的认知状态接近饱和时，俄汉两个民族都比较喜欢运用附加问和语调问的形式直接向受话人陈述自己的认知状态。

（二）俄汉语附加确认问的语用功能

Hu（2002）提到汉语4个经常使用的附加问，即好不好，对不对，有没有，是不是，和6种类型的虚词附加问，即是吗，不是吗，好吗，有吗，可以吗，是吧。在确认附加问中主要使用"是不是"，"对不对"，"是吗"和"是吧"4种。"是"、"对"表明说话人认为前面的陈述部分是正确的、真的。

首先看 X 不 X 附加问。根据 Hu 的会话分析，"是不是"附加问有 3 种功能①：第一，也是最主要的功能，就是用于要求受话人根据自己的认知对命题进行确认；第二，说话人要求对收到的信息进行重新确认，这时，它相当于回声问，如：

A：干活可以，有没有工钱？

B：工钱是不是？

A：当然。

B：好说，还能叫你白干活？

第三个功能是向受话人挑战，经常在辩解和争吵中出现，目的不是寻求确认或是再确认，而是属于情感或态度的表达，如：

A：存心找茬是不是？

B：谁存心哪？我看是你找茬！

可用于信息探询的，只能是第一种功能。"对不对"附加问也有三个功能：第一个是说话人要求受话人对命题真值做出判断，"对不对"成为信息探询的标记。第二个是要求受话人对说话人陈述表示同意或确认。此功能下，说话人经常要求一个肯定的回答作为会话向前进展的过渡，以使会话产生积极的互动。这时的"对不对"附加问常被用在教学、选举等场合中。第三个功能是通过激活与受话人的共同背景知识，来加强说话人自己的陈述正确性。这时说话人运用该问句的目的不仅是要求确认，而且是以此加强自己命题的真实性，在许多情况下，说话人并不给受话人留有回答的时间，他的语用目的只是在激活受话人背景知识的同时，加深受话人的认识。如：那时候，你不是才一岁吗？妈妈把你养大了的，你跟妈妈一条心，对不对？乖！（老舍）"对不对"附加问的这 3 种功能，能真正应用于信息探询的确认问，只能是它的第一、二功能。

汉语附加问的另一种情况是，虚词附加问，即附加的疑问句是"是吗"

① Hu Chingchi. *Question tags in Taiwan Mandarin*：*Discourse Functions and Grammaticalization* ［D］. M. A. Thesis. National Taiwan Normal University. Taipei，2002. pp. 129 – 143.

第三章　信息探询功能型是非问句

或"是吧"。"是吗"和"是吧"的主要功能就是要求受话人对命题进行确认。这种问句通常是说话人做出判断时，他相信它的真实性，用"是吗"或"是吧"提出来，是为了得到受话人的确认，所以，回答常常是肯定的。但是如果说话人的理解有误，受话人会提供新的信息以求更正。"是吗"和"是吧"虽然功能相同，但是它们所反映出的说话人的确信程度却不相同。"是吗"的确信度要远远小于"是吧"。请比较：

（319）我听说，你想叫四凤念书，是么？（曹禺）

（320）有些块现大洋，想在北京藏起来，是吧？（老舍）

俄语确认附加问的附加部分主要有 6 种形式，即，6 种疑问语气 ：а，правда，не правда ли，так，так ведь，не так ли。它们被翻译成汉语时，对应的就是汉语的上述 4 种附加问。这样一来，可以说俄语的这几种做附加问的语气词都不同程度地具有上述汉语确认附加问的语用功能，请看表 3－5：

表 3－5

附加问类型	功能
а，правда，не правда ли，так，так ведь，не так ли	1. 要求受话人根据自己的认知对命题进行确认（信息探询）
	2. 要求受话人对说话人陈述的真实性表示同意或确认（信息反馈，产生互动）

俄语这 6 种可做附加问的语气词从形式上可分为两类：肯定和否定。这两类附加问可反映出语句的不同语用特点。肯定形式的附加问，其附加问部分针对陈述部分只做肯定确认探询，即陈述部分是肯定命题，附加问部分就对肯定命题探询；陈述部分是否定命题，它便对否定命题做确认探询。而否定形式的附加问执行的是对陈述部分命题的反向探询，即当陈述部分为肯定命题时，附加问部分的探询意义可理解为："不是吗？"、"不对吗？"、"不是这样吗？"；而如果陈述部分为否定命题时，则附加问部分可理解为："是吗？"、"对吗？"、"是这样吗？"。俄语这种附加成分内含的语用意义是汉语所

没有的，在确认功能下，这些语气词为说话人提供了暗示，暗示受话人"我对我陈述命题的真实性有信心"。试比较：

（321） И вы покупали подарки для других подружек тоже，да？

（322） И вы не покупали подарки для других подружек тоже，да？

（323） И вы покупали подарки для других подружек тоже，не так ли？

（324） И вы не покупали подарки для других подружек тоже，не так ли？

需要说明的是，这种语用特点并不是每个附加确认问句都具有的，它是说话人根据需要加上去的，我们只能说它是隐含在附加问中的暗示，因为受话人完全可以只理解问句的表层探询意义，或者故意不理会这种暗示，都不会影响到交际信息的传递。然而，说话人的有意添加暗示与受话人的有意不理会暗示，都是在不伤及会话双方面子的情况下实现了交际意图。

（三）俄汉语语调确认问的语用功能

俄语语调确认问主要有 3 种语用类型。第一种类型，此类疑问句大多都有，或者至少可以加上表示语句是说话人根据某些事实总结出来的判断这样的一些标志词，如：значит，ведь，то есть，так 等。它们能够标记出问句是对前面对话的衔接，并表明：1）说话人现有认知状态的获得是基于前面语境中的相关论述。他把从受话人处获得的知识与自己的经验知识、逻辑判断、分析等等结合起来得出一个结论性的认识，提出来让受话人确认正误。问句中的 значит，ведь，то есть 等于是向受话人表明该认识的来源。2）ведь 指出说话人在问句中表达的命题是说话人提问之前的原有认知状态。这时，问句使用的语用条件常常是，说话人在提问之前的原有认知状态与提问时的认知状态出现了对立，迫使说话人做出相反的判断，他提出来让受话人来确认该判断的真实性，来检查自己已有知识是否与现实相符，是否需要更新。请看例句：

（325） Значит，все-таки надежда на примирение жива？（这么说，和解还有希望，是不是？）

（326） Ведь ты член управы？（你不是地方自治会理事吗？）

（327） —То есть，ты думаешь，что у меня есть недостаток чего-то？

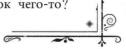

（你是不是认为我有什么缺点？）

（328） — Как же, я слышал, вчера Анна Аркадьевна говорила: в стробу и плинтусы, — сказал Весловский. —Так я говорю? （我说得对吗？）

（329） — （То есть,） Чтобы последнее с молотка продали? （要把我最后剩下的东西都拍卖掉吗？）

还有一种比较常见的情况，就是句中含有表明命题来源的成分，如：мне говорили。这类问句的主要语用功能是，说话人向受话人探询命题的真实性，如：

（330） —А вы убили медведя, мне говорили? — сказала Кити... （"我听说您打死了一只熊，是吗？"吉娣说）

第三种类型是问句中没有任何语用因素标志，说话人的言语目的就是要求受话人对说话人陈述命题的真实性表示同意或确认，如：

（331） ［Вронский 看见 Анна 局促不安，几番询问缘由并请求 Анна 告诉他，Анна 问：］ — Сказать? （要我说吗？）

（332） —А я хорошо спал, у меня теперь уж нет пота. Посмотри, пощупай рубашку. Нет пота? （我倒睡得很好，我现在不出汗了。你看，你摸摸我的衬衫。没有汗吧？）

这种类型的问句也经常用在说话人对受话人做出陈述或指示后，要求受话人对是否听懂或理解该陈述（指示）做出确认回应，常用的探询词有：видишь, понятно, понял（поняла, поняли）等，如：

（333） ［Левин 拉出猎枪通条，动手在沙土上画楼梯的图样给木匠看，问：］ —Ну видишь? （来，看见啦？）

汉语语调确认问的语调特点都是升调。这种升调与揣测问中的升调表达的意义却不同，揣测问的升调多表示怀疑，而确认问的升调表达了说话人对受话人做出确认的期待，同时也是对受话人做出回答的敦促。汉语语调确认问实现的语用功能与俄语相比，没有太大的差异，也有 3 种类型。首先，汉语中也有表示说话人语用因素标志的词参与构成的语调确认问，这类词主要有"这么说"、"也就是说"、"这样一来"、"看来"等，它们使问句所具有的语用功能与俄语此类问句一样。所不同的是，它们更多的是被说话人隐含在问句的语义中，受话人可以感觉到它，但是却没有句法上的表达。如例（326）—（329）的中译文，此外，我们在老舍的三部作品中也没有找到带有说话人语用因素标志词的语调确认问句，但是在有的句子中却明显含有这种语用意义，如：

（334）我的东西就是这些，我没拿曹家一草一木？（Это мои вещи. У хозяина я ничего не взял. Видишь?）

（335）老程，你看看！这是我的铺盖，这是我的衣裳，这是曹先生给的五块钱；没有别的了？（Видишь, у меня ничего больше нет.）

第二类语调确认问，在汉语里表明问句所陈述命题来源的词汇主要有"听说"、"你说"，与俄语相同，如：

（336）虎妞忽然一笑，露出两个越老越结实的虎牙："傻子，你说病在了海甸？（—Дурень! Говоришь, три дня провалялся в Хайдяне?）

（337）听说你要走？（曹禺）（Мне сказали, что ты уезжаешь?）

第三种类型在汉语中也是一种比较常用的确认问类型，用来检查受话人的认知状态，如：

（338）叫她们也来，坐汽车来，另叫一辆，不必叫你坐去的这辆等着。明白？（Пусть тоже едут сюда. Только на другой машине, не на той, на которой поедешь ты. Понял?）

我们看到，俄汉语语调确认问和附加确认问的语用功能相同，而且除第三种类型的语调确认以外，其余两种都可以变为附加问。比较之下，附加问更能突出强调问句的确认功能。

在信息探询功能中，俄汉语是非问句有许多相似之处。这方面的原因除了交际目的对疑问句的使用有很大影响外，说话人的认知状态也起了关键性的作用。Berk 曾指出，"不同的语言使用者使用不同的语言形式，依赖于其认知状态，即说话人对某事件是否确信、不确信，或者认为其根本不可能"[1]。

---

① Berk Lynn M. *English syntax* ［M］. Oxford：Oxford University Press，1999. p. 130.

第三章　信息探询功能型是非问句

177

那么，也就是说，在使用语言交际的过程中，会话双方不仅获取和提供了信息，也或明或暗地表明了他们的知识状态。交际过程也是交际参与者不断检验自己的信息来源、对外界的认识与现实是否一致的过程。说话人提出问题时，大脑中要有对所问事件相关的背景知识。从前面的研究、分析中，我们也看到，说话人不同的认知状态对应着不同的问题，Chafe（1986）对此的解释是根据语言的据实性理论，即，说话人的知识可以通过不同的认知模式获得，如信念、归纳、传闻、推理等等。通过不同的认知模式所获取的知识，其可靠性存有不同程度的差别，而对不同程度可靠性的知识进行探询确认时，说话人会采取不同的句法结构进行编码，从而也使一些表达模式、词语等能够间接地体现出说话人当前的知识状态。

是非问句的信息探询功能，根据说话人提问时认知状态的特征，还可再细分为纯疑问功能、揣测功能和确认功能三个亚类。它们表述的语义特点是：纯疑问功能问句的语义是一个平衡的命题分区［P，$?P$］；揣测功能是非问句是说话人对所问事件产生了认知偏差，其语义是［P］，或［$?P$］；确认功能是非问句的疑问点是问句陈述的整个判断，其语义也是［P］，或［$?P$］，但与揣测问相比，说话人对自己推出的假设判断有很高的确信程度。

俄汉语是非问句传递的疑问焦点类型有宽域焦点和窄域焦点两种。纯疑问功能问句传递的焦点类型是宽域焦点和窄域焦点中对谓语质疑；揣测问句传递的焦点类型是宽域焦点中的对整个述题部分质疑和窄域焦点；确认问传递的焦点类型是宽域焦点。突出焦点的手段有三种：语音、词汇和语法。它们只能凸显窄域焦点。对比中发现，汉语突出焦点的语音手段与俄语不同，只由逻辑重音来突出承载焦点的词，而俄语还有语调。

在对信息探询是非问句的语用条件分析中，得出各功能亚类的使用条件是：纯疑问功能问句是中性语境＋说话人对问句的回答没有任何预期；揣测功能问句是中性语境＋对回答有预期和非中性语境＋对回答有预期；确认功能问句是非中性语境＋对回答有预期。是非问句的肯否形式的语用条件是情景证据的支持。肯定形式是非问句的使用条件有两个：不存在压倒性情景证据支持或反对 P 与¬P；存在压倒性情景证据支持 P。否定形式是非问句中，内部否定的使用条件是有压倒性的情景证据支持$\neg P$，外部否定的使用条件是不存在压倒性情景证据支持或反对P与$\neg P$和有压倒性情景证据支持$\neg P$。

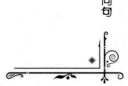

第四章

祈使功能型是非问句

第一节　是非问句的间接言语行为——祈使

在上一章中，主要论述了是非问句的"真问"功能，即是非问句的直接言语行为，从本章起，本书将主要论述是非问句的间接言语行为。

В. С. Храковский, А. П. Володин 曾指出，"某些疑问式和祈使式形成功能同义现象，前者有时可以取代后者"①。是非问句就是这样一种情况。在是非问句所实现的间接言语行为中，祈使功能是最为常用的一种功能。是非问句在执行祈使功能时，制约其交际成功的条件是：

1. 预备性条件：受话人能实现 P（P 为说话人祈使受话人完成的行为）。

2. 真诚性条件：说话人希望受话人来实现 P。

3. 本质性条件：说话人认为，如果他不祈使受话人，受话人自己不会主动去实现 P。

祈使言语行为也叫指令性言语行为，是 Searle 划分出的五种言语行为之一。И. Б. Шатуновский② 就整个俄语祈使言语行为，划分出强祈使（сильное побуждение）和弱祈使（слабое побуждение）。强祈使的特点是，受话人应该或者有责任来完成说话人要求他的行为 P，对受话人来说，不存在可以选择做与不做的自由，如：命令（приказ）、口令（команды）、指令（распоряжения）等。弱祈使的特点是，受话人是在说话人的祈使下去完成 P 的，受话人有选择的自由，他可以做，也可以不做，如：请求（просьба）、劝告（совет）、建议（предложение）。是非问句只能实现弱祈使。И. Б. Шатуновский 从言语行为的受益者和执行者的角度，将弱祈使言语行为区别如下：

请求：行为受益者——说话人；行为执行者——受话人。

---

① Храковский В. С., Володин А. П. Семантика и типология императива. Русский императив [M]. Лен. Отд., 1986. С. 207.

② Шатуновский И. Б. Речевые акты [M]. 黑龙江大学俄语学院系列讲座，2006 年第 3 讲。

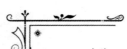

劝告：行为受益者——受话人；行为执行者——受话人。

建议：行为受益者——受话人（不是所有建议行为的受益者都是受话人，但至少 P 对受话人有益，说话人需要有所付出以实现 P，如：物质材料、体力、时间等）；行为执行者——受话人（有时也可以是说话人，或者是会话双方）。

另一位语言学家 Tsui① 根据说话人的行为、受话人的行为、会话双方的共同行为，把祈使行为分为 5 类，用图 4–1 表示如下：

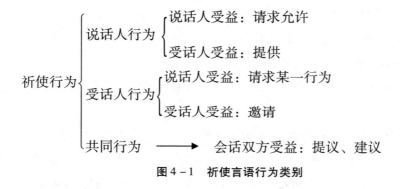

图 4–1　祈使言语行为类别

两位语言学家对祈使行为划分的这几种亚类，总体相同。祈使行为的特点就是能够体现出说话人的礼貌，而受话人也会依据合作原则和礼貌原则，尽可能地实现说话人所期望的交际意图。这几种祈使言语行为中，礼貌程度最高的是请求言语行为，因为行为的受益者是说话人，为了达到真正受益，说话人在实施请求祈使时，会用心最多，尽量避免被拒绝，受话人也在尽最大可能实现说话人的请求，因此，请求言语行为也是这几个祈使功能亚类中最难拒绝的一种言语行为。

"间接言语行为可以再细分出不同的亚类，其分类依据是句子常规化用法

---

①　Tsui Amy B. English Conversation ［M］. 上海：上海外语出版社，2000. p. 101.

的特点、程度和种类"①，"这些类型之间没有严格的界限，因为句子的常规化（конвенционализация）使用不是突然出现，而是逐渐形成的"②。И. Б. Шатуновский③ 指出，弱祈使的言语行为，经常可以出现在相同的，或者是部分相同的情景中，而它们的不同还主要体现在语用上。体现在是非问句上，就是某一是非问句的表达模式可以表达不同类型的祈使言语行为。对此，И. Б. Шатуновский④ 给出的例证是，俄语是非问句的否定形式是祈使言语行为的常规化句式。例如，表请求：a. Вы не могли бы передать мне соль? б. Вы не скажете, который час? 表建议：a. Чаю не хотите? б. Не могу ли я помочь вам?

汉语也有某一模式表达某些间接言语行为的常规化现象，如："能……吗?"，"可以……吗?"，"能不能……?"，可以表达请求、邀请、建议。一种模式表达不同间接言语行为时，其常规化的程度也不同，如果将其具体化，就是某一表达模式表达不同间接言语行为时，有一个常规化的标尺度（шкала），"完全常规化的间接言语行为处在该标尺度一个极点上"⑤，具有标识性。受话人在听到该模式句时，哪怕说话人话没说完，中间有了相对较长的停顿，也能猜出说话人的言语目的，此时，受话人暂时不知道的是具体的内容，他要等待说话人把话说完。如，当说话人说：Вы не могли бы.../您能……，这时受话人已经猜出说话人实施的言语行为是请求，就有了心理准备，此时，他不知道的是说话人要请求的内容，他要等待说话人把话说完。

---

① Ширяев Е. Н. Семантико-синтаксическая структура разговорного диалога [J] // Русский язык в научном освещении, 2001（1）. С. 139－140.

② Sadock J. M. *Towards a linguistic theory of speech acts* [M]. New York：Acakemic Press，1974. p. 158.

③ Шатуновский И. Б. Речевые акты [M]. 黑龙江大学俄语学院系列讲座，2006 年第 4 讲。

④ Шатуновский И. Б. Речевые акты [M]. 黑龙江大学俄语学院系列讲座，2006 年第 1 讲。

⑤ Searle J. Косвенные речевые акты [C] // Новое в зарубежной лингвистике. Вып. 17. теория речевых актов. М.，1986. С. 201.

185

第四章　祈使功能型是非问句

然而，处于标尺度极点以下，非完全常规化的表达间接言语行为的表达模式一般不具备这种标识性特点。

俄汉语是非问句运用于不同的祈使言语行为，我们认为，是两个民族的人民在社会交往中语句逐渐常规化的结果。其中，是非问句表达的请求言语行为，可以说其常规化程度已经达到了很高的标尺度。因此，Ervin – Tripp[①] 把是非问句也叫作指令性疑问。交际中，它或是信息问句，或是指令问句，其中都含有说话人对受话人的请求意向。在请求言语行为中，是非问句被较频繁地用来表达请求言语行为的另一原因是，说话人的语用策略。因此，在本章中将只讨论祈使言语行为中的请求。

第二节　请求是非问句的语用分析

Brown & Levinson（1987）在谈及面子威胁行为时指出，如果语句运用不当，受话人会把请求理解成是对自己自由行为的侵犯和打扰，或者甚至是权力的表现。这就要求说话人在运用请求这一言语行为时，要有较多的语用考虑。这也是祈使言语行为中，说话人用力相对较多的一种言语行为。是非问句被用于表达请求，是在表面意义下产生的间接的言语意图，即会话含义，是说话人有意违反合作原则中的方式准则而产生的。然而，说话人为什么不采用祈使句向受话人表达请求，却"舍近求远"地借用是非问句的形式表达真实的言语意图，这是我们的兴趣所在。

一、请求的相关性

请求言语行为包含说话人不仅仅是希望受话人能够有行动的回应，更主要的是还要取得令说话人满意的结果这样一个目的。Ellis 对请求的定义是：

---

① Ervin – Tripp S. *Is sybil there? The structure of some American English directives* [J]. Language in Society, 1976 (5). p. 25.

"说话人试图让受话人执行或者停止执行某类行为的言辞。"① 说话人为了达到他的言语目的，他首先得保证让受话人无任何障碍地理解他的言语意图，这就涉及到说话人提问时的相关性问题。依据关联理论，语言交际中，受话人要根据信号进行一系列的最佳关联的推理运算，而最直观的理解依据就是来自会话情景的提示，它可有效地降低受话人的理解用力。此外，话语的连续性是为受话人提供的另一个理解话语的途径，因为"任何一个话语行为若要获得相关的价值，必须出于话语连续体之中，而不是孤立存在的"②。因此，说话人在实施请求言语行为时，要对这两点关键性的解释言语意图的因素做出考虑，而这两点又可以合并为一个因素——语境。

本小节中的语境与我们在是非问句探询信息一章中所谈到的语境不同，这里谈及的语境是关联理论中所指的眼前的物质环境（会话情景）、上一个语篇（会话的上文）、受话人信念和关于世界知识假设的总和。③ 关联理论把话语理解视作一个认知—推理的过程，在请求言语行为中，受话人对说话人言语意图能否正确理解涉及到说话人利益的得失，因此，说话人在提出请求言语行为之前，要考虑语句的提出与语境的合适性。

首先是会话情景。这个情景常常是会话的大背景，请求的提出要适合这个大的背景。例如，问句"你能把盐递给我吗？"只能是在与餐饮有关的情景中被提出，才不能让人费解。其次是受话人的个人情况。对此，说话人在提出请求时，必须要做出合适性的考虑。受话人的承受能力、执行能力不仅关系到请求能否被实现，而且还关系到会话双方人际关系的问题。比如，"你能把盐递给我吗？"这句话，你若是对一个瘫痪病人提出，会被对方认为这是侮辱，是精神上的伤害。这对受话人来说是难以承受，更是无法执行的。最后是会话的上文。请求问句的提出一定要与上文有关联，也就是说，这种问句不能作为一个新问题提给受话人，那样会让受话人费解，或者是显得唐突而

---

① Ellis R. *The Study of Second Language Acquisition* ［M］. Oxford：Oxford University Press，1994. p. 167.

② 何刚. 提问的相关性解释 ［J］. 外语学刊，1996（1），第 13 页。

③ 曲卫国. 也评"关联理论"［J］. 外语教学与研究，1993（2）。

无礼。J. Berg[①] 提出话语主题相关性，会话连续体的实现一定要有显性的或者是暗含的关联。如：

（339）［Вронский 对 Анна 倾诉］... или я вижу возможность счастья, какого счастья!... Разве оно не возможно?（……或者只有幸福，无比的幸福！……难道这就没有可能吗?）

（340）—Ну, и я с тобой. Можно?（哦，我跟你去。可以吗?）

（341）［祥子要出去拉车，虎妞不答应。祥子实施请求］"商量商量好不好?"（Может, лучше поговорим?）

（342）王大栓：大婶，走！我送您去！爸爸，我送送她老人家，可以吧?（Тетушка, я провожу вас. Можно, отец?）

这 4 个例句中，每一个请求问句都是在接续前面会话的基础上提出来的，所以能使受话人快速地领会说话人的话语含义。从中我们也注意到，这种与主题的相关性，也使问句起到了间接推进主题的作用。

二、请求行为的建构

语言学界对请求行为的研究曾一度热衷于其结构的构成，即是如何建构起来的。对此，早期的研究（Brown & Levenson，1978；Blum-Kulka，1987；Blum-Kulka et al，1989；Sifianou，1992；张绍杰、王晓彤，1997）认为，请求言语行为有一个普遍性特征的基本结构，它通常由三个部分组成：起始行为语，用以引起受话人的注意；辅助行为语，用来说服受话人答应说话人的请求；中心行为语，表述说话人期望受话人来完成的行为。这三个组成部分中，以中心行为语最为重要，它是构成请求言语行为的核心，而另外两个部分则不是必有的结构组成部分，而且，它们在请求言语行为的结构中，位置相对自由，所以，也可以把它们合并，统称为请求修饰语。随后，Song-Mei & Lee – Wong（2000）对请求言语行为结构做了进一步细致化的研究，得出请求言语行为的一般结构如下：

---

① Berg J. *Relevant Relevance*［J］. Journal of Pragmatics, 1991. p. 414.

1. 内部修饰（IM, internal modification）＋核心请求（core request）＋外部修饰（EM, external modification）／IM＋核心请求＋EM。

IM 是词汇礼貌标记形式，EM 为背景形式，当核心请求是否定形式时，IM 礼貌程度降级，成为句法上附加的呼语。

2. 只有一个核心请求，请求直接用祈使语气陈述。

3. 只有一个核心请求，请求以命令的语气陈述。

这三种基本结构中，能够适合是非问句表达请求言语行为的，只能是结构1。结构1中的三个构成部分，除了核心请求，其余两种在构句时也可以省略。下面我们就将以此来分析俄汉语请求是非问句。

结构1组合中，请求修饰语 IM 和 EM 共同支持核心请求时，我们可以称其为完整型请求言语行为结构；当只有一种修饰语支持核心请求时，或内部修饰，或外部修饰，我们称其为缺省型请求言语行为结构；而当无修饰语支持核心请求时，我们称其为核心型请求言语行为结构。完整型请求言语行为结构表达的请求，礼貌程度和诚恳程度最高，也最正式。缺省型和核心型与完整型相比，不够正式，语句所表示出的说话人的礼貌程度和诚恳程度，可呈现出不同等级，即可高、可低。先来看几个例句：

（343） —Давайте сейчас, княжна, испытаем столы, пожалуйста, —
　　　　сказал Вронский. —Княгиня, вы позволите?
　　　　（EM＋IM＋核心请求）

（344） —Мама, можно мне заговорить с нею? — сказала Кити,...
　　　　（IM＋核心请求）

（345） —Хоть нынче обедать? Жена ждет тебя.
　　　　（核心请求＋EM）

（346）［Облонский 希望 Каренин 去他家做客，找他的妻子 Долли 谈谈，以挽回 Анна 的婚姻。Облонский 满怀同情地望着 Каренин］—Ты съездишь к ней?
　　　　　　（核心请求）

（347）康顺子：掌柜的，当初我在这儿叫人买了去，咱们总算有缘，你

189

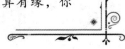

能不能帮帮忙，给我点事作？

（IM＋EM＋核心请求）

（348）天师，照顾照顾？

（IM＋核心请求）

（349）唐铁嘴：听说后面改了公寓，租给我一间屋子，好不好？

（EM＋核心请求）

（350）"别嚷行不行？"祥子躲开她一步。

（核心请求）

（351）Не угодно ли, графиня?

（否定的核心请求＋IM → 呼语）

（352）翠珊，你别对我这样，行不行？

（IM →呼语＋否定的核心请求）

这些例句说明，俄汉语是非问句实现的请求言语行为具有的结构类型相同。

交际中，说话人如何来建构请求言语行为？除了我们下面几节中将要讨论的语用策略外，说话人还要考虑到关联理论中的语境问题。如果在会话情景或会话的上文中能够提供充足的外部修饰时，即说话人确信 EM 是受话人已知时，通常说话人在建构语句时就不再添加 EM，冗余的信息不但会影响受话人领会主要信息，而且也会影响受话人接收主要信息的积极性。如在例（344）、（346）、（348）、（350）、（351）、（352）中，都是 EM 缺省，俄汉语各选一例做具体说明。在例（344）中，会话情景是：Кити 和母亲在游廊里散步。Варенька 领着一个瞎眼的法国女人，从游廊一头走到另一头。她每次遇见 Кити，总要和她交换友好的目光。整个情景为会话双方提供的 EM 是，"Варенька 每次遇到我们都很友好地看着我"。Кити 也深信母亲对此也看在了眼里，因此，这时 Кити 在构建例句（344）时，背景形式 EM 就被省略了。在例（348）中，会话情景和会话的上文是：车当当敲着两块洋钱进来："谁买两块？买两块吧？"当车当当来到小唐铁嘴跟前时，向他实施请求言语行为，背景形式 EM 已经相当明了，所以，在语句构成中也就自然排除了。IM

是礼貌标记词汇，说话人运用它主要是出于对受话人情感心理的考虑，为了向受话人做出情感示意，如，我很尊敬您，我对您很友好，我感觉我们的关系很亲近等等。当然，不运用 IM 时，也不意味着说话人对受话人没有情感示意。生活中，我们也常发现，越是亲近、熟识的人，使用的请求用语越是直接，即使语句中有内部修饰语，也常常是用作呼语。这时，语句不但没有任何不礼貌或不友好的表现，相反，恰恰是表示出会话双方亲近且友好的个人关系，如家庭成员之间。这表明，IM 的运用主要是出现在正式的场合，这时，说话人多是自我感觉与受话人存有距离，或是情感上的，或是地位上，说话人向受话人表示的情感是人为建立起来的，是想以此来博得受话人的情感接受，为实现最终的交际目的做出的情感铺垫。说话人构建核心请求问句时，EM 是会话双方的已知，而 IM 的缺省可能有两种考虑：一是如前所述，与受话人关系密切，认为使用内部修饰（用作呼语时除外）不但烦琐，而且还会拉远彼此的距离，如例（346）；二是不在乎与受话人的关系，认为没有必要使用内部修饰，如例（349）、（350）。

Ellis（1994）指出，第二外语学习者在构建请求言语行为语句时，常常是比母语说话人建构的语句要长。原因是他们不确信哪种形式更合适，就会过多地采用内部修饰和外部修饰来支持，希望表达的请求能够更礼貌、更清楚。通过论述我们看到，俄汉语请求是非问句有相同的请求言语行为结构类型，说话人在提问之前，在构建问句的过程中，经历了一个相同的简短心理活动。因此，这一结论就可以帮助我们来解除第二外语学习者的这一顾虑。

三、请求的语用策略

（一）请求的交际策略

Verschueren（1999）指出，使用语言的过程是个不断地选择语言形式的过程，而语言形式的选择是以语用策略的选择为基础的，语用策略关系到言语交际的成败。说话人要想使他说的话能在受话人的意识中产生某种影响，那么他就要选用他自认为是最佳的表达方式。也就是说，"只要说话人开口说

话，他必然要做出语用策略和语言形式的选择"①。Leech 指出交际的三种策略②：直接行为方式，间接行为－直接言语行为方式和间接行为－间接言语行为方式。Leech 指出的直接行为方式是肢体行为，而非言语行为，如，说话人觉得冷，自己起身把窗户关上了。这种行为方式与语用策略无关。间接行为－直接言语行为是说话人以直接的言语让受话人为自己做某事，使该行为间接地实现。如，说话人觉得冷，他告诉受话人去把窗户关上，受话人起身关上了。这种行为方式，从语用学的角度就是直接语用策略。间接行为－间接言语行为方式是说话人以间接的言语让受话人为自己做某事，从而使该行为间接地实现，这就是间接的语用策略。然而，Leech 的直接语用策略和间接语用策略在以是非问句表达的请求言语行为中，却不能够很好地说明问题，如："你能把窗户关上吗？"和"你觉不觉得屋里有点冷？"这两句话按照 Leech 的三种交际策略，前者应该属于直接语用策略，后者为间接语用策略，但是我们认为，从所选择的语言形式上，它们都是间接的语言形式表达间接的言语意图。看来 Leech 的交际策略比较适合于五大类的言语行为分析，却不太适合是非问句的间接言语行为分析。苏文妙指出，请求言语行为一般采用三种交际策略③：直接策略，一般由祈使句或陈述句来实现；规约性间接策略，主要通过询问对方的能力、意愿、原因、提建议、询问可能性等来实现；非规约性间接策略，即暗示，表现为通过陈述与请求行为相关的情况、询问受话人是否愿意帮忙、询问实施请求行为的前提条件、陈述提出请求的理由四种方法来实现。据此，本书研究的由是非问句表达的请求言语行为应该属于规约性间接策略和非规约性的暗示策略。

　　Searle（1976）认为，请求行为能够或多或少地表示出说话人意图的明显

　　① Verschueren J. *Understanding Pragmatics* ［M］. London and New York：Arnold，1999. p. 156.

　　② Leech G. N. *Principles of Pragmatics* ［M］. London and New York：Longman，1983. pp. 36－38.

　　③ 苏文妙. 文化价值观与交际风格——英汉请求言语行为对比研究 ［J］. 西安外国语学院学报，2003（3）。

程度。请求可以使用直接策略来表达，而且请求策略越直接，受话人对请求意思的推理路径越短，请求的意图就越明显。规约性间接策略，通常是说话人根据语言体系中建立的固定语言习惯来表达其意图，而暗示策略要求受话人从话语的情景、会话上文的相互联系中推导出说话人的话语意图，相比之下，暗示策略是受话人用力最多的策略类型。而且，从直接策略到暗示策略，说话人在运用前的心理活动，其复杂程度逐步递增。从这一点上来看，请求策略的选择能够体现出会话双方之间的人际关系。一般情况下，直接策略的使用可以体现出会话双方人际关系的两个极点：一是关系亲密，一是关系疏远。疏远的理由可以是权势、职位、年龄等多方面的社会关系因素，造成的以高对低的位置关系，在这种关系中，说话人认为受话人有责任或者有义务来完成请求的内容。在这两种关系中，即无论是亲密，还是疏远，启用直接策略的共同特点是，说话人在提出请求前无须做太多的考虑，使用的目的往往是避免烦琐、节约时间，使所请求的行为尽快实施。而规约性间接策略和暗示策略在亲密的人际关系中实施时，可以有三种原因解释：一是会话双方无论从年龄，还是社会地位看都是平等的。这时，说话人以间接的策略实施请求，往往是出于对受话人的歉意，因为由于自己的请求侵犯了受话人的活动自由，改变了受话人自己原有的活动计划，如：［Облонский 希望 Каренин 去他家做客，找他的妻子 Долли 谈谈，以挽回 Анна 的婚姻。Облонский 满怀同情地望着 Каренин。Облонский 是个乐天派，在他看来事情远没有 Каренин 说的那样糟］—Ты съездишь к ней？（你能去看看她吗？）。二是说话人的年龄或在社会关系上高于受话人。说话人以间接的策略实施请求时，请求中含有命令的意味，例如，还是这句话—Ты съездишь к ней？（你能去看看她吗？）。如果我们改变一下会话情景，Анна 没有发生婚外情，Облонский 作为 Каренин 的舅哥，虽然年龄上小于 Каренин，但是在家庭关系上则高于他，对他说出这句话时，实质是以问句的形式，请求的口吻降低了命令的强度。三是说话人的年龄或在社会关系上低于受话人。这是间接请求策略比较常用的情况，是说话人以探询的形式对请求的内容做出试探，如：—Мама，можно мне заговорить с нею？— сказала Кити，…（"妈妈，我可以去同她聊聊吗?"吉娣说。)。而在疏远的人际关系中,如果说话人认为请求的内容已经超出了受话人的职责范围,或者是说话人的社会角色低于受话人,那么,一般只能运用规约性间接策略和暗示策略。这种用法在言语交际中似乎已经形成惯例,是礼节、礼貌的要求和体现。以疑问的形式实施请求,对说话人来讲是以探询请求内容是否可行的方式告诉受话人他的真正言语目的,给受话人留有衡量、拒绝的余地,减少受话人被强迫的感觉。例如:

（353）—Давайте сейчас, княжна, испытаем столы, пожалуйста, — сказал Вронский. —Княгиня, вы позволите?（"公爵小姐,让我们现在就来试一试扶乩吧,"弗龙斯基说。"公爵夫人,您答应吗?"）

（354）康顺子:掌柜的,当初我在这儿叫人买了去,咱们总算有缘,你能不能帮帮忙,给我找点事作?（Хозяин, меня в твоей чайной продали, так что нас, можно сказать, связала судьба. Не поможешь ли мне подыскать какую-нибудь работу?）

在例（353）中,Вронский 提出的请求,可以说,完全是一种礼节上的,是一种礼貌:客人们要做某事,要征得主人的同意。而例（354）中康顺子的请求完全超出了王利发的职责,他没有权利,也没有义务和责任来管康顺子。他们只有一面之交,康顺子的社会处境显然低于掌柜的王利发,她需要帮助,她只能以这种疑问探询的方式提出请求,让受话人感觉不是强迫,而是以探询、商量的口吻在向他祈求。

此外,根据 Brown & Levinson（1987）的观点,请求会给受话人一个面子威胁。我们认为,请求同样也会给说话人自己一个面子威胁。在会话双方关系疏远的情况下,说话人为了降低自己的面子威胁概率,实现自己的言语意图,就要在请求策略的选择上多加考虑,使受话人尽量少地考虑到自己的活动自由会被侵犯,尽量多地考虑到说话人面对的面子威胁压力。规约性间接策略和非规约性暗示策略就使说话人的请求言语行为能够起到这样一种作用。因为规约性间接策略和非规约性暗示策略实施的语言形式有两种理解含义:字面意义 P_1 和会话含义 P_2,尽管 P_2 才是说话人的真正言语意图,但是,如果受话人违反合作原则,放弃对面子威胁的考虑,只去理解 P_1,作为对说话人请求的拒绝，那么此情景下，会话双方的人际关系就表现为已经恶化。如下面的对话：

（355）a. A：你觉不觉得屋里有点冷？

　　　　　B：不觉得。

　　　b. A：你能把窗户关上吗？

　　　　　B：不能。

　　总而言之，无论哪种人际关系，使用规约性间接策略和非规约性暗示策略请求时，有一个主要的原因，就是往往说话人认为请求的内容已经超出了受话人的职责范围。

（二）请求的修饰策略

　　说话人为了实现请求的内容，他在选择了适当的请求策略之后，就要对请求的结构做出修饰，以此来加强或减弱请求的语势。这也是实现请求的一种语用策略。说话人对请求的修饰可以是语言学上的，也可以是社会文化上的，如中国人受儒家思想的影响较深，注重内涵，不张扬，反映在语言使用上，是中国人常常把会话的重点放在语句的后面。如西方人会话的过程是"X（要点），由于 Y"，而中国人则是"因为 Y，所以 X"。所以，Shih[1] 认为，中国人说话的间接性是一种交际艺术，目的是尽量避免会话双方的面子损失。请求结构中，可修饰的部分，Sifianou[2] 提出主要有两类：内部修饰和外部修饰。需要说明的是，Sifianou 提出的这两个概念与 Song-Mei & Lee-Wong 提出的请求言语行为结构中的内部修饰和外部修饰，只是能指上的相同，而在所指上并不完全相同。请求修饰中的内部修饰是指在整个请求言语行为范围内实现的语言成分修饰，包括词汇和句法结构的选择，以此来加强或减弱请求的语势。所以，这里的内部修饰包括请求结构中的内部修饰和核心请求两个部分。而外部修饰是指对请求言语行为进行外围的修饰，表现为说话人运用

---

① Shih Yu – hwei. *Conversational politeness and foreign language teaching* ［D］. Taipei：Crane, 1986. p. 51.

② Sifianou M. *Politeness Phenomena in England and Greece. A Cross-Cultural Perspective* ［M］. Oxford：Clarendon Press, 1992. p. 157.

第四章　祈使功能型是非问句

195

一些独立的语句来加强或者是缓和整个请求言语行为的语势，包括请求言语行为结构中的外部修饰，但它不会改变核心请求的内容。鉴于此，也为了便于论述，本书称这两种修饰为行为内修饰和行为外修饰。

1. 请求行为内修饰

首先来看行为内修饰部分（IM 和核心请求）。是非问句被用于实现请求行为时，它的 IM 部分的修饰大致有两种。一种是会话双方互相之间认识，说话人根据情况修饰 IM，避免直呼受话人的姓名全称，降低强迫感。如平辈、同级之间，说话人常用小名、爱称等来替代全名。俄语中用 Анн，Аня 来代替 Анна，Анна Петровна，Сологуб Анна Петровна。汉语中，年龄稍长的人之间，常以受话人的姓之前加上一个"老"字，如老王、老刘、老李等来代替全名；年轻人之间可称其名字，如：以"晓梅"、"立明"代替"李晓梅"、"张立明"，有时也会在受话人的姓氏之后，根据年龄上的细微差别，加上亲戚同辈之间的称呼语，如：李哥、张姐，有时在姓与称呼语之间加一"老"、"大"，如：李大哥、张大姐、刘老弟，或干脆省去姓氏，直呼"大哥"、"大姐"、"老弟"、"老妹"、"小妹"。在运用这些称呼时，还有一个礼节和人伦道德上的制约。在异性之间，男性的年龄稍长者几乎不能称异性"老妹"、"小妹"、"王妹妹"等，以避不稳重之嫌，但在熟识的朋友圈或家庭圈内则是可以的。在这一点上，体现出了俄汉语文化习俗的不同。在俄国，无论亲戚和非亲戚之间几乎都不用亲戚同辈间的称呼语来互相称呼，这些词在俄国人中间，更多的是被视作表示亲属辈分关系的词，所以，俄语中的"брат"可指代汉语中的"哥哥"、"弟弟"、"表哥"、"表弟"、"堂哥"、"堂弟"等等，而"дядя"和"тетя"则泛指和父亲、母亲同辈分的人。而且，在俄语中，绝不能向第三人介绍 Это мой брат，но не родной，这会让俄国人理解为两人的关系不正常，但是这在汉语中是完全可以的。这种文化习俗上的区别，我们认为，中国人的文化传统中，一向注重"和为贵"，以亲近的称呼拉近彼此的人际关系距离，以此向对方表示"我已经把你视为自己人"。在非同辈、非同级的会话人之间，俄语中，年长者或领导对下属受话人多称呼名字，如：Катя，Анна 等。汉语中，年长者一般直接称受话人的名字，或在对方的姓氏前加一个"小"字，如：小王、小李、小赵等。这样可以缩短与受话人心理上的距离。在对长辈或级别高于自己的人实施请求时，俄语使用者多称呼对方的名和父称，如：Людмила Аркадьевна，мне можно войти？而在汉语中，即使是不实施请求，也不能直呼长者的姓名。我们中国人是以姓氏＋职称的形式来称呼的，如：张教授、李处长、王工程师，或者是按辈分称"张姨"、"李伯伯"等。另一种 IM 的修饰情况是会话双方互相之间不认识。这种情况下，俄汉语请求言语行为中都普遍地使用礼貌用语，如："Здравствуйте"、"Простите"、"您好"、"劳驾"、"对不起，打扰一下"等。在称谓使用上，俄汉语有了明显不同，俄国人对陌生人进行请求时，一般不使用任何称谓，尤其苏联解体后，гражданин，гражданка 也就随之成为了历史。如果使用，也是类似 юноша，молодой человек，девушка 等，且 девушка 一词经常被用于称谓已婚和上了年纪的妇女，这不仅不会使对方恼怒，相反，会让对方非常高兴。而在中国，"姑娘"、"小伙子"这样的称谓，只限于年长者对年轻人，而对比自己看上去年长者，我们会根据具体情况，称呼"大哥"、"大叔"、"（老）大爷"、"大姐"、"大嫂"、"阿姨"、"（老）大娘"等等。这些称谓可谓是具有中国特色的，是中国传统文化流传下来的长幼尊卑的礼仪观念，这样称呼以示尊敬。IM 的使用除了引起受话人的注意外，对它恰当的修饰，能够表示出说话人良好的寻求合作的态度，可以有效地引出接下来的请求。请比较：假如你采购回来，倒不开手去打开单元门，这时附近有一男性老人，你若实施请求，可有如下选择：

а. 您好，大爷，您能帮我开一下门吗？┐Простите，вы не могли бы мне

б.（老）大爷，您能帮我开一下门吗？┘помочь，открыть дверь？

в. 哎，你能帮我开一下门吗？Эй，ты не мог мне помочь，открыть дверь？

г. 老头，你能帮我开一下门吗？Старик，ты не мог мне помочь，открыть дверь？

很显然，а 和 б 是能够取得请求成功的，而 в 和 г 的结果可能有三种：

1. 将请求理解为有关能力的信息探询，回答：不能。

2. 招来一顿斥责。

3. 装作没听见，不理睬。

核心请求的修饰是说话人实施行为内修饰的又一语用策略。采取的修饰手段主要是句法结构上的选择，对此俄语比汉语有较多的选项（见2．3节）。在俄语中，这几种表达请求模式的选择，往往依据的是说话人自己心理上认为的与受话人的关系，由此，这些模式可以分为三大类。先请看例句：

（356）Не угодно ли，графиня？（您坐一下好吗，伯爵夫人？）

（357）—А я? — сказала она. — … Вы можете забыть это? （"至于我，"她说。…… 您能忘记这事吗？）

（358）—Ты съездишь к ней？（你能去看看她吗？）

（359）—Мама，можно мне заговорить с нею？ — сказала Кити,… （"妈妈，我可以去同她聊聊吗？"吉娣说。）

（360） — Отец, разреши к тебе?… （父亲，我可以去看你吗？）

语气词 не… ли 和能愿动词 мочь 的不同形式构成的核心请求，可以归为一类。此类核心请求的特点是，能够表达一种高度的礼貌，说话人可以借用它向与关系不熟识的受话人表示自己的彬彬有礼，而用在与比较熟识的受话人交际中时，却能表示出某种心理上疏远的距离，能够加强请求的语势。如例句（356），Анна 离开了 Каренин，Каренин 痛苦地发现，他现在没有一个朋友，但他此时又非常希望能有一个朋友和他聊聊。而女友伯爵夫人 Лидия 的来访，却由于妻子的背叛，使他觉得女人都一样又可怕又讨厌。Лидия 握着 Каренин 的手试图安慰他，而 Каренин 则皱着眉头站起身，抽回自己的手，推给她一把椅子，说出例句（356）。例句（357）是 Кити 和 Левин 对话中的一句，其背景是：Кити 从国外疗养回来后，在姐姐家举行的宴会上再次见到 Левин，两人以猜字的方式打开了彼此的心扉。次日，在 Кити 家，Кити 的父母与他们谈起了他们的婚事。但是 Кити 由于曾经拒绝并伤害了 Левин，内心一直痛苦而自责。内疚使她采用了例（357）这种请求表达方式，以高度的礼貌以示自己的歉意。

纯语调是非问句表达的请求是第二种类型，如例（358）。这类问句有缓和请求语势的作用，其使用的情况，主要是说话人认为与受话人的人际关系较熟，也比较平等。如例（358）的会话情景我们在前面已经谈及，这是 Облонский 在 Каренин 有意回绝其邀请下实施的请求。

第三种类型就是由 можно 和动词命令式参与构成的是非问句所表达的请求。此类型的请求问句是向受话人提请允许、批准，有加强请求语势的作用。М. Я. Гловинская① 和 Anna Wierzbicka② 都指出，请求和禁止的祈使言语行为，它实质上是提供了一个预设，即受话人想 P，并打算实现 P，但是会话双方有一个规则——受话人为了实现 P，他需要说话人的应允。在第三种类型实现的请求中，请求问句提供的预设正好与两位语言学家所述情况相反：说话人想实现 P，他需要受话人的应允，而且，受话人在某种等级差别上高于说话人。也可以说，此类请求问的实施，有来自受话人地位优势对说话人的压力，如长辈对晚辈、上级对下属、主人对客人等。例（359）和（360）都是子女对父母实施的请求。

这三种类型的请求是非问句，在汉语中几乎只由一种表达模式来表达，就是由表示能愿意义的助动词，如：可以、能、肯等参与构成的是非问句表达式，如例句（357）—（360）的译文。汉语的这种表达模式在外形结构上，体现不出来说话人的任何语用策略，它具有很强的包容量，使得对它所表达的真正言语意图的理解，在很大程度上需要依赖于会话的情景及会话的上文。但是这不等于说，中国人交际中运用此模式实施请求时，就可以忽略使用语用策略。我们认为，中国人在此模式下所使用的语用策略主要体现在语音和身势语（主要是面部表情），如是真诚，还是客气地以示礼貌，以此来加强或缓和请求的语势。

① Гловинская М. Я. Семантика глаголов речи с точки зрения теории речевых актов // Русский язык в его функционировании：Коммуникативно-прагматический аспект ［М］. М.：Наука, 1993. С. 188.

② Wierzbicka Anna. *English Speech Acts Verbs：A semantic dictionary* ［М］. Sydney etc.：Academic Press, 1987. pp. 90, 111.

第四章 祈使功能型是非问句

核心请求在句法结构上的修饰还有一种模式选择，俄汉语在这一点上出现了一致，就是以附加问的形式展开请求言语行为。俄语中主要以 хорошо 和 ладно 构成附加部分。在汉语中，可以有 "X 不 X" 及其缩略形式 "X 吗" 两种构成方式，如："行不行"、"可不可以"、"好不好"、"行吗"、"可以吗"、"好吗"。在许多情况下，附加部分可以使说话人的请求内容变得更加委婉、真诚，从而缓和请求的语势。因为 "附加的部分有避免直接冲突的作用，有利于保护说话人言语行为的结果"①，所以，运用附加问的形式表达请求，能够给予受话人 "说话人的请求不是强加于我" 的印象，该语用策略的实施，有利于说话人的请求不被受话人回绝。如：

（361）Только без проповедей, ладно? — сказал Зубаров.... （只是别有布道，行吗?）

（362）迷先说了话："我们要问点事，行不行?" （Мы в самом деле хотим кое о чем спросить. Можно?）

此外，俄语中还有一个特有的核心请求的可修饰项——谓语，采用假定式。Searle（1991：265 – 77）曾提出，虚拟语态已经在习惯上被用作礼貌语言的表达式。俄语 не могли бы 在请求问句中，就可以理解为是一种高度礼貌的语言表达，它常常可以体现出受话人高于说话人，或在地位上，或在年龄上，或者他们二人的人际关系生疏。

核心请求结构内部的再修饰，在俄汉语是非问句中，有一个相同的可修饰项，就是人称代词 "ты（你）" 和 "вы（您）" 的使用问题。在交际中，人称代词 "ты（你）" 和 "вы（您）" 的使用在俄汉语的语言文化中被赋予了不同的要求。在俄语语言文化中，"вы" 是尊称，是对不熟识的人、对长者、对有声望的人或敬仰的人必须使用的代词称谓，以示说话人对受话人的尊敬、礼貌。而 "ты" 则是对关系亲近的人，对在年龄、地位与己相当或低

---

① Lakoff R. *What you can do with words*: *politeness*, *pragmatics and performatives* [C] // In A. Rogers, B. Wall & J. P. Murphy (eds.). Proceedings of the Texas Conference on Performatives, Presuppositions and Implicatures. Washington. DC: Center for Applied Linguistics, 1977. p. 83.

于自己的人所使用的人称称谓。二者明显的不同，使得在俄语交际中，会话双方都自觉地遵守它们的使用要求，在"ты"和"вы"之间的选择上格外用心注意，以避免造成对方的误解，如若使对方心理产生不愉快，那么请求也就不太可能实现。如例句（358），如果Облонский使用了вы这一称呼，那么不但不利于他的请求实现，而且等于是加大了妹妹面临离婚的可能系数。在汉语语言文化中，一直比较崇尚长幼尊卑的礼仪观念，所以"你"和"您"曾经也同样具有俄语语言文化中的语用要求，只是，经过"文化大革命"的涤荡，使中国人在交际中对二者的使用没有了那么严格的要求。在汉语交际中，虽然没有俄语交际中必须使用的要求，但是说话人有效地使用"你"和"您"，同样也能够起到加强或减弱请求语势的作用，如：张老师，您（你）能把这个定理再讲一遍吗？显然，"您"要比"你"增添了说话人对受话人的礼貌和尊敬，从而加强了请求的语势。再如同学之间：张晶，你（您）能帮我占个座吗？这里的说话人运用"你"要显得更亲切、自然，与由"您"构成的请求问句相比，就减小了对受话人施加的请求语势。

在行为内修饰的语用策略选择中，俄汉语使用者有一个共同点，就是尽量保持"得体"。这种得体也体现出了两个民族文化习俗上的差异，比如，在称谓上，中国人比较倾向于选用亲近的称呼拉近彼此的情感距离，以示礼貌的同时，也符合中国人"熟人好办事"的传统观念。而俄国人是在注重礼貌的同时，也提倡个人的独立和隐私，所以，俄国人在对请求修饰时，主要考虑的是礼貌，即使是夫妻之间也可如此。例如，在中国的家庭中，即便是没有客人在场，丈夫也不会对妻子使用"心肝，您能把盐递给我吗？"这样的请求问句，而在俄国的家庭中，这实属正常：Душечка, вы не можете дать мне соль?

2. 请求行为外修饰

说话人进行行为外修饰是为了获得受话人对请求行为的支持，以唤起他的合作。在请求言语行为中，行为外修饰一般有两种：一种是Edmondson（1981）提出的"预备交流"（pre-exchanges）。在提出请求之前，说话人为了得到受话人愿意实现请求的承诺，他要对实现请求的条件做出探询，为下一

步核心请求的提出做出预备性的铺垫，也可以说，是向受话人做出暗示：我将要向你提出请求。这种行为外修饰主要由是非问句实现，如：Завтра у вас будет время？／明天有时间吗？После обеда еще есть занятия？／下午还有课吗？等，待受话人做出肯定回答后，才推出自己的核心请求。这种修饰的研究把请求行为放在一段对话中来考虑，等到核心请求出现时，此行为外修饰就成为我们前面所论及的会话的上文。该问句在对话中，在核心请求出现之前，它实现的是信息探询功能，而当核心请求出现后，它又变成了说话人为实现核心请求而采用的语用策略，对整个请求言语行为来说，是其构成的一部分。这是因为句子向语篇扩展的过程中，形成了不同的话语结构，对话的扩展形成了跨话轮的话语结构。在言语交际中，这种跨话轮的话语结构是以一段话来完成一个复合的完整的言语行为。这在俄汉语中是共有的语言现象。

另一种行为外修饰是对核心请求的支持性修饰。这种修饰主要是陈述说话人实施请求的原因，以此来支持请求的内容，告诉受话人"这不是一个无理的请求"。如：

（363）Так вот, я и уезжаю, сделав себе врага в Кити, которую я так полюбила. Ах, какая она милая！Но ты поправишь это, Долли？Да？（"这么说来，这回我离开这儿，却和我心爱的吉娣成了仇人！啊，她是多么可爱呀！不过，陶丽，这事你会设法补救的吧？是吗？)

（364）唐铁嘴：听说后面改了公寓，租给我一间屋子，好不好？（Слышал, ты гостиницу открыл, сдай мне комнату.）

在有些语言和汉语的对比中，如：英汉对比（Scollon & Scollon，1995；Chao – chih Liao，1997），德汉对比（洪玮，1997），都指出汉语在结构上习惯于将背景、原因置于句子的前部。洪玮[1]称汉语是前置的原因句，并指出Kirkpatrick[2]对此的解释是，汉语中的句法结构"因果关系"在不同程度上影

---

① 洪玮. 试析文化和语系对汉德语用的影响［J］. 世界汉语教学，1997（4），第62—63页。

② Kirkpatrick Andy. *Information Sequencing in Mandarin in Letters of Request* ［J］. Anthropo – logical Linguistics，1991. 33（2）. p. 183.

响了汉语的语用结构。然而，我们在俄汉的对比研究中，并没有找到如此鲜明的差别，由此，我们得出：俄语请求是非问句主要也是前置原因句。

（三）请求的礼貌策略

交际中，说话人有意违反合作原则的主要原因就是实施了礼貌策略。对实施的目的，一般有三种认识：减少摩擦，避免冲突（R. Lakoff, 1973）；尽量扩大双方的益处（G. N. Leech, 1983）；尽量减少面子威胁（Brown & Levinson, 1987）。而如果将这三种认识概括起来，那么可以说，会话中礼貌策略的实施主要是为了保护人们之间友好的交际氛围。请求言语行为中礼貌策略的实施，Brown & Levinson（1987）认为是为了减少对受话人消极面子的威胁。然而，在跨文化研究中（Nwoye, 1992；Watts , 1992；Wierzbicka, 1985）表明，面子概念在不同的文化中有不同的含义。个人愿望的实现并不总是以"我对他"的形式完成的，而是以"我和他"的形式实现。俄罗斯和中国地处两种不同文化氛围的欧洲和亚洲。东西方文化上的差异也反映到它们各自的民族语言的交际中。这一点在前面请求言语行为结构及其修饰的论述中已经有所体现。下面我们将从面子问题和权力差距两方面来分析俄汉语是非问句请求言语行为中，礼貌策略的异同。

1．面子问题

Brown & Levinson 的面子问题以个人为中心，其自我形象是先验的，不受外界的影响。他们的这种认识是基于西方文化中的文化价值观。"在西方文化中个人是至高无上的，个人主义是首要的和肯定的价值观。"[①] 有此价值观的人会强调以自我为中心，主张个人行动自由，人与人相互依赖的程度低。一旦请求对方为自己实施行为时，会话双方都会认为这是一种强迫行为，妨碍了受话人的个人意愿与行为自由，威胁了受话人的消极面子，因此，说话人为了顺利实现其言语意图，同时也是避免受话人的拒绝会威胁到自己的积极面子，在构建此言语行为时，就要充分考虑礼貌策略的实施，以此补偿威胁面子的行为。表现到具体语句上，则是多用间接的请求行为，以问句的形式，

① 关士杰. 跨文化交流学［M］. 北京：北京大学出版社，1996 年版第 169 页。

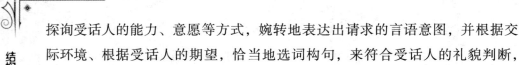

探询受话人的能力、意愿等方式，婉转地表达出请求的言语意图，并根据交际环境、根据受话人的期望，恰当地选词构句，来符合受话人的礼貌判断，给受话人以情感和心理上的优势。如：

（365）［Николай 要求给他翻个身，翻到左边。谁也没听清楚，只有 Кити 明白：］он спит всегда на той. Переложи его, неприятно звать слуг. Я не могу. А вы не можете? —обратилась она к Марье Николаевне. （"他总是朝那一边睡的。给他翻个身，叫佣人来太麻烦。我不行。您能吗？"她问玛丽雅·尼古拉耶夫娜。）

Марья Николаевна 是 Николай 生活上的伴儿，和 Кити 是非严格意义上的妯娌关系，但是出于对个人的尊敬，Кити 的请求以问句提出，人称上使用的是"您"。

"中国文化中的面子是交往时个人所能断称的声誉形象。"① 中国人强调人际关系而非个人行为，在这一点上，与西方文化迥然不同。荷兰学者 Hofstede 对四十个国家和地区个人主义取向程度的调查表明，中国文化的价值观应该属于集体主义。② 中国文化受儒家的思想影响，讲的是人我关系，传统的中国社会是宗法社会结构，以血缘关系为纽带的家庭构成中国社会的主要核心。个人要融入家庭、集体这种观念在现代依然存在。受这种集体主义价值观的影响，人们在提出请求时，会话双方都没有像西方文化下的人们那样，认为威胁了受话人的消极面子，礼貌策略的实施是对此的补偿。中国人使用家庭亲属之间的称谓称呼根本没有血缘关系的人，是为了以示礼貌，拉近"我和他"的人际关系距离，或以职务相称，承认和维护与他人相处时的社会地位，相互照顾面子就是相互承认对方的社会地位。所以，在汉语交际中，亲属之间、人际关系友好熟识的人之间，更经常使用直接请求的言语行为，表示亲密、彼此不见外，或是对双方社会地位的认可。而如果在这种关系下

---

① Mao Luming. *R. Beyond Politeness Theory—Face Revisited and Prenewed* ［M］. Journal of Pragmatics, 1994. （12）. p. 403.

② 关士杰. 跨文化交流学 ［M］. 北京：北京大学出版社, 1995 年版第 168 页。贾玉新. 跨文化交际学 ［M］. 上海：上海外语教育出版社, 1997 年版第 63 页。

说话人使用间接请求的言语行为，反倒会让受话人认为说话人在有意拉远彼此的心理距离，从而曲解说话人真正的言语目的，认为说话人在以此向他表示不满。由此可以看出，此情景下，汉语中的请求更多的是威胁了受话人的积极面子。如例（354）中，康顺子和掌柜的王利发并不熟识，只是在十五年前，康顺子的爹在茶馆卖她时，与王利发有过一面之缘。此情况下，康顺子用了一个间接的礼貌程度高的请求言语行为。如果我们假设，康顺子与王利发的关系是血缘关系上的叔侄，或是非常熟识且友好，康顺子再用该请求是非问句，礼貌策略就实施过度，王利发会理解成康顺子的请求另有用意。这时，恰当的请求应表达为："叔，我现在也没事做，让我在你这儿干吧。"

东西方文化的不同，形成各自不同的价值观。在请求这一言语行为中，俄语和汉语的使用者对礼貌策略的实施表现出了差异。中国人视为恰当的礼貌策略，转换成俄语就会被认为过于直白，而在俄国人认为适宜的礼貌策略，如若运用到汉语中，又会显得很不自然，过于婉转。对于这些，我们从上面例句的译文中也能有所体会。

2. 权力关系

东西方文化的差异也反映到有权力差距的请求行为上。西方人主张自由平等、个性解放，社会结构基本是平行的。封建俄国，在 19 世纪 70 年代就受到西欧资本主义浪潮的猛烈冲击，从社会制度、经济结构、风俗习尚、思想意识等等，无不受到震撼，当时的俄国就处于这样一个历史大变动时期。到了现今，俄罗斯虽说是我们的邻国，但是它却是十足的西方文化下的意识形态，权力差距给人们带来的语言差别在俄罗斯这个民族中表现得不是十分明显，例如，领导与下属、师生之间均可直呼"名 + 父称"。在实施请求行为时，领导对下属使用请求是非问句是完全可以的，这在俄国人看来是礼貌，是对对方的尊重。如：

（366）［学生向系主任咨询有关事宜，系主任希望秘书来回答学生的疑问。拿起电话对秘书说：］Вера, можно ко мне прийти?... （这是笔者在俄罗斯时的亲身经历）

中国社会是"差序格局"的社会，权势在中国起着重要的作用。每个人

205

在社会中都有其固定的身份、地位、权利、义务，其行为方式和言语交际都要符合自己的身份。在请求言语行为中，社会地位低的人要称呼比自己地位高的人职务、级别名称以示尊敬，社会地位高的人称呼比自己地位低的人时，礼貌策略的运用相对宽松，他可根据对方的职务、年龄称对方"张老师"、"王师傅"、"小刘"等等，以示亲切和平易近人。在具体提出请求时，社会地位低的人一般使用是非问句，以探询的方式间接请求，句中要有诸如"能不能"、"行不行"、"行吗"等这样的词，遵循等级次序的礼貌规矩，在进一步实施礼貌策略时，还可在问句中添加上礼貌标识语"请"、"麻烦"等，如：

（367）张处长，我这次来就是想问问您，我们小组要求补加班费的申请能不能请您给批一下？

社会地位高的人向比自己地位低的人提出请求时，经常是只需说明将要实施请求的原因，即行为外修饰即可，受话人在领会了说话人的言语意图后，就主动说出核心请求的内容，在核实无异议后，便主动予以承诺服务。如，《大宅门》中当地官员对七爷说，最近这身子骨总是不太舒服，不等他说完，七爷上马说："我回去这就叫伙计给您配上等好药，以后府上用药我包了……"。

综上所述可以得出，俄汉语所属文化的不同也导致了两种语言的请求言语行为中实施的礼貌策略的差异。此外，从上述的对比分析中，也进一步证实了 Song Mei & Lee-Wong（2000）提出的有关汉语请求语用策略的特点：

1. 中国人在日常面对面的请求中，更多的是使用直接方式的请求策略，把重点放在请求意义的表达上。

2. 内部修饰是请求策略的实质部分，被认为是礼貌最关键的部分。

3. 在策略评价和对礼貌的感知中，级别是首先考虑的因素。

四、肯/否形式请求是非问句的语用特征

表达请求的是非问句有肯定和否定两种句法形式。虽然它们完成的都是相同的言语行为活动——请求，但是这并不意味着这两种句法形式表达的语用意义完全相同。Brown & Levinson（1978）研究表明，肯定请求是非问句的礼貌程度要高于否定是非问句，其理由根据是，否定形式是非问句中蕴含了肯定预设，但是说话人相信受话人不会执行他的请求行为，在这种情况下再实施请求行为带有明显的强迫特征，因此是不礼貌的。Brown & Levinson 的这一观点或许适用于英语请求问句的语用分析，但是当我们以此来对照俄汉语请求是非问句时，却对比出了俄汉语在此方面的差异。

在俄语中，是非问句表达请求意义时，否定句法形式居多。孙淑芳①将表达请求意义的疑问句归纳为两类 11 种，共 15 个模式，其中，否定形式有 13 个，占 86%，可见之多。Н. Д. Арутюнова 等②也曾指出，如果不考虑词汇的完整、上下文语境、特定的语调等条件时，请求意义的是非问句中必须有否定词的参与。而且，有些模式已经规约化，它们都表达了高度的礼貌，否定词在问句中已经成为表达祈使意义的形式标记。如：语用学研究间接祈使的经典例句"你能把盐递给我吗?"，英语中可用两种形式表达：

（368）Could（Can）you pass me the salt?

（369）Couldn't you pass me the salt?

瑞典学者 Trine Heinemann③ 的研究表明，这两种表达方式通过礼貌程度上的差别，可以表现出不同的语用条件：肯定问句提出的请求，一般不在受话人的职责范围之内；否定问句提出的请求则相反，多是属于受话人的职责范围之内，受话人没有履行职责，引起说话人的不满，因而提出请求，施展权力。

而在俄语中一般只用否定形式表达，如：

（370）Вы не могли бы передать мне соль?   （转引自 И. Б.

---

① 孙淑芳. 俄语祈使言语行为研究［M］. 哈尔滨：黑龙江人民出版社，2001 年版第190—195 页。

② Арутюнова Н. Д. Человеческий фактор в языке: Коммуникация, модальность, дейксис［M］. М. : Наука, 1992. С. 110.

③ Heinemann Trine. "*Will you or can't you?*"*: Displaying entitlement in interrogative requests*［J］. Journal of Pragmatics, 2006 (38). pp. 1081 – 1104.

Шатуновский）

（371）Не будете ли вы так любезны передать мне соль?（同上）

这两种形式表达的是高度礼貌的请求意义： "Передайте мне, пожалуйста, соль"。它们的使用条件我们可做两种假设。一是该请求不属于受话人应履行的职责范围，说话人以高度的礼貌补偿对受话人的消极面子威胁。一是该请求属于受话人应该履行的职责范围，如，餐桌上，大家都觉得汤很淡，侍者拿来盐，就餐者按顺序放完盐后，主动传递给下一个人。当受话人放完盐后，把盐放在自己跟前，没有传递给说话人，就自顾自地吃了起来时，这时，问句能够表现出说话人的权力展示，以请求的言语行为表达说话人的要求，指出受话人的疏忽，言语意图中包含了说话人的不悦。相同的问句形式在两种语用情景中的差别，或许只有说话人自己能够察觉出来，我们只能是推测。因为在第二种假设情景中，这种差别能否被表现出来是因人而异的，一个喜怒哀乐不溢于言表的人说出此请求问句时，受话人或许会把它理解为只是一个提醒。这种请求（要求）一般不会被受话人质疑和抵制。

俄语肯定形式的是非问句在一定的语境中也能够表达请求意义。在句法结构上，此类请求问句没有表达祈使意义的形态标记，其请求意义的获得是由会话情景促成的，是一种临时意义。所以，问句的语用条件无法以受话人的职责范围来确定。但是，说话人启用该问句形式一定有他的语用目的，我们认为，其诱发因素还是由于，肯定形式的是非问句在探询信息的功能下，表达命题 P 有较多可能的这样一层含义。（Баранов，Кобозева 1983）说话人借用肯定形式的这层含义，在间接表达请求意义时，向受话人暗示了他本人对实现命题 P 的渴望，对受话人去实现 P 的真切希望。例如，我们前面曾列举过的这样两个例句：

（372）［Кити 在婚前请求 Левин 忘记她曾对他情感上的伤害。］—А я? — сказала она. — ... Вы можете забыть это?（"至于我，"她说。……您能忘记这事吗?）

（373）［Облонский 希望 Каренин 去他家做客，让他的妻子 Долли 与 Каренин 谈谈，以挽回 Анна 的婚姻。Облонский 满怀同情地望着

208

Каренин〕—Ты съездишь к ней?（你能去看看她吗?）

在这两个例句中，说话人表达了他们对命题 *P* 的真心希望：Кити 希望 Левин 能真正地忘记那段不愉快，好不让它影响到他们婚后的生活；Облонский 希望 Каренин 能去做客，从而打消离婚的念头。从这一点也可以看出，俄语肯定形式的请求是非问句给受话人以尽量不要拒绝的压力，让受话人觉得说话人对请求的内容倾注了很大的期望。这种请求问句常用在比较熟识的、没有太大社会等级距离的人际关系之中。

汉语的情况是，说话人实施间接请求言语行为时，一般只使用肯定形式。这一点我们从上述的例句译文中多少可以得到一些证实：无论是英语，还是俄语，不论是肯定形式的请求是非问句，还是否定形式的请求是非问句，在汉语中，只有一种表达形式，就是"能……吗?"。由此对比出汉语请求是非问句的特点：汉语是非问句用于表达请求意义时，主要使用对能力探询的表达模式（见第二章），如："能……吗?"、"可以……吗?"、"能不能……?"等，而且它们均不能成为表达该意义的形式标记，"能不能"中的"不"也没有否定意义，不构成否定表达模式。它们在会话中要表达请求意义时，需要一种重要的辅助性手段的支持，就是语气。Gao Hong（1999）、Song Mei & Lee-Wong（2000）都指出，汉语情态动词缺乏表示礼貌的时态变化，会话中的间接请求言语行为，说话人会运用语气来表达，而受话人则采用语气来推断。这可以说是俄汉语请求是非问句的显著差异。

汉语"能……吗?"、"可以……吗?"的否定形式不表示请求，我们在《安娜·卡列尼娜》中译文本中和老舍的《茶馆》、《骆驼祥子》、《猫城记》中，都没有找到否定形式的请求是非问句。这类否定形式的是非问句，如若假设能够表达请求意义，也是表示说话人对受话人的二次请求，言语行为的目的更接近为一种命令，可以明显表达出说话人对受话人的不满情绪。比如，还是餐桌上递盐这个情景，如果说话人是个不善于掩饰自己情感的人，当他第一次请求"把盐递给我"而没有得到受话人的回应时，责备的心理使他用了否定形式"你不能把盐递给我吗?"，或者是看到受话人自己放完盐就自顾自地吃起来，而没像前面那些人那样传递给下一个人时，使用该问句，实施

命令、表达不满。然而，这种会话情景只是我们日常餐桌所遇到的，我们在文献著作中并没有找到相应的实证例句，否定形式"不能……吗?"和"不可以……吗?"构成的例句，在会话中更多的是用来表达建议。

是非问句表达的请求言语行为，常常是说话人的请求内容不在受话人的职责范围之内，因此，说话人为确保交际成功，就格外注意对该言语行为的建构和修饰。俄汉语是非问句请求言语行为结构的建构和修饰有极大的相似性，即对问句表达模式和词汇的选择要最大限度地体现出请求行为的得体和说话人的礼貌。在具体的建构和修饰过程中，俄汉语又表现出了明显的不同。首先，在行为内修饰的语用策略选择中，中国人比较倾向于选择能拉近彼此情感距离的语言手段，以示礼貌的同时，注重情感的沟通。而俄国人主要考虑的是礼貌，同时提倡个人的独立和隐私。其次，俄汉语请求言语行为是非问句的肯定和否定两种句法形式，在语用上有明显的不同：在俄语中，是非问句表达请求意义时，否定句法形式居多，以示高度的礼貌。肯定形式的请求是非问句常用在比较熟识的、没有太大社会等级距离的人际关系之中，给受话人以尽量不要拒绝的压力，让受话人觉得说话人对请求的内容倾注了很大的期望。而汉语的情况是，一般只使用肯定形式，否定形式在会话中更多的是被用来表达建议。

210

第五章

观点表达功能型是非问句

第一节　是非问句的间接言语行为——观点表达

在交际中，是非问句常被说话人用来向受话人表达自己的观点，或者说，以问句的形式表达一种断言。说话人不是探询信息，因此不需要回答。在语篇中，此功能下的问句也可以作为对上一话轮的回答。问句的真正言语目的是提出与所问内容极性相反的断言，即以肯定形式问句表达否定的观点态度，以否定的问句形式表达肯定的观点态度。它比以陈述句表达的观点具有更强的语势，是不容许受话人辩驳而必须认可的一种功能语句，因此，有的语言学家称其为"令人不愉快的"语句。① 是非问句在执行此功能时，也可以说是一个不诚实的问句，说话人提问时，是明确地知道其答案的。它在交际中发挥最大的效用，就是修辞，所以，在辩论中，此功能问句有较高的使用频率。是非问句的这种功能特点，使得此类型功能问句在汉语中被归类到反问句中，在俄语中，则称其为修辞问句。实质上，无论是汉语中的反问句，还是俄语中的修辞问句，在交际中，反问句与修辞问句能够实现的交际功能也不止一种，观点型是非问句也只是其中的功能语句之一。如果我们不细究汉语的反问句与俄语的修辞问句在概念所指上是否相同，单从句式与功能的角度来描述说明，那么，是非问句和观点功能型是非问句的关系可用图 5 – 1 表示。

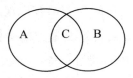

图 5 – 1　观点型是非问句与修辞问/反问句的关系

① Belnap Nuel D. *An analysis of questions：preliminary report. Technical memorandum series* [M]．Santa Monica，Calif：Systems Development Corporation，1963．p. 51.

A 为是非问句结构与功能的集合体，B 为修辞问/反问句的集合体，C 为结构是是非问句、功能为表达观点的问句。是非问句实现此功能的制约条件是：

1. 预备性条件：说话人知道答案，因而对受话人的言语或行为不满。

2. 真诚性条件：说话人相信能够影响、改变受话人的言语或行为。

3. 本质性条件：说话人认为，如果他不说出正确的观点，受话人不会认为自己的言行有何不妥。

也就是说，问句实现表达说话人观点的功能时，要同时违反疑问句信息探询预备性条件、真诚性条件和本质性条件，构成以疑问形式表达断言的间接言语行为。一般来说，说话人运用问句表达自己的观点时，是在"强调说话人的观点或假设"①，与陈述句完成一个断言相比，其付出的言语用力是相当大的。比如，Шатуновский② 以对话：А：Где Авель, брат твой? Б：—— Разве я сторож брату моему?（从会话分析的角度，说话人，文本专指说出观点型是非问句的人。此对话中，Б 是说话人，А 是受话人）为例，将 Б 的言语构成步骤分为：你问我我的兄弟在哪儿，你的问题中包含我知道的假设。但是我不知道我的兄弟在哪，你应该知道我不知道我的兄弟在哪，因为我没有任何有关我的兄弟在哪儿的信息，因此问我这个问题很愚蠢。显然，在此间接言语行为中隐含着说话人的真正言语意图——对受话人提问的驳斥。实质上，说话人是在借助问句表达的观点来向受话人做出某种暗示。鉴于此，本书将观点型是非问句划分出三类言语行为目的：表态、说服、驳斥。这三类言语意图在俄汉语观点型是非问句中都有表现。总体说来，俄汉语中的观点是非问句都是经常出现在矛盾占统治地位的会话中，带有说话人的某种情感，此时情感在问句中的作用是增强表态、说服、驳斥言语目的的表现力。观点型是非问句能够间接地反映出一个人的人生观和价值观。

---

① Frank J. *You call that a rhetorical question? Forms and functions of rhetorical questions in conversation* [J]. Journal of Pragmatics, 1990 (14). p. 726 – 727.

② Шатуновский И. Б. Риторические вопросы как форма агрессивного речевого поведения [J] // Агрессия и речи. М., 2004. С. 20.

表态，即通过抒发观点表明自己的态度，以引起受话人对其本人，或其观点的注意。如：

（374）[Облонский 想求得妻子的原谅，一起生活下去。妻子说：] Разве это возможно?（难道还有可能吗？）

（375）　[Левин 不理解 Облонский 因婚外情把家里搞得一团糟。Облонский 说：] Теперь когда уже дело сделано, ты пойми, неужели бросить ее?（如今木已成舟，我又怎么能抛弃她呢？）

（376）唐铁嘴：大英帝国的烟，日本的"白面儿"，两大帝国侍候着我一个人，这点福气还小吗？（Ну не счастье ли это?）

（377）[小二德子：（迁怒）老掌柜，你等着吧，你放走了他们，待会儿我跟你算账！] 打不了他们，还打不了你这个糟老头子吗？　（С ними не справился, думаешь, и тебя не одолею, старая развалина?）

说服，说话人表明自己的观点，想以此影响受话人，从而使受话人转变观念。如：

（378）Не прав ли он, что все на свете дурно и гадко?（他说世界上一切都是卑鄙龌龊的，这话不是很对吗？）

（379）[哥哥希望 Левин 办学校帮助农村的孩子们。然而 Левин 对公益事业并不关心。哥哥说：] —... мрет без помощи?（……你可知道他们没有人帮助就会活不成？……）

（380）[李三：你还不明白？前面茶馆，后面公寓，全仗着掌柜的跟我两个人，无论怎么说，也忙不过来呀！] 王淑芬：前面的事归他，后面的事不是还有我帮助你吗？　（Чайная— на хозяине, но в гостинице я ведь тебе помогаю!）

（381）[（看王大栓还是摇头）这么办，你替我看着点，我出去买点好吃的，请请你，] 活着还不为吃点喝点老三点吗？　（Разве не ради того мы живем, чтоб поесть, выпить да состариться?）

驳斥，即，说话人摆出自己的观点，用以反驳受话人的某个认识，该认识或属于受话人，或是被受话人引用的。如：

第五章　观点表达功能型是非问句

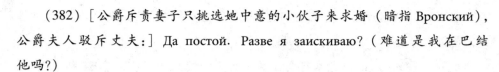

（382）［公爵斥责妻子只挑选她中意的小伙子来求婚（暗指 Вронский），公爵夫人驳斥丈夫：］Да постой. Разве я заискиваю?（难道是我在巴结他吗？）

（383）［Каренин 针对 Анна 说的"您不觉得您太随便侮辱我吗？"反驳说：］Вы называете жестокостью то，что муж предоставляет жене свободу，давая ей честный кров имени только под условием соблюдения приличий. Это жестокость?（做丈夫的让妻子自由，衷心给她庇护，但有一个条件，就是要顾全面子。难道这叫残酷吗？）

（384）［常四爷：（不肯示弱）你问我哪？花钱喝茶，］难道还教谁管着吗？（А что，кому-нибудь это мешает?）

（385）［刘麻子：有女儿，你可养活不起，这怪谁呢？］康六：那不都是因为乡下种地的都没法子混了吗？（Это правда，нам，деревенским，хоть в петлю лезь!）

从俄汉语的例句中我们注意到，观点型是非问句能够反映出说话人希望以此完成让受话人接受其观点的语用意义。从受话人这一方面来看，因为问句不需要回答，所以受话人参与会话的注意力会集中在对说话人观点的思考上，做出判断、衡量，过程中就是对自己原有的逻辑思维和推理方式的冲击，这也是说话人所希望的。

第二节　观点表达功能型是非问句的语义和语用

一、观点表达功能型是非问句的语义界定

俄语修辞问句"在形式上是疑问句，表达的是非疑问意义"①，其特点是具有"相反性（полярность）"，② 即"肯定修辞问句表达否定的语义，否定

---

① Шатуновский И. Б. Риторические вопросы как форма агрессивного речевого поведения［J］// Агрессия и речи. М.，2004. С. 19.

② АН СССР. Грамматика русского языка［M］. М.，1980. С. 395.

216

的修辞问句表达肯定的语义"①。汉语的反问句"和询问是作用的不同，在句子的基本形式上并无分别……，反诘句（反问句）里没有否定词，这句话的用意就在否定；反诘句里有否定词，这句话的用意就在肯定"②。俄语修辞问句与汉语反问句的相同特点，可以将它们的语义同一为是与所问内容极性相反的断言。观点型是非问句在功能上属于它们的一部分，因此，观点型是非问句的语义也"是与所问内容极性相反的断言"。这种极性相反来自说话人与受话人各自认识的对立，通常问句所问内容来自受话人的言语或行为，而与其相反的断言，是说话人的认识，即个人观点。个人观点存在于问句的表层意义中，疑问的语气告诉受话人，字面的意义应该反向成立，这是规约性的，非规约性的是它的隐含意义（或者说是会话含义）。会话意义是留给受话人理解的，里面含有说话人的真正言语目的，在不同的会话情景中，会话意义不同，言语目的不同，这一点俄汉语是一致的。如句子 Да разве я не вижу?（难道我看不出吗？）其表层意义只有一个，表达说话人"我看出来了"这样一个观点，下面我们给出两个会话情景，来看它的会话含义：

a. ［受话人问："你怎么知道我在谈恋爱？"］— Да разве я не вижу?

6. ［面对受话人的无理狡辩］— Хватит! Да разве я не вижу?

句 a 和句 6 除了所用语调不同外（a 平和，6 声色严厉），它们的言语目的也不相同：a 说话人向受话人表明态度"别掩饰了，我都看出来，知道了"；6 说话人驳斥受话人的狡辩"别不承认了，我什么都知道！"。

二、观点表达功能型是非问句的会话条件

И. Б. Шатуновский③ 提出 4 个使用修辞问句的条件，它们是：

---

① Sadock J. M. *Queclaratives* ［R］. In: Papers from the Seventh Regional Meeting of the Chicago Linguistic Society, Chicago Linguistics Society, 1971. p. 223. Sadock J. M. *Towards a linguistic theory of speech acts* ［M］. New York: Acakemic Press, 1974. p. 125.

② 吕叔湘. 中国文法要略 ［M］. 北京：商务印书馆，1982 年版第 290 页。

③ Шатуновский И. Б. Риторические вопросы как форма агрессивного речевого поведения ［J］// Агрессия и речи. M., 2004. C. 21.

第五章　观点表达功能型是非问句

1. 说话人知道答案，提出的问句不是以询问为真正的交际目的。受话人从问句的特点（问句不是标准的探询信息、特殊的结构、语调、语气词）明白了该问句可理解为修辞问句，它与前面对话部分没有联系。

2. 说话人认为事实上不是 P，有意违反正常的对话合作，对受话人的言语或行为做出非正常的反应，暗示不同意、反对。

3. 说话人认为受话人知道或者应该知道答案。

4. 在 3 的基础上，说话人认为受话人的言语或行为是不真诚的、愚蠢的、无法理解的、不礼貌的等等。这种对受话人进行否定的暗示，使修辞问句具有表现力。

下面我们运用上述四个条件的相关内容来分析俄语观点表达功能型是非问句。

言语行为目的一：向受话人表态

（386）［Кити 拒绝了 Левин 的求婚。Левин 回到家，他的狗哀怨地叫着，仆人 Агафья 说，狗懂得主人心里不高兴。Левин 说："为什么说我不高兴啊？"Агафья 说：］—— Да разве я не вижу, батюшка? （难道我看不出吗，老爷？）

1. Агафья 从小在老爷身边，可以说是看着 Левин 长大的，了解他的性格和脾气，而且，年纪已大，又属于过来人，她从 Левин 回来后的表现中，已经猜出 Левин 的求婚遭到了拒绝，所以心情不好。她说出该问句的目的，是告诉 Левин 她已经知道了一切。

2. Агафья 认为 Левин 清楚自己是不高兴的（¬ P），所以她没有把 Левин 的问话当作真正的问题，而是以问句的形式向 Левин 暗示，她已经知道了一切。

3. Агафья 认为 Левин 非常清楚自己是不高兴的和为什么不高兴。

4. Агафья 认为 Левин 的问话"为什么说我不高兴啊？"是不真诚的。

Агафья 的问句表层语义是"我看出来你不高兴了"，而它隐含的深层语义是"别掩饰了，我都看出来，知道了"。

言语行为目的二：说服受话人

（387）［Оболонский 向 Левин 述说了他与家庭女老师的事，而 Левин 对婚外情不但不理解，而且简直达到了痛恨的地步。对此 Оболонский 解释说："她（女老师）牺牲了一切。我又怎么能把她抛弃呢？就算为了不破坏家庭生活，非得同她分手不可，"］Но неужели не пожалеть ее, не устроить, не смягчить?（难道就不能可怜可怜她，设法减轻点她的痛苦吗？）

1. Оболонский 一直认为他与原来的家庭女教师的事不是什么过错，过错的是没有瞒过妻子，让妻子发现了他与女教师的信。Оболонский 非常了解 Левин，他知道，如果把他做此事的缘由说出来，或许能够改变 Левин 的态度。

2. Оболонский 认为与女教师的事是正常的，是出自对女教师的怜悯（¬ P），从而，暗示 Левин 他的所作所为是可以理解的。

3. Оболонский 认为 Левин 应该理解发生在他身上的事。

4. Оболонский 无法理解 Левин 的认识。

Оболонский 这句话表达的观点是"我这么做是可怜她，是在设法减轻点她的痛苦"，这其中还隐含着"你是可以认为这事不是我的过错的"。

言语行为目的三：驳斥受话人

（388）［Кити 病得很重，Долли 想和她谈谈她的苦恼。可 Кити 却恐惧而严厉地回绝姐姐，她没有苦恼。］— Полно, Кити. Неужели ты думаешь, что я могу не знать?（得了，吉娣。难道你真以为我不知道吗？）

1. Долли 知道妹妹生病的真正原因是，拒绝了 Левин 的求婚，而她满心指望的 Вронский 又背弃了她。

2. Долли 认为 Кити 说的"我没有什么苦恼"（P）是假话。

3. Долли 认为 Кити 心里非常清楚自己为什么生病。

4. Долли 认为 Кити 这么说、这么做很不诚实、很愚蠢，跟自己的姐姐都不说实话，有些无法理解。

因此，Долли 在表明自己"我知道"的同时，驳斥了 Кити"我没有什么苦恼"的蠢话。

在汉语语言学界，郭继懋（1999）在其《反问句的意义与作用》中提出

219

使用反问句的 3 个语义语用必要条件：

条件 1：发生了一个行为——X。（且有人认为 X 对，说话人——在本书中专指说反问句的人——认为 X 不对）

条件 2：存在一个预设——Y，即一个说话人说话时认为明显为真——由于明显为真，所以他设想听话人也认为是真——的命题。

条件 3：说话人认为行为 X 与预设 Y 明显地——由于是明显的，所以他设想听话人肯定知道——具有如下逻辑关系：

a. 如果 Y 真，那么 X 不合乎情理，是错的

b. X 只有在 Y 的否定命题为真时才合乎情理

下面我们用此条件来分析汉语观点表达功能型是非问句。

言语行为目的一：向受话人表态

（389）［王淑芬跟王利发说应该添个人手，她和李三太累］王利发：添人得添工钱，咱们赚得出来吗？（А где взять средства ему на жалованье? Доход у нас и так мизерный.）

条件 1：王淑芬（受话人）认为，茶馆收拾后，前面是茶馆，后面是客店，她和李三两个人忙太累，王利发（说话人）也看在了眼里。她提出来添个人手，王利发能同意。王利发认为王淑芬的要求不合理。

条件 2：添人手是要付工钱的，而茶馆的收入根本支付不起。

条件 3a：如果添人手要付工钱，而茶馆的收入又支付不起，那么添人手的事就是不合理的。

条件 3b：只有在添人手不要付工钱，或茶馆的收入能支付得起的情况下，添人手的事才能是合理的。

条件 2 和条件 3a 的现实存在，王利发才通过自己的观点"添人手要付工钱，而茶馆的收入又支付不起"来向王淑芬明确表态：不同意添人手。

言语行为目的二：说服受话人

（390）［王淑芬劝三爷剪掉小辫，三爷对时局改来改去不放心，担心有一天会把皇上再改回来。］王淑芬：别顽固啦，三爷！人家给咱们改了民国，咱们能不随着走吗？（Можем ли мы не идти в ногу со временем?）

220

条件1：清朝被推翻，建立了中华民国。女人们都梳起了流行的圆髻，男人们也都剪掉了辫子。李三还梳着小辫。李三认为，虽说是民国了，但是动荡的时局让李三担心有一天皇上还会回来。王淑芬认为李三的想法不对。

条件2：现在是民国，大家都这么做，都跟着走。

条件3a：如果已经改为民国了，大家都在跟着改，那么咱们也应该跟着走。

条件3b：只有在没改为民国，大家都没有这么做的情况下，咱们才不能随着走。

条件2和条件3a成为王淑芬说服李三的理由和依据。问句表面含义是"现在是民国了，大家都在跟着改，那么咱们也应该跟着走"，隐含的意义是"你别再坚持留着小辫了"。

言语行为目的三：驳斥受话人

(391)［宋恩子：你活着，也不过买卖几个大姑娘!］刘麻子：有人买，有人卖，我不过在中间帮帮忙，能怪我吗？ （Один продает, другой покупает, а я всего лишь посредник. Что же вы меня попрекаете?）

条件1：宋恩子认为刘麻子倒卖大姑娘从中谋利太缺德。刘麻子认为自己是中间人，得点利没什么不对。

条件2：做买卖，有人买，有人卖，中间人帮忙，不能怪中间人。

条件3a：如果买卖过程中需要中间人帮忙，那么刘麻子在中间帮忙联系，买卖的事就不能怪刘麻子。

条件3b：只有在有人买，有人卖，中间人帮忙，要怪中间人的情况下，才能怪刘麻子在中间联系。

由于条件2和条件3a的存在，刘麻子这句话的表面意义是"只是买卖中间帮忙，这事怪不着我"，隐含的意义是"做什么买卖都正常，从中帮忙活着就有意义"，驳斥宋恩子对他的讥讽。

从问句的会话条件来看，俄汉语描述的条件内容基本相同，都是说明说话人使用该问句的依据，且这几个条件缺一不可。在俄语中，如果没有条件1"说话人知道答案"，就无法形成自己的观点，那么条件2"说话人认为事实

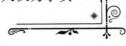

上不是 P"就不成立，也就无法确定条件 3"说话人认为受话人知道或者应该知道答案"，条件 4"说话人认为受话人的言语或行为是不真诚的、愚蠢的、无法理解的、不礼貌的等等"的一些想法就更无从有了。如果没有条件 2"说话人认为事实上不是 P"，就构不成与受话人对立的个人观点，那么条件 1、3 和 4 也就变得没有意义。如果没有条件 3，"说话人认为受话人知道或者应该知道答案"，那么说话人就不会产生条件 4 的想法，只有条件 1、2 的情况下构不成修辞问，做出一般的陈述性纠正即可。如我们假设这样一个场景：说话人刚刚看见受话人把钥匙放进兜里，这时受话人问："Где ключи?"，正常情况下，说话人会以"У тебя в кармане."来对受话人的认识做出纠正。如果没有条件 4，"说话人认为受话人的言语或行为是不真诚的、愚蠢的、无法理解的、不礼貌的等等"，那么问句就不会有修辞的作用。如，说话人把钥匙已经给了受话人，受话人说"Где ключи?"，没有条件 4 的作用，说话人一般会说"Ну что ты! Только что я дал тебе"。只有在四个条件同时具备的情况下，说话人才会构成具有修辞作用的观点型是非问句"Разве я не дал тебе?"。问句在上述的任何一种缺少条件的情况下强行建立，都会产生交际上的不适宜，会被受话人认为说话人对自己不友好，或者是说话人有问题，因此交际中断。汉语也是如此。如果缺少条件 1，没有某一行为 X 发生，条件 2 和 3 就无法建立，没有发问的触发事件，也就构不成问句。如果缺少条件 2，就无法形成条件 3 中的 a 和 b 逻辑关系，条件 3 也就不成立，说话人不会形成自己的个人观点，也就不会构成观点型问句。如果缺少条件 3，没有了 X 和 Y 的逻辑关系，问句也没有成立可言。俄汉语观点型是非问句，都是在这些条件充足具备的情况下建立的，在运用中，才能真正地达到交际目的——以其观点推翻受话人的认识，从而达到表态、说服、驳斥的言语目的。

三、观点表达功能型是非问句的语义分析

是非问句在实现观点表达功能时，问句表达与所问内容极性相反断言的特点，使其在语义上可以分为两类：无疑而问和作为对受话人的否定回答。

（一）无疑而问

观点型是非问句是一种假疑问句式。一般来说，说话人是因疑生问，疑和问分属不同的言语行为领域。疑是心理言语行为，是说话人的心理活动，对世间万事万物的思考过程。问是言语交际行为，是将思考过程中"百思不得其解"的部分以言语方式向某人求解的过程。严格意义上来讲，观点型是非问句表达的是具有反驳意义的个人观点，句子只是借用了问句的形式，交际中问句的目的也不是为"求解"，因为，问句并没有传递出说话人在某个方面有"疑"，若真是有"疑"，也是在向受话人表示"怎么连这个道理都不明白？"这样一种疑惑。然而，这种疑惑是不需要受话人来解的，它实质上是一种责怪，以此来加强语句所传递的断言意义。

（二）否定的回答

观点型是非问句的这种无解的无疑而问，之所以会无解，除了上面提到"无疑"这个原因外，从会话分析的角度来看，它被加强的断言意义实质上是给予受话人的一个回答，而且是否定的回答，目的是把受话人的想法或认识否定之后，迫使受话人按说话人给出的观点重新思考。从这一点来看，观点型是非问句，无论其句法形式是肯定，还是否定，它所表达的观点本身就含有对受话人言行的不认可，具有否定意义。从语句所贡献的信息量来看，作为回答的观点型是非问句给予受话人的信息量的值是最大的。

根据 P. Gärdenfors[①] 的论述，一个人的信息概念与他的信念程度有关。在给定的语境 C 中，在确定的命题 P 中，根据认知状态模型来分配一个信念程度给命题 P，每一个命题与信念的概率有一个函数对应关系，即，$P \rightarrow [0, 1]$，其中，P 是命题集合，$[0, 1]$ 是介于 0 到 1 之间的实数区间。该模型表示出个人信念的原始状态是既不接受也不拒绝的程度。当说话人说出命题 P 时，如果受话人此时对命题 P 的所述事件信念为 0，那么命题 P 给受话人的信息量值是最大值。而如果受话人当时的信念分别在 $[0, 1]$ 之间的不同点

---

① Gärdenfors P. *Knowledge in Flux* [M]. The MIT Press, Cambridge, London, 1988. p. 36.

上，那么 P 给受话人的信息量成递减状态，而当受话人的信念程度是 1 时，则命题 P 对受话人来说是冗余信息，信息量的值是 0。反过来讲，如果受话人相信 P 在语境 C 中成立，即对 P 信念程度是 1，那么此时对受话人最具有信息意义的命题应该是 $\neg P$。例如，你相信下雨了，某人对你说"下雨了。"，那么这个命题 P 没有给你增加未知的信息量。但是如果某人对你说"没下雨（天是晴的）"，并且你相信他不是在开玩笑，那么 $\neg P$ 给你的信息量是最大的，你必须改变你对天气的原有信念。（例证引自 Chung-hye Han，2002）

在使用观点型是非问句的语境中，受话人对会话中所涉及的 P 或 $\neg P$ 有一定程度的信念，相信事实上很可能是这样的。然而，当说话人以观点型是非问句回答他时，如前面谈到的，实质上是对他原有信念 P 或 $\neg P$ 的否定，受话人要想接受说话人的观点，就得改变他原有的信念，从中获取最大信息值。俄汉语各举一例说明：

（392）　［Левин 在与 Облонский 争论时一直表现得独立、有主见。Облонский 不想再争论下去，就把他们出来打猎之前，Левин 私下与妻子商量"可不可以去打两天猎"的话说了出来，影射 Левин 在家里不独立、没主见］Разве я не вижу, как ты себя поставил с женою?（难道我看不出你同你太太是怎样相处的吗？）

Левин 认为，没人怀疑他在家里不是独立自主的男人（P），对 P 的信念程度是 1。在 Облонский 对他说"难道我看不出你同你太太是怎样相处的吗？（在家你听你太太的，不是独立自主的男人）"（$\neg P$）之前，他对可能会 $\neg P$ 的信念是 0。Облонский 的这句话使他的信念发生了改变，这等于是告诉他有人知道他在家里不是独立自主的男人，使他对 $\neg P$ 的信念程度由 0 变为了 1。这对 Левин 来说，是最具有信息性的命题，这也是令他不快的信息。

（393）　［丁宝：小刘麻子叫我来的，他说这儿的老掌柜托他请个女招待。］王大拴：姑娘，你看看，这么个破茶馆，能用女招待吗？（Служанка? Да ты посмотри, какая у нас захудалая чайная!）

丁宝认为，老掌柜托人找女招待，这个茶馆一定是需要女招待（P），她对此的信念是 1。王大拴给她的回答是"这么个破茶馆，并不需要女招待"

（┐P），对丁宝来说，这句话有很大的信息量，"我们不用你"使丁宝对原有的信念产生了动摇，对┐P的信念程度由 0 变为了 1，感到很失望。

由此可以看出，观点型是非问句对改变受话人的信念能够起到很大的作用。

四、观点表达功能型是非问句的语用分析

汉语研究者邵敬敏[①]总结出反问句有三个语用特点，分别是：

1. 显示说话者内心的"不满"情绪。这种以不满为中心的情绪，包括：沮丧、愤怒、气愤、埋怨、讽刺、鄙视、斥责、反驳、厌恶等等。这种不满可能是针对某种言论，也可能是针对某种行为；这种言论可能是一种陈述、祈使，也可能是一种疑问、感叹；这种行为可能是已经完成的，也可能是尚未完成的，还可能是指没能够实施的。这种不满情绪的发泄是一般句式很难显示的。

2. 表现说话人主观的"独到"见解。这种独到的见解是指说话人要强调自己的看法与众不同，从而显示出自己的个性。而要突出这一点，就必须在语气、语调、语势上予以强化，虽然这种反诘语气本身也有轻重之分。所以，反问句的语气明显地要比一般的肯定句或否定句更为强烈，并带有别人无可辩驳的含义。

3. 传递说话人对对方的一种"约束"力量。这种约束力量反映了反问句对交际另一方潜在的导向性。即反问句虽然采取的是一种疑问形式，但实际上说话者心目中已有明确的看法，而且是一种不容置疑、不容辩驳的看法，所以并不要求对方真的予以回答，而是强制性的要求对方赞同；即使对方做出回答，也强烈要求与自己看法保持一致。这种强烈要求对方态度上的一致性是反问句重要的语用目的。

观点型是非问句也同时具有这三种语用特点，这些特点在该问句所实现的三种言语目的中，能够不同程度地体现出来。观点型是非问句用于表态言

---

① 邵敬敏. 现代汉语疑问句研究［M］. 上海：华东师范大学出版社，1996 年版。

225

语目的时，最突出的是语用特点 2，表达自己主观的见解，与此同时特点 1 也有，特点 3 也有。说话人首先是对受话人的言或行有不认可的地方，然后向受话人表明自己的见解，希望以此来影响受话人。在语气上，要受到会话双方社会关系、心理距离，以及表态的内容等方面因素的影响。如：

（394）［常四爷：你要怎么着？］二德子：怎么着？我碰不了洋人，还碰不了你吗？ （Не удалось схватиться с иноземцами, но ты-то от меня не уйдешь!）

（395）你看，咱们这么一收拾，不比以前干净，好看？ （Ты только посмотри, какой у нас тут порядок, какая чистота!）

两个例句的语气、语调截然不同。例句（394）语气蛮横且强硬。常四爷与二德子互不认识，常四爷认为，到茶馆里来等待调节的打手们并不是真的要打架，所以没瞧得起二德子。打手二德子的痞性就是要对听不顺耳的话、看不顺眼的事或人进行武力解决。二德子要向瞧不起他的常四爷表明他在哪儿都能打人，而且专门就要打你（常四爷），所以，以二德子的为人、他与常四爷的关系，他要向常四爷表明态度的语气是挑战性的。例句（395）的语气要明显缓和。受话人李三是茶馆多年的老伙计，说话人王淑芬是茶馆掌柜的妻子，会话双方彼此非常熟识。李三对王淑芬说的改良不以为然，王淑芬通过这句话表明她对改良的认可。虽然话语中带有申辩、反驳的意味，但是出于对李三爷的尊敬，所以，整个语句是缓和的解释性语气。

用于说服言语目的的观点型是非问句突出体现的是第三个语用特点，突出导向性，说话人希望受话人接受他的观点。问句产生的过程是：由于认为受话人的行为或言论明显不合理，为了纠正这种不合理，把受话人导向说话人认为合理的行为或言论，以问句的形式说出"合理"的见解，来加强受话人对此的认可。因为是说服，所以，此类语句的语气是观点型是非问句实现的这三种言语目的中最缓和的一种。在使用上，对会话双方的社会关系，职务级别没有什么限制。如：

（396）［小刘麻子劝王利发收下丁宝做女招待，王利发不同意。这时收电费的来要三个月的电费钱。小刘麻子以沈处长威胁，吓走了收电费的，免去了茶馆的电费。] 小刘麻子：看，王掌柜，你不听我的行不行？（Ну что，хозяин？Слышал？Нравится？）

（397）刘麻子：卖女儿，怎么卖也对不起女儿！你看，姑娘一进门，吃的珍馐美味，穿的是绫罗绸缎，这不是造化吗？（Разве это не счастье？）

句子（396）中会话双方关系熟识，而且是晚辈对长辈的说服。句子（397）是刘麻子对康六说的话，他们之间是临时建立起来的买卖关系。

驳斥言语目的的观点型是非问句是这三种言语目的中语气最为强硬激烈的一种，常常是以不容置疑、不容辩驳的语气加强自己不满的态度。但是，有时说话人出于情感，或者是在心理"劣势"的作用下，也会使用较为缓和的语气。此类言语目的问句体现出的主要语用特点是"不满"。它的产生过程是：按说话人的衡量标准，由于认为受话人的行为或言论明显不合理，说话人不满的情绪占了上风，要讲理、辩论的情绪高涨，于是摆出自己的观点，抒发不满。如：

（398）［刘麻子：说说吧，十两银子行不行？］康六：刘爷，十五岁的大姑娘，就值十两银子吗？（Господин Лю！За пятнадцатилетнюю девушку всего десять лянов？）

（399）［自古以来，哪有……他就给十两银子？］刘麻子：找遍你们全村，找得出十两银子的找不出？（Да во всей вашей деревне десяти лянов днем с огнем не сыщешь！）

例（398）说话人康六由于穷困，被迫卖女儿，人贩子刘麻子有意压低价格牟取暴利。康六觉得刘麻子给出的价钱太低（不合理），提出反驳。然而，由于自己身处窘境，卖女儿又是心酸且不光彩的事，所以，康六虽然不满，但是他的语气是无论如何也强硬、激烈不起来的。例（399）则是与例（398）恰恰相反，刘麻子因康六嫌价钱低而不满，令刘麻子更为不高兴的是，康六把他给十两银子的低价钱说给了茶客，希望茶客的介入能迫使刘麻子提高点价钱。所以，刘麻子马上提高嗓门驳斥康六，说明这在乡下是个高价钱。

俄语观点型是非问句与汉语观点型是非问句在功能上、语句使用的会话条件上的相同，可以假设，俄语观点型是非问句应具有与汉语相同的语用特

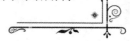

点。为了进一步证实这一假设，需要例句的实证性分析。

表态言语目的——突出主观见解

（400）［Вронский 向 Анна 倾诉爱情：］—Разве вы не знаете, что вы для меня вся жизнь? （难道您不知道您就是我的整个生命？）

从莫斯科回到彼得堡，Вронский 不放过任何一次能够遇见 Анна 的机会，但是 Анна 的表现令 Вронский 非常沮丧。这次在他堂姐家见到 Анна，快要绝望的 Вронский 抓住时机再次表白，希望 Анна 能够接受。显然，Вронский 的这句话是为了能让 Анна 明白她在他心中的位置。Вронский 对自己追求未果和对 Анна 表现的失望，体现在问句中的是类似哀怨的情绪，因此，语调柔和。

（401）［Долли 打断 Анна 为她哥哥所作所为的解释］—Но я... ты забываешь меня... разве мне легче? （可是我……你把我给忘了……难道我好过吗？）

Долли 很痛苦，无法原谅丈夫的所为。当 Анна 为他哥哥的所作所为解释时，她忽然觉得 Анна 忽略了她的感受，这让她感到委屈，为此，Долли 打断 Анна，表明自己才是真正非常难过的人。但是在 Долли 的心中，Анна 不仅是自己的小姑，她们俩关系也很友好，还有一点，就是 Анна 是彼得堡一位大人物的太太，是彼得堡的贵夫人。所以，在 Долли 的这句话中虽然有不满的情绪，但是语调还是非常缓和的。

从上面的例句分析，我们得出表态言语目的的俄语观点型是非问句的产生过程是：说话人由于对受话人的言语或行为的不满，而极力表明自己的观点态度，以此影响受话人对自己的关注。问句在语调上要受到会话双方社会关系和职位等级的影响。

说服言语目的——突出导向性

（402）［Левин 和 Облонский 在饭店里边吃边聊。Левин 非常看不惯莫斯科贵族们的所谓文明。而 Облонский 却说 Левин 很野蛮，常常做些人家不会做的事，并提起上次他在莫斯科的突然失踪。］—... Ну как же ты не дик?... （你这个人还不算野蛮吗？）（Левин 随后认可了这一观点）

Облонский 认为，吃饭尽量吃得慢一点，这也是文明的表现：处处讲究享受。Левин 对此的回应是："如果这就是文明的表现，那我宁可做个野蛮人"。Облонский 明白，Левин 的这句话显然并不认可他所谓的文明和所谓的野蛮。所以，当他们的话题谈到去 Кити 家时，Облонский 想起了 Левин 上次的不辞而别，并以此事说服 Левин 认同自己是野蛮的这个事实。

(403)［Анна 对 Вронский 的社交生活不放心，她的嫉妒和醋性最近发作得越来越频繁了。］—Анна! Ты оскорбляешь меня. Разве ты не веришь мне? Разве я не сказал тебе, что у меня нет мысли, которую бы я не открыл тебе?（难道你不相信我？我不是对你说过，我没有什么思想瞒着你吗？）

Анна 的猜忌令 Вронский 感到恐怖，但是为了让 Анна 相信自己，他把以前对 Анна 说的话作为他此时对 Анна 无端猜忌的解释，来说服 Анна 相信他。Вронский 此时接近请求的心态，使这句话的语调变得异常柔和。

由此我们认为，俄语说服言语目的的观点型是非问句的产生过程是：说话人由于对受话人的言语或行为不满，或不认可，提出自己的观点，希望受话人接受此观点，从而来改变已有的观点认识。问句以缓和的语调表达。

驳斥言语目的——表达自己强烈的不满

(404)［Облонский 想求得妻子的原谅，挨近她想去拉她的手，却被她嫌恶地避开了。他的妻子愤怒地说：］... Ну, скажите, после того... что было, разве возможно нам жить вместе?（好，您倒说说，出了那件……那件事以后，难道我们还能生活在一起吗？）

Долли 对丈夫 Облонский 的行为感到厌恶，她认为已经不可能再和丈夫一起生活了。当 Облонский 来找她打算和解时，她对丈夫的厌恶达到了极点，因此，Долли 驳回了丈夫想求得她原谅的念头。这种情形下，Долли 的语调一定是强硬而尖刻的，用以表达她内心的愤怒。

(405)［Левин 与哥哥 Кознышев 讨论公益事业。Левин 以"学校有什么用？"反驳哥哥，哥哥驳斥他：］— Что ты говоришь? Разве может быть сомнение в пользе образования?（难道教育的作用都可以怀疑吗？）

Левин 虽然爱哥哥，但是他们二人对许多问题的看法不同，经常发生争

执。哥哥对 Левин 不关心公益事业，否定学校作用的看法感到不快。Левин 大学毕业，接受的是高等教育，他哥哥以此反驳 Левин 对学校的否定观点。严厉的语调能体现出说话人内心的不快。

俄语驳斥言语目的的观点型是非问句的产生过程是：说话人由于对受话人言或行的强烈不满，摆出自己的观点反驳受话人，多以强硬的语调迫使受话人放弃原有的想法。

综上所述，虽然我们对例句的选择，在类型上和数量上都有一定的局限性，但仅从以上的例句分析来看，俄语观点型是非问句的语用特点与汉语是相同的。它们在交际中的使用一定是会话双方在观点上出现了对立，这时说话人采用观点型是非问句向受话人强调自己的观点，迫使受话人在重新审视双方观点的过程中，或者对"我的观点"产生倾斜，比如表态类言语目的；或者对"我的观点"产生认可，比如说服类言语目的；或者是在"我的观点"的压力下，放弃原有的想法，如驳斥类言语目的。观点型是非问句能够产生这样的语用效用，在很大程度上还是由于该语句的疑问形式。我们认为，陈述通常表达一种断言，对受话人来说，是一种被动性的接收。而疑问的语气会给受话人一种紧迫感，积极思考，尽力为说话人解惑。说话人有效地运用了疑问语气在受话人头脑中发挥的作用，让受话人积极地推导无疑而问语句中的会话含义。从某种程度上来说，这也是说话人迫使受话人接受其观点而采用的一种交际策略。

是非问句用于表达说话人观点时，问句真正传递的是与所问内容极性相反的断言。在功能上，是不容许受话人辩驳而必须认可的语句。此功能问句经常出现在矛盾占统治地位的会话中，说话人在推出自己观点的同时，实现向受话人表态、说服和驳斥的言语行为意图。过程中能够表现出说话人不满的情感态度。

此功能下的俄汉语是非问句，其语义、语用特征几乎可以视为同一。语义上有两个特点：无疑而问和否定回答。而作为否定回答时，问句能够给予受话人最大的信息量。语用上问句有 3 个特点：突出主观见解、突出导向性和表达自己强烈的不满。它们分别对应该功能问句在交际中实现的三种言语目的。

第六章

情感表达功能型是非问句

第一节　是非问句的间接言语行为——情感表达

情感是"对外界刺激肯定或否定的心理反应"①。据此，情感可以划分为两大类：肯定情感，如高兴、惊喜、兴奋等；否定情感，如愤怒、悲伤、厌恶等。一个人，无论他是肯定情感反应，还是否定情感反应，一定是在外界刺激超出了他现有的认知经验的平衡状态情况下产生的。一般来说，人们对外界刺激有一个基本衡量标准，判断哪些该肯定，哪些该否定。这个基本标准是与人的价值观念、道德观念有直接关系的。因为整个人类的价值观、道德观的相似性，所以，这个基本标准是为人类所共有的。在此基本标准的基础上，不同的个体人，由于生活中积累的认知经验的差异，在面对具体某个外界刺激时，会以个人的认知经验来衡量，从而会有不同的情感反应差异。这也是为什么在生活中我们经常发现，面对同一外界刺激，有的人高兴、惊喜，而有的人愤怒、悲伤。

情感产生后，人们总是要以一定的方式将其宣泄出来。在情感表达的方式上，有语言的，有非语言的。在语言方式中，是非问句是比较常用的表达情感手段。从会话的角度，这是是非问句实现的又一种交际功能，促发该功能实现的外界刺激，往往是受话人言语或行为，或者是会话双方面对的第三事物。

是非问句实现情感功能的制约条件是：

1. 预备性条件：事物 P 的出现超出了说话人的认知经验。

2. 真诚性条件：说话人希望受话人通过其表达的情感，理解说话人对 P 的态度。

3. 本质性条件：说话人认为，如果说话人不把情感反应抒发出来，受话人不会知道他的具体情感态度。

---

① 中国社会科学院语言研究所词典编辑室. 现代汉语词典（2002 年增补本）[M]. 北京：商务印书馆，2004 年版第 1035 页。

　　从情感型是非问句的制约条件可以看出，此类问句的说话人并不需要从受话人处获取回答，他的目的是以问句所传递的情感态度间接地向受话人表达对语句内容的肯定或否定。由此，是非问句传递两种情感类型：肯定情感，如惊喜、激动等和否定情感，如不满。不满的情绪中包含愤怒、悲伤、厌恶等等。是非问句表达否定情感时，与观点型是非问句相类似，甚至在脱离开具体的会话语境，很难分辨出说话人运用此问句的真正功能是表达观点，还是表达情感，是以影响、改变受话人自己原有的信念为最终言语目的，还是以通过表达情感态度向受话人表示他对语句内容的肯定或否定态度为最终言语目的。造成这种类同现象的原因，我们认为，在于观点型是非问句的会话预备性条件是"说话人对受话人的言语或行为不满"，这种不满的情绪就是说话人针对受话人的言语或行为而产生的否定情感。然而，与情感型是非问句表达否定情感不同的是，说话人在要抒发情感指出不满之所在的同时，还觉得自己有纠正受话人出此令人不满言行的责任。所以，观点型是非问句的交际功能重在指正，而情感型是非问句则重在"抒情"。

　　俄汉语是非问句在交际中都有执行抒发情感的功能，让受话人在抒发的情感类型中推导出说话人的会话含义——是持肯定态度，还是否定态度。请看例句：

　　肯定情感：

　　（406）［Анна 来到哥哥家，看到已经长大的 Гриша 说：］—Это Гриша? Боже мой, как он вырос! —сказала Анна.（"这是格里沙吗？我的天哪，他长得多大了！"安娜说着。）

　　（407）Ярослав? Это вы, Ярослав?（С. Алексеев）（亚拉斯拉夫？这是您吗，亚拉斯拉夫？）

　　说话人以问句的形式表达自己的惊喜，而受话人从说话人惊喜的语调及表情中，能够判断出说话人对情感刺激源的认可。

　　（408）［祥子和曹先生偶遇］那个人（曹先生）愣了一愣："祥子?"（Сянцзы?）

　　曹先生与祥子相处的关系一直很好，他们这次相遇，曹先生很惊喜，他随后就邀请祥子去他那儿拉车。

否定情感：

（409）［Нордстон 伯爵夫人说起了灵魂，Левин 说乡下女人也都说，她们目睹过妖魔鬼怪。Нордстон 很不高兴］Так вы думаете, что я говорю неправду?（那您认为我是在撒谎吗？）

Нордстон 很不高兴 Левин 贬低她及她所感兴趣的事。Левин 从 Нордстон 的话语中知道，Нордстон 对他所说的话不满意，是对他话语的否定。

（410）［舞会过后，Кити 大病，母亲为自己的行为既后悔，又羞愧，十分痛苦。这时，大女儿 Долли 对母亲说，她想去看看 Кити。这句看似平常的话语，此时对母亲来说，却让她更痛苦。］Поди. Разве я тебе запрещаю? — сказала мать.（去吧，难道我拦着你吗？）

Кити 的母亲认为，Долли 是姐姐，看看妹妹不用对母亲说，自己去就是了。而 Долли 的话等于再次提醒母亲，Кити 的一切一直都由母亲安排、应允，包括现在。因此，Кити 生病与母亲有直接关系。所以她对 Долли 的话表示不满。Долли 从不满的情感中也明白了妈妈对她说这话的否定，Долли 默默地走了。

（411）［虎妞对祥子执意出去拉车，又没回来吃晚饭不满。］我给你炒下的菜，你不回来吃，绕世界胡塞去舒服?（Я старалась, готовила, а ты даже поесть не пришел, таскался неизвестно где.）

（412）［虎妞因执意要嫁给祥子与爸爸吵了起来。］刘四爷：把我气死，你好去倒贴儿?（Любовника взять на содержание?）

从这些例句所表达的情感中我们注意到，俄汉语中，无论是非问句表达的是肯定情感，还是否定情感，它们的产生都是由于外界的这个刺激超出了说话人现有的认知平衡。此外，在他产生情感的过程中，如果这个外界刺激能带给他新信息，那么，在说话人抒发情感做出间接的肯定或否定之后，该新信息就成为他的已知，丰富了原有的认知经验。对受话人来说，说话人这种以情感抒发表达肯定或否定的方式，比一般断言式的肯定或否定更具有表现力和说服性，表现出说话人明朗的态度，留给受话人更多的是认可或解释。

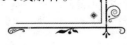

第二节 情感表达功能型是非问句的语义和语用

一、情感表达功能型是非问句的语义分析

是非问句在用于表达情感功能时，由于它实质是在以间接的方式向受话人传递说话人肯定或否定的态度，所以，可以将它视为是以疑问的形式表达说话人的评价。鉴于情感功能是非问句的这个特点，本书认为，该类问句表达两种语义类型：无疑无问和有疑无问。

（一）无疑无问

一个人的认知经验经常能够使人在某一阶段或者时刻具有一个相对稳定的认知状态。在交际中，当某个外界刺激突然出现时，如果它超出说话人当前的这个相对稳定的认知状态，那么，他会调动他到目前为止所有的认知经验去解释这个外界刺激。在这个过程中，说话人依赖认知经验推理得出了答案，而且坚信该答案与事实完全相符。在这种情况下，说话人因外界刺激而产生的心理反应，在以是非问句表达出来时，是无疑无问的。这种情不自禁的情感抒发，会在说话人的无意之中流露出他真实的评价态度，受话人也十分清楚这是说话人的真实态度。当然，在交际中，说话人有时为了能有效地实现他的交际目的，会有意地运用是非问句的这一功能来迷惑受话人，对此我们将在情感功能是非问句的语用分析中再做论述。下面我们对俄汉语情感功能是非问句的无疑无问语义进行实例分析。

肯定情感中的无疑无问：

（413）［Кити 答应了 Левин 的求婚，拉着 Левин 的手要去父母那儿谈婚事。］—— Неужели это правда? —— сказал он, наконец, глухим голосом. （"难道这是真的吗？"列文终于哑着嗓子说。）

这句话的语用背景是，在姐姐 Долли 家的晚宴上，Кити 通过猜字游戏告诉 Левин，上次拒绝他求婚所说的话只限于当时，希望 Левин 能忘记并饶恕过去的事，还告诉 Левин 她爱他，让他明天早晨来见她的父母。Кити 的这些话改变了他原有的认识——他和 Кити 之间不可能再有希望了。他现在的认知经验告诉他，Кити 爱他，他们之间有了希望。这一切形成了 Левин 当前的一个稳定认知状态。第二天，当 Левин 见到 Кити 时，Кити 的举动告诉 Левин 真正的幸福来临了，已经不只是希望的问题了。这完全超出了 Левин 的认知状态，内心的幸福与激动让 Левин 难以相信这是事实，但是他的认知经验告诉他，这就是事实，只是他没有想到这一步罢了。所以，此时的 Левин 虽然说出 "Неужели это правда?"，但是他无疑也无问，这只是出自于情感的反应。

（414）［祥子离开人和车厂拉包月，和大太太闹翻，无处可去。晚上十一点多，祥子沮丧地又回到人和车厂。因为怕虎姑娘看见，祥子想轻手蹑脚地进去，可是他刚把车拉到她的窗下，虎妞由车门里出来了：］"哟，祥子？怎……"（—Ой, Сянцзы, это ты?）

祥子离开人和车厂去拉包月，此时虎妞的认知状态是，祥子近期不会回车厂拉车了。但是在她的认知经验中存在 "除非有某事发生，祥子才会回车厂拉车" 这样的知识。当她从车门里出来看见祥子时，眼前的一切虽然超出了她当时的认知状态，但是虎妞认知经验中存在的相关知识对祥子为什么突然回来做出了一定的解释，所以，虎妞只说了一个 "怎" 字，就停住了。而在 "哟，祥子？" 这句话中，表现出的是虎妞的惊喜，是对祥子回来的肯定。它在语义上无疑无问，表达的是发自内心的感叹 "哟，祥子回来了！太好了！"。

否定情感中的无疑无问：

（415）　［Левин 在证实了自己对 Весловский 追求 Кити 的猜测后，对 Долли 说，要把 Весловский 赶走。Долли 说：］—Что ты, с ума сошел? — с ужасом вскрикнула Долли.（"你怎么，疯了吗？" 陶丽恐惧地叫起来。）

Левин 因 Весловский 不断地向 Кити 献殷勤而气恼，他来找 Долли 商量。这一点 Долли 也看在了眼里。但是此时在 Долли 的认知状态中，上流社会的男青年向年轻美丽的女人献殷勤实属正常，一个上流社会的丈夫是应该引以为荣的，Левин 应该不以为然。所以，当 Левин 说出要把 Весловский 赶走时，

这一决定完全不在 Долли 此时的认知状态之中，让 Долли 很是吃惊，她的 "Что ты, с ума сошел?" 表达的是惊讶，语句中包含对 Левин 这一反应的不赞同，问句在语义上相当于 "不，你不能这么做！"。同时，在 Долли 的认知经验中存在这样一个相关知识，就是作为丈夫，醋性发作时，产生过激的想法或举动也算正常。

(416) [茶馆收拾后重新开业。王利发刚打发走来找事要好处的巡警，还生着气，唐铁嘴进来：王掌柜！我来给你道喜！] 王利发（还生着气）：哟！唐先生？（А，это ты, господин Тан？）

王利发艰难地经营着茶馆，为了能增加收入，他把茶馆收拾了一番，重新开业。此时在王利发的认知状态中是，茶馆的重新开业，多来茶客，茶馆的经济效益会有所改善。地方官员的搜刮从来没断过，虽然生气，但是也得罪不得。而唐铁嘴这位茶客的出现，却不在王利发此时的认知状态之中。在王利发的认知经验中，穷困潦倒的唐铁嘴一向是白要茶喝。在开业当天突然看到唐铁嘴，王利发显然是无比失望。因为他认知经验中的有关知识告诉他，唐铁嘴又来白喝茶了，所以，王利发的这句 "哟！唐先生？" 表达了他对唐铁嘴到来的厌恶，其语义相当于 "你来干什么！添乱！"。

情感功能是非问句表达的语义是无疑无问时，是由于说话人的已有认知经验对突现的外界刺激做出了有效的解释，问句实现的是单纯的情感反应。此情景下的外界刺激一般不会改变说话人原有的认知经验，但是它会加强说话人认知经验中的相关知识。

(二) 有疑无问

情感功能是非问句表达语义上的有疑无问时，其产生的条件主要是，当外界刺激超出了说话人的认知状态，同时他现有的认知经验中没有对此刺激做出很好解释的相关知识时，说话人的心中就产生了 "疑"。这种疑，确切地说，是一种不可思议。它往往不需要受话人的解答，因为在说话人看来，此外界刺激是真实存在的，它所带给说话人的这种 "不可思议" 是一个新信息、新知识，将它贮存在认知经验中变为已知，所以，对说话人来说，虽有疑而无问。但是，该外界刺激打破说话人相对稳定的认知状态时所产生的情感反

238

应依然存在，这时，语句与无疑无问的情感功能是非问句一样，说话人的评价态度将在情感抒发的过程中真实地被表达出来。请看例句分析：

肯定情感中的有疑无问：

（417）［Анна 来到哥哥家，看到已经长大的 Гриша 说：］—Это Гриша? Боже мой, как он вырос! —сказала Анна. （"这是格里沙吗？我的天哪，他长得多大了！"安娜说着。）

这句话是 Анна 为化解哥嫂之间矛盾来到哥哥家，刚进门时对嫂子说的。我们在对其进行语义分析时，暂且抛开说话人是否带有语用目的的因素，而是将其视作一个自然情感流露的语句。Анна 自己有一个八岁的儿子，Гриша 比 Анна 的儿子小。六七岁男孩该有怎样的身高在 Анна 的心中是有认知标准的，在她见到 Гриша 之前，这个认知经验为她构建出了一个对 Гриша 外形的认知状态。然而，当她见到 Гриша 的身高、外形完全超出了她原有的认识时，在她的认知经验中，没有这么大的男孩有这样身高和外形的认识，这让 Анна 吃惊——"这个年龄的男孩怎么长得这么大?!"，也让 Анна 高兴——"侄子长得很好"。Анна 的惊喜从问句 "Это Гриша?" 中表达出来，句子的语义是 "Гриша 长得比我想象的要大多了，我都认不出来了！"，而 Гриша 的外形形象作为完整在新知在 Анна 的认知经验中保留下来，成为已知后，Анна 对六七岁男孩身高、外形上的认知就变成了 "一般六七岁的男孩应该是多高，个别长得大的会是多高"。

（418）［祥子在老程那儿将就了一宿，早晨早早起来，把院子里的雪扫干净。等老程起来出门要打热水时，看见干净的院子：］"喝！院子都扫完了？你真成！请请你！"（—О, да ты, я смотрю, двор подмел? —Удивился он.）

祥子为曹家拉车，曹家出了点事，全家连夜逃走了。祥子自己也不敢在曹宅里住了，锁上门，到隔壁王宅老程那儿将就一宿，打算天亮后再找别的活干。老程是王宅的车夫，他这时的认知状态是，祥子在这儿躲一宿，天亮就走了。在他的认知经验中，没有一个只是在这儿躲一宿的人，必须为这儿的人做点什么的知识。当老程推开门看到已被祥子扫干净的院子时，很吃惊——"祥子还把院子扫了！"，也很高兴——"替我扫了，我省事了。"在老

程惊喜之余，"祥子很勤快，哪怕是在这儿歇歇脚，也会帮着干点活"这一有关祥子为人的新知识就存在了老程的认知经验中。

否定情感中的有疑无问：

（419）［Вронский 赴宴回来对 Анна 说，宴会期间有一位游泳女教师表演了游泳技术。Анна 的反应：］—Как? Плавала? — хмурясь, спросила Анна?（怎么？她游泳了？安娜皱着眉头问。）

Анна 知道上流社会的男人们聚会时总要出点花样来消遣。但是在她的认知经验中，却没有女人可以穿着游泳衣在男人们面前游泳这样的知识存在。当 Вронский 从宴会回来告诉 Анна 有一位瑞典皇后的女游泳教师表演了游泳技术时，对 Анна 来说，这可是个新信息，完全超出了她现有的认知经验。Анна 觉得这简直是不可思议的，是可耻的。她在问句 Как? Плавала? 中，不仅表达出她的惊讶，还有她的反感。但是，女人穿着游泳衣在男人们面前游泳这件事却作为一个新知识留在了 Анна 的认知经验中。

（420）［王利发：唉！明师傅，可老没来啦！明师傅：出不来喽！包监狱里的伙食呢！］王利发：您！就凭您，办一二百桌满汉全席的手儿，去给他们蒸窝窝头？（Шеф-повар банкетов, который обслуживал сто, а то и двести человек, теперь печет кукурузные лепешки?）

王利发认为，只有像他这样什么也不会干的人才靠开个茶馆挣钱生活。有技术、有手艺的人都会靠技术、手艺挣钱。而且，他的认知经验告诉他，手艺越过硬、会此手艺的人越少，掌握该手艺的人越容易挣钱，且不会挨饿。明师傅是能办一二百桌满汉全席的大厨师，在王利发看来，明师傅应该是生活得不错的人。当明师傅说他在包监狱里的伙食时，王利发现有的认知经验对这件事没有了解释力，因此，他产生了疑——"这样的大厨师怎么会去包监狱里的伙食呢？"。然而，这的确是个事实，它改变了王利发对此的认知状态，那么从此以后，在王利发认知经验中就多了一个知识，即这年头连明师傅这样的大厨师为了生活都去包监狱里的伙食了，会啥都没用了，为了生活啥都得干。而问句表达的是这件事情带给王利发的情感反应——惊讶、不平。

俄汉语情感功能的是非问句，在语义上的无疑无问和有疑无问，都是针对说话人而言的，它们对说话人认知产生怎样的影响，只有说话人自己清楚。对受话人来说，感受到的只是问句传递过来的说话人对外界刺激的情感态度而已。一般来说，人的正常心理状态应该是不急不躁、不喜不怒，是一个平和的状态。当人由于刺激而产生情感反应时，实质上是破坏了这种正常的平和心理状态，这时人体自身具有的平衡机制就要自动地进行心理状态平衡——将新生成的情感释放出去。这一过程往往不受人的意识所支配，过程中人真实的认知态度也跟随情感一起流露出来。这种为人类所共有的自然的心理反应，体现在俄汉语是非问句中时，问句的功能、语义以及说话人认知状态的变化就没有了区别。然而，我们发现，汉语有一种情感功能是非问的表达模式，即，"哟，＋称呼？"，在脱离开具体的语境时，单从句子结构上无法判断出它表达的是肯定情感，还是否定情感，但是，在俄语中则不同，从形态中就可辨别出其表达的情感类型。请比较：前面无疑无问中的例（414）"哟，祥子？（Ой, Сянцзы, это ты?）"和例（416）"哟！唐先生？（А, это ты, господин Тан?）"。

二、情感表达功能型是非问句的语用分析

正如前文所述，情感抒发的方式有许多种，以是非问句的形式抒发情感时，则使所抒发的情感中夹杂着说话人对外界刺激的难以置信。一般而言，一个人正常的自然情感抒发是无意的行为，这其中没有说话人为了达到某一目的而刻意掺杂进来的语用因素。然而，当说话人有意借用此句式抒发情感，以此改变与受话人之间的心理距离时，该句式就成为一种交际中的语用策略。这时，问句所抒发的是否是真情，说话人自己当然心中有数，至于受话人，无论这情感是夸张的，还是完全是假的，他都会把它当作是真实的，哪怕说话人很拙劣地运用了此策略，受话人都甘愿信以为真。在这一小节中，我们只针对俄汉语中运用此策略拉近与受话人心理距离的语言现象做出分析和论述。

拉近与受话人心理距离的语用目的有许多种，说话人可以是单纯地为了维护友好的氛围，使会话能够顺利地进行下去，或者是为自己建立一个良好

的人际关系，或者是有求于受话人，等等，由此产生情感倾斜，站在受话人的立场抒发情感，从而使受话人因认可说话人的情感态度，进而认可了说话人。即使受话人明明知道说话人是"言不由衷"，虚荣心也会使他欣然接受。说话人也正是因为明白人心理上的这种变化，所以，在运用该句式表达情感时，常常是夸大，或者干脆抒发假情感。是非问句表达的肯定情感和否定情感都可用于实现此语用目的，但是否定情感表达的否定态度一定是为受话人而感而发，即语句是在为受话人鸣不平。以例句（417）和（420）为例，分析如下：

在例句（417）中，Анна 抒发情感时，她的眼睛始终盯着 Долли 的脸。一般在正常的情景下，Гриша 是 Анна 的情感刺激源，Анна 的惊喜情感应该是在边打量欣赏 Гриша，边抒发出来，而 Анна 的眼睛却自始至终都是在观察 Долли，加上她此次来的目的是和解兄嫂间的关系，由此，我们断定 Анна 启用该句式表达情感是为了拉近与嫂子 Долли 的心理距离，这时问句表达的情感是真是假就变得不再重要。Анна 在来的路上详细地向哥哥了解了事件的整个情况，她知道错在哥哥，嫂子在情感上受到的伤害是极大的，而且 Долли 自然也知道 Анна 此次来的目的。所以，对 Анна 来说，她首先要做的，就是在情感上拉近与 Долли 的距离，让 Долли 认可自己，她才能试探出 Долли 的真实想法，进而才能决定该怎样化解他们之间的僵局。这样看来，Анна 的 Это Гриша？这句惊喜的表达其语用效用可具体表现在：

1. 将 Долли 从痛苦自己、防备 Анна 的情感中拉出来，让 Долли 意识到生活中还有使她欣慰的地方。

2. 肯定 Долли 的成就，孩子照顾得非常好。

3. 以亲戚的身份——孩子们的姑姑，代替 Долли 心里"说客"的身份。

4. 让 Долли 感到 Анна 对她的亲热和对她孩子的爱。

Анна 这句话的语用效果冲淡了彼此见面时的不自然，打消了 Долли 在 Анна 到来之前就已经开始准备好的防备心理。它为接下来的交谈奠定了友好的会话气氛，拉近了与 Долли 的心理距离。

例句（420），茶馆的收益是王利发一家人的生活来源，他对来这里的每一个人都要尽力维护。王利发的这句话，如果我们从说话人是有意运用此问句的角度考虑，那么这句话就起到了情感交流的语用效用。包监狱里的伙食自然比不上办满汉全席光彩，这对明师傅来说也是被逼无奈。王利发的一席话表达了明师傅心中的无奈，问句抒发出来的不平、惊讶对明师傅是一种安慰。一个人，在他情绪低落的时候，最需要情感上的援助，如果这时候有人能替他说句话，那么他会马上对这个人产生肯定情感倾斜，从内心认可这个人是个好人。因此，王利发的这句话为他与明师傅之间建立了良好的人际关系。

从上面的例句分析中可以看出，情感功能是非问句之所以能够实现这样的语用目的，就是说话人巧妙地运用了该类问句中所隐含的"难以置信"。它在肯定情感问句中表达的是对受话人"难以置信"的肯定，在否定情感问句中，则是表达了对受话人不幸的"难以置信"的否定。正是这"难以置信"因素的作用，使得受话人回避了对说话人情感真实性的理性判断，转而从感性上做出了认可。

俄汉语是非问句表达的情感类型有两种：肯定情感和否定情感。它们是说话人对外界刺激的心理反应。此功能是非问句在语义上表达的是无疑无问和有疑无问，问句中包含着说话人对外界刺激的评价，而疑问形式反映出的是说话人难以置信的心理状态。在语用上，情感功能是非问句可以作为一种语用策略，被说话人用来改变与受话人的心理距离。由于人类衡量好坏的标准基本相同，所以在对外界刺激的情感评价上，也基本相同。俄汉语情感功能是非问句功能、语义、语用的大量相同之处，也证实了这一特点。对比之中所发现的不同之处，就是汉语的"哟，＋人称？"结构，脱离开语境，单从字面上无法判断其所要表达的情感类型，而俄语则不存在这种情况，不同的语气词加上不同的词序，能够明显地标记出问句表达的情感类型。

结　　语

全书研究的对象是俄汉语是非问句。本书以说话人运用是非问句实现的意向功能为对比基础，将分属不同语系的俄汉语置于同一研究平面，分别从句法结构、功能语义、语用目的以及说话人运用语句时的认知状态对其进行对比研究，为对比提供了有效的研究视角。现将研究结果总结如下：

第一，一种句式在交际中所实现的功能取决于说话人所赋予句子的意向目的。从意向目的的角度，是非问句是说话人期望得到受话人给予肯定/否定回答或非语言的肯定/否定反应的疑问句句式。它在概念界定上扩大了是非问句原有概念的内涵，打破了俄汉语对是非问句是"要求受话人给予肯定或否定回答"的认识局限。全文运用英语语言学研究较为前沿的理论分析俄汉语是非问句，论述中对比出俄汉语是非问句的异同并解释了俄汉语是非问句结构、语义和语用产生异同的原因。

第二，在俄汉语是非问句句法结构的对比上，表现出的异同有以下 3 个方面：

（1）在疑问标示元方面，俄语的疑问标示元中只有语调具有传递疑问信息的能力，而汉语的各疑问标示元都可以单独传递疑问信息。俄语用于表达疑问的固定结构，其结构和语义上都相对较完整，空缺之处是说话人所要表达的语义核心。汉语的"X 不 X"结构具有疑问特征，在问句中的位置相对来说具有较大的灵活性，可以简化，并且它有可解释的句法规则。在语义上，汉语"X 不 X"结构不是全句的语义框架，而只能是其中的一部分，且这部分表达的具体语义由填入到 X 位置上的具体谓词的词汇意义决定。

（2）在句法特点方面，俄汉语是非问句的句子抽象模式虽然相同，分为带疑问语气词的是非问句和不带疑问语气词的是非问句，但是具体到各表达模式时，俄汉语却有了明显不同。首先是，俄语是非问句的表达模式的数量总体上多于汉语，导致该差异的原因是，俄语是形态变化丰富的屈折语，比较注重句法结构的完善。汉语则是结构不是自足，却意在功能的语言，所以，汉语的某一表达模式常常可以对译俄语的多个表达模式。其次，从生成的角度，俄汉语有许多表达模式的生成路径不同，致使问句的句法特点各异。在带疑问语气词的是非问句中，俄语疑问语气词多居句前，迫使移位、提升的

结语

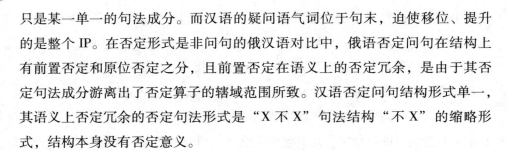

只是某一单一的句法成分。而汉语的疑问语气词位于句末，迫使移位、提升的是整个 IP。在否定形式是非问句的俄汉语对比中，俄语否定问句在结构上有前置否定和原位否定之分，且前置否定在语义上的否定冗余，是由于其否定句法成分游离出了否定算子的辖域范围所致。汉语否定问句结构形式单一，其语义上否定冗余的否定句法形式是"X 不 X"句法结构"不 X"的缩略形式，结构本身没有否定意义。

（3）在词序与语序方面，俄汉语各自的语言特点，使得各自语言结构中各成分的线性排列，俄语适合称作词序，而汉语更适合叫作语序。俄汉语词序与语序的变化能够突出句子的焦点，改变句子的中性修辞色彩。对俄语词序相对自由，而汉语语序相对稳定的语言现象，我们从生成的角度解释为，俄语自由的词序变化是源于各词类都有强一致特征，无论句中的哪一成分移动，都能对 IP 中相关特征进行核查，不会造成理解失败。

第三，根据对是非问句的重新界定，是非问句这种句式能够实现的交际功能有四大类：信息探询（纯疑问功能、揣测功能和确认功能）、祈使、观点表达和情感表达。从交际的角度分析每一功能类型是非问句的语义、语用特征时，对比中发现，俄汉语是非问句有更多的相似点。

（1）信息探询功能是是非问句的直接言语行为。其语义特征是，当说话人以是非问句做纯疑问探询时，他对疑问点的认知状态是空白的，语义是 P 与 $\neg P$ 的平衡分区。当说话人以是非问句做揣测探询时，对疑问点有一定的认知倾向，语句表达的语义是 P 或 $\neg P$。当说话人以是非问句做确认探询时，对疑问点的认知状态是一个完整的推理判断，表达的语义是 P 或 $\neg P$。3 种功能问句，疑问点所包含的探询信息量呈递减趋势。问句所传递的疑问焦点类型，根据承载焦点的词在语义上所辖域的疑问范围，分为宽域焦点（对整个命题质疑，对整个述题部分质疑）和窄域焦点（分别是对主语、谓语、定语、补语、状语质疑），突显它们的机制有 3 种：语音、词汇和语法，但是它们不能标示出焦点的类型。纯疑问功能句传递的焦点类型是宽域焦点和窄域焦点中的对谓语质疑，其突显焦点的手段主要是语调；揣测功能问句的焦点类型是宽域焦点中的对整个述题部分质疑和窄域焦点，突显焦点的手段，汉语是语音、词汇和语法，俄语是在这 3 种手段中排除了语法手段中的固定结构；确认功能问句的焦点类型主要是宽域焦点。信息探询功能是非问句的语用特征是，纯疑问功能句的语用条件是"中性语境＋对回答无预期"；揣测功能问句是"中性语境＋对回答有预期"和"非中性语境＋对回答有预期"；确认功能问句是"非中性语境＋对回答有预期"。俄汉语肯/否形式是非问句的语用条件是，肯定形式是不存在压倒性情景证据支持或反对 P 与 $\neg P$ 和存在压倒性情景证据支持 P。否定是非问句的情况是：内部否定是非问句必须有压倒性证据反对 P；外部否定是非问句则是没有压倒性证据支持 P。俄语原位否定是非问句属于内部否定是非问句，前置否定是非问句属于外部否定。

（2）是非问句实现的间接言语行为主要有祈使、表达观点和表达情感。俄汉语是非问句执行请求言语行为时，表现出的相同点是请求提出的相关性和请求言语行为结构的建构。不同点则表现为：对面子问题和权力关系理解上的差异使言语使用者在表达模式的选择和修饰上表现出明显不同：俄语多用否定式以示礼貌，并在注重礼貌的同时，提倡个人独立和隐私，而汉语一般只用肯定式表达请求，在注意礼貌的同时，更注重情感的沟通。俄汉语是非问句用于观点表达和情感表达时，其语义、语用特征表现出极大的相似性。在语义上，观点型是非问句表达的是与所问内容极性相反的断言，是说话人的个人观点。而情感型是非问句表达的是无疑无问和有疑无问，以此向受话人表示他对语句内容的肯定或否定态度。在语用上，观点型是非问句经常出现在矛盾占统治地位的会话中，说话人在推出自己观点的同时，实现向受话人表态、说服、驳斥的言语行为目的。情感型是非问句，可以作为一种语用策略，被说话人用来改变与受话人的心理距离。

通过对俄汉语是非问句结构、功能、语义、语用以及说话人使用问句认知状态的对比研究，我们得出现阶段的研究认识是，对比中表现出的差异主要有两方面原因：语言类型特点制约和文化差异。而对比中表现出的功能语义、语用方面的相同，则主要是由于人类交际过程中的共性因素（人类认知世界的方式，积累认知经验的过程，为实现交际目的而出现的心理变化过程，等等）发挥的作用。

结
语

　　本书研究得出的结论可为探索俄语、汉语是非问句的生成规律提供新的视角，从而丰富俄汉语对比研究的理论内容，能够为俄汉语对比语言学的研究提供实证语料。然而，由于时间、篇幅、占有资料等因素所限，使本书对是非问句有些方面的分析论述还不够全面且深入透彻，还有待于今后进一步的研究。

　　未来研究方向：一是扩大研究对象的范围，从是非问句到疑问句，再扩展到陈述句、祈使句的对比研究；二是进行实证研究，通过调查问卷或现场情景模拟实验等形式，借助对比手段来描述和解释俄汉语交际策略的相同性和差异性。

参考文献

[1] Александров А. С. Характеристика вопросов, употребляемых в ходе судебного допроса [С] //Диалог 2005. Труды международной научной конференции. М., 2005. Электронный вариант: http: // www/dialog – 21. ru.

[2] АН СССР. Грамматика русского языка [М]. Том 2. М., 1954.

[3] АН СССР. Грамматика русского языка [М]. М., 1980.

[4] Арутюнова Н. Д. Человеческий фактор в языке: Коммуникация, модальность, дейксис [М]. М.: Наука, 1992.

[5] Бабайцева В. В. Русский язык: синтаксис и пунктуация [М]. М., Просвещение. 1979.

[6] Бабайцева В. В., Максимов Л. Ю. Современный русский язык [М]. М., Просвещение. 1981.

[7] Баранов А. Н., Кобозева И. М. Семантика общих вопросов в русском языке (категория установки) [J]. Серия литературы и языка, 1983, том. 42 (3)

[8] Белошапкова В. А. Современный русский язык [М]. М., "Высшая школа". 1989.

[9] Богородицкий В. А. Общий курс русской грамматики [М]. Государственное социально-экономическое издательство. М., 1935.

[10] Большой энциклопедический словарь—языкознания [М]. М., 1998.

[11] Булыгина Т. В., Шмелев А. Д. Диалогические функции типов вопросительных предложений [J] //Изв. АН СССР Сер. лит. и яз. 1982. Т. 41 (4).

[12] Булыгина Т. В., Шмелев А. Д. О семантике частиц *разве* и *неужели* [J] // НТИ. Сер. 2., 1987 (10).

[13] Булыгина Т. В., Шмелев А. Д. Модальность. Человеческий фактор в языке: Коммуникация, модальность, дейксис. [М]. М., 1992.

[14] Булыгина Т. В., Шмелев А. Д. Языковая концептуализация мира

参考文献

［M］. M. : Школа«Языки русской культуры», 1997.

［15］ Буслаев Ф. И. Историческая грамматика русского языка ［M］. Учпедгиз. 1959.

［16］ Валгина Н. С. , Розенталь Д. Э. , Фомина М. И. Современный русский язык ［M］. M. : Высшая школа, 1987.

［17］ Визгина А. М. Значение форм изъявительного наклонения в вопросительных предложениях ［J］. Р. я. в школе, 1979 (1).

［18］ Воскресенский М. И. К вопросу о словорасположении в русском языке ［J］. РЯШ, 1936 (4).

［19］ Галкина-Федорук Е. М. Современный русский язык синтаксис ［M］. M. : Государственное учебно-педагогическое издательство министерства просве- щения РСФСР. 1958.

［20］ Гловинская М. Я. Семантика глаголов речи с точки зрения теории речевых актов ［M］. // Русский язык в его функционировании: Коммуникативно-прагматический аспект M. : Наука, 1993.

［21］ Греч Н. Практическая русская грамматика ［M］. Санкт-Петербург, 1834.

［22］ Есперсен О. Философия грамматики ［M］. M. , 1958.

［23］ Жинкин Н. И. Вопрос и вопросительные предложения ［J］. Вопросы языкознания, 1955 (2).

［24］ Казаковская В. В. Вопросо-ответные единства в диалоге «взрослый-ребенок» ［J］. Вопросы языкознания, 2004 (2).

［25］ Кобозева И. М. Лингвистическая семантика ［M］. M. : Эдиториал УРСС, 2000.

［26］ Кононенко В. И. , Ганич Д. И. , Брицын М. А. Русский язык ［M］. Киев, 1986.

［27］ Лекант П. А. Современный русский литературный язык ［M］. M. : Высшая школа. 1988.

［28］ Лекант П. А. Современный русский язык ［М］. Москва：Вышая школа，1999.

［29］ Николаева Т. М. От звука к тексту. Человек и язык, язык：разгадки и загадки, язык и текст ［М］. М.，2000. С. 66.

［30］ Озаровский О. В. Синонимия высказываний с разным расположением отрицания ［J］// Филологические науки. 1981（3）.

［31］ Орлова В. Г. Порядок слов в русском языке ［J］. РЯШ，1939（1）.

［32］ Падучева Е. В. Высказывание и его соотнесенность с действительностью ［М］. Москва：Наука，1985.

［33］ Падучева Е. В. Отрицание ［М］// Русский язык：энциклопедия。М. Научное издательство «Большая Росийская энциклопедия»，1997.

［34］ Падучева Е. В. Отрицание ［М］//Большой энциклопедический словарь：Языкознание //Гл. Ред. В. Н. Ярцева. -2-е изд. М.：Научное издательство «Большая Российская энциклопедия»，1998.

［35］ Панфилов В. З. Отрицание и его роль в конституировании структуры простого предложения и суждения ［J］//Вопросы Языкознания，1982（2）.

［36］ Пешковский А. М.　Русский синтаксис в научном освещении ［М］. М.：Учпедгиз. 1956.

［37］ Распопов И. П.　Очерки по теории синтаксиса ［М］. Воронеж，1973.

［38］ Распопов И. П. Типы вопросительных предложений в современном русском литературном языке ［М］. Автореф. дис. ... канд. филол. наук. Куйбышев，1953.

［39］ Распопов И. П. Строение простого предложения в современном русском языке ［М］. М.：Просвещение，1970.

［40］ Розенталь Д. Э. Современный русский язык ［М］. М.：Высшая школа，1984.

参考文献

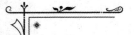

［41］Русский язык. Энциклопедия ［M］. M. , 1979.

［42］Теплов Б. И. Психология ［M］. Учпедгиз, 1953.

［43］Храковский В. С. , Володин А. П. Семантика и типология императива. Русский императив ［M］. Лен. Отд. 1986.

［44］Фортунатов Ф. ФИзбранные труды. ［M］ Том I . M.: Учпедгиз, 1956.

［45］Шатуновский И. Б. Речевые акты ［M］. 黑龙江大学俄语学院系列讲座. 2006.

［46］Шатуновский И. Б. Риторические вопросы как форма агрессивного речевого поведения// Агрессия и речи. M. , 2004.

［47］Шатуновский И. Б. Основные коммуникативные типы полных (общих) вопросов в русском языке ［J］ // Русский язык: пересекая границы. Дубна, 2001.

［48］Шатуновский И. Б. , Основные типы общих вопросов в русском языке. 黑龙江大学俄语学院系列讲座. 2005.

［49］Шведова Н. Ю. , Лопатин В. В. Русская грамматика ［M］. M.: Русский язык, 1990.

［50］Ширяев Е. Н. Семантико-синтаксическая структура разговорного диалога ［J］ // Русский язык в научном освещении, 2001 (1).

［51］Юрченко В. С. О функционально-структурных типах фразы в русской разговорной речи ［ J ］ //Вопросы стилистики. Вып. 1. Саратов, 1961.

［52］Austin J. L. How to Do Things with Words? ［M］. Oxford: The Clarendon Press, 1962.

［53］Belnap Nuel D. An analysis of questions: preliminary report. Technical memorandum series ［M］. Santa Monica, Calif: Systems Development Corporation, 1963.

［54］Berg J. Relevant Relevance ［J］. Journal of Pragmatics, 1991.

[55] Berk Lynn M. English syntax [M]. Oxford: Oxford University Press, 1999.

[56] Bolinger D. L. Constrastive Accent and Constrastive Stress [M]. Language, 1961.

[57] Brown P. & S. Levinson. Politeness: Some Universals in Language Usage [M]. Cambridge: Cambridge University Press, 1987.

[58] Brown P. and Levinson, S. Universals in language usage: Politeness phenomena [C] // E. N. Goody (ed.). Qutstions and Politeness: Strategies in Social Interaction. Cambridge: Cambridge University Press, 1978.

[59] Chomsky N. The Mimimalist Program [M]. Cambridge. Mass: MIT Press, 1995.

[60] Chu Chauncey C. A Discourse Grammar of Mandarin Chinese [M]. New York: Peter Lang Publishing, 1998.

[61] Clark H. H. Responding to indirect speech acts [M]. In Kasper, ASA. (ed.), Pragamtics: Critical Concepts, VI: Pragmatics: grammar, psychology and sociology. Routledge, 1998.

[62] Ellis R. The Study of Second Language Acquisition [M]. Oxford: Oxford University Press, 1994.

[63] Ervin-Tripp S. Is sybil there? The structure of some American English directives [J]. Language in Society, 1976 (5).

[64] Frank J. You call that a rhetorical question? Forms and functions of rhetorical questions in conversation [J]. Journal of Pragmatics, 1990 (14).

[65] Gao Hong. Features of request strategies in Chinese. Working Papers, 1999, (47).

[66] Gärdenfors P. Knowledge in Flux [M]. The MIT Press, Cambridge, London, 1988.

[67] Gordon D. & G. Lakoff. Conversational postulates [R]. In Papers from the seventh regional meeting of the Chicago Linguistic Society. Chicago, 1971.

参考文献

[68] Halliday M. A. K. Notes on transitivity and them in English [J]. Journal of Linguis- tics, 1967 (3).

[69] Hamblin C. L. Questions in montague grammar [J]. Foundation of Language, 1973 (10).

[70] Heinemann Trine. "Will you or can' t you?": Displaying entitlement in interrogative requests [J]. Jounal of Pragmatics, 2006 (38).

[71] Hu Chingchi. Question tags in Taiwan Mandarin: Discourse Functions and Grammaticalization [D]. M. A. Thesis. National Taiwan Normal University. Taipei, 2002.

[72] Karttunen Lauri. Syntax and semantics of questions [J]. Linguistics and Philosophy, 1977 (1).

[73] King Tracy Holloway. Slavic clitics, long head movement, and prosodic inversion [J]. Journal of Slavic Linguistics, 1996 (4).

[74] Kirkpatrick Andy Information Sequencing in Mandarin in Letters of Request [J]. Anthropo-logical Linguistics, 1991, 33 (2).

[75] Ladd R. D. A First Loor at the Semantics and Pragmatics of Negative Questions and Tag Questions [J]. Chicago Linguistic Society, vol. 17. 1981.

[76] Lakoff, R. What you can do with words: politeness, pragmatics and performatives [C] //In A. Rogers, B. Wall & J. P. Murphy (eds.), Proceedings of the Texas Conference on Performatives, Presuppositions and Implicatures. Washington, DC: Center for Applied Linguistics, 1977.

[77] Lakoff R. Language and Woman' s Place [M]. New York: Harper and Row, 1975.

[78] Lambrecht K. Informational structure and sentence form: Topic, Focus, and the Mental Representation of Discourse Referents [M]. Cambridge: CUP, 1994.

[79] Leech G. N. Principles of Pragmatics [M]. London and New York:

Longman, 1983.

[80] Levinson S. Pragmatics and the grammar of anaphora: a partial pragmatic reduction of binding and control phenomena [J]. Journal of Linguistics, 1987 (23).

[81] Mao Luming. R. Beyond Politeness Theory—Face Revisited and Prenewed [M]. Journal of Pragmatics, 1994 (12).

[82] Nwoye O. G. Linguistic Politeness and Socio-cultural Variations of the Notion of Face [J]. Journal of Pragmatics, 1992 (18).

[83] Quirk Randolph. Old English literature: a practical introduction [M]. London: Edward Arnold, 1975.

[84] Quirk R. et. al., A Comprehensive Grammar of the English Language [M]. London: Longman, 1985.

[85] Rivero L. M. Bulgarian and Serbo-Croatian yes-no questions: V-raising to-li hopping [J]. Linguistic Inquiry, 1993 (24).

[86] Sadock J. M. Queclaratives [R]. In: Papers from the Seventh Regional Meeting of the Chicago Linguistic Society, Chicago Linguistics Society, 1971.

[87] Sadock J. M. Towards a linguistic theory of speech acts [M]. New York: Acakemic Press, 1974.

[88] Schaffar Wolfram; Chen Lansun. Yes-no questions in Mandarin and the theory of focus [J]. Linguistics 2001, 39 (5).

[89] Scollon R. & S. W. Scollon. Intercultural Communication [M]. Oxford: Blackwell, 1995.

[90] Searle J. Indirect speech acts [J]. In Cole, P. & Morgan, J. (eds.) Syntax and Semantics, Vol. 3: Speech Acts, New York: Academic Press, 1975.

[91] Searle, J. Косвенные речевые акты [C] // Новое в зарубежной лингвистике. Вып. 17. теория речевых актов. М., 1986.

[92] Searle J. R. The classification of illocutionary acts [J]. Language in

参考文献

Society, 1976, Vol. 5. (1).

[93] Searle John "Indirect Speech Acts" in Steven Davis (ed.) Pragmatics: A Reader [M]. New York, Oxford: Oxford University Press, 1991.

[94] Shih Yu-hwei. Conversational politeness and foreign language teaching [D]. Taipei: Crane, 1986.

[95] Sifianou M. Politeness Phenomena in England and Greece. A Cross-Cultural Perspective [M]. Oxford: Clarendon Press, 1992.

[96] Sperber D. & Wilson D. Inference and Implicature [M]. In Davis, S. (ed.), Pragmatics: A Reader, Oxford University Press, 1996.

[97] Sperber D. & Wilson D. Relevance: Communication and Cognition [M]. Oxford: Basil Blackwell, 1986.

[98] Tomic O. M. The Balkan Slavic clausal clitics [J]. Natural Language and Linguistic Theory. 1996 (14).

[99] Tsui Amy B. English Conversation [M]. 上海: 上海外语出版社, 2000.

[100] Verschueren J. Understanding Pragmatics [M]. London and New York: A rnold, 1999.

[101] Wierzbicka Anna. English Speech Acts Verbs: A semantic dictionary [M]. Sydney etc.: Academic Press, 1987.

[102] Wierzbicka A. Different Cultures, Different Languages, Different Acts. [J]. Journal of Pragmatics, 1985 (9).

[103] Wierzbicka A. Cross-Cultural Pragmatics: The Semantics of Human Interaction [M]. Berlin: Mouton de Gruyter, 1991.

[104] 陈国亭. 俄汉语词组合与构句 [M]. 北京: 商务印书馆, 2004.

[105] 戴浩一. 时间顺序和汉语的语序 [J]. 国外语言学, 1988 (1).

[106] 戴昭铭. 文化语言学导论 [M]. 北京: 语文出版社, 1996.

[107] 丁声树等. 现代汉语语法讲话 [M]. 北京: 商务印书馆, 1961.

[108] 范晓. 关于汉语的语序问题 (一) [J]. 汉语学习, 2001 (5).

[109] 范继淹. 是非问句的句法形式 [J]. 中国语文, 1982 (6).

[110] 方梅. 汉语对比焦点的句法表现手段 [J]. 中国语文, 1995 (4).

[111] 顾曰国. 礼貌、语用与文化 [J]. 外语教学与研究, 1992 (4).

[112] 关士杰. 跨文化交流学 [M]. 北京：北京大学出版社, 1995.

[113] 郭锐. "吗"问句的确信度和回答方式 [J]. 世界汉语教学, 2000 (2).

[114] 何刚. 提问的相关性解释 [J]. 外语学刊, 1996 (1).

[115] 何兆熊. 新编语用学概要 [M]. 上海：上海外语教育出版社, 1999.

[116] 洪玮. 试析文化和语系对汉德语用的影响 [J]. 世界汉语教学, 1997 (4)

[117] 洪笃仁. 从现代汉语的词序看所谓"倒装" [J]. 厦门大学学报（社会科学版）, 1955 (4).

[118] 文炼, 胡附. 汉语语序研究中的几个问题 [J]. 中国语文, 1984 (3).

[119] 胡明扬. 北京话的语气助词和叹词 [J]. 中国语文, 1981 (5)、(6).

[120] 胡竹安. 谈词序的变化 [J]. 语文学习, 1959 (9).

[121] 华劭. 从语用学的角度看回答 [J]. 外语与外语教学, 1996 (4).

[122] 黄伯荣. 陈述句 疑问句 祈使句 感叹句 [M]. 上海：新知识出版社, 1957.

[123] 黄国营. "吗"字句用法初探 [J]. 语言研究, 1986 (2).

[124] 黄树南. 俄语句法学说简史 [C] //黑龙江大学俄语系学术委员会. 俄语教学与研究论丛（二）, 1984.

[125] 黄正德. 汉语正反问句的模组语法 [J]. 中国语文, 1988 (4).

[126] 贾玉新. 跨文化交际学 [M]. 上海：上海外语教育出版社, 1997.

[127] 姜宏. 俄汉语言对比研究：历史与发展问题与任务 [J]. 外语学刊, 2000 (4).

[128] 康亮芳. 从现代汉语疑问句的构成情况看疑问句句末语气词"呢" [J]. 四川师范大学学报（社会科学版）, 1998 (4).

[129] 兰巧玲. 俄语否定是非问句与相对最小化 [J]. 俄语语言文学研究, 2007 (1).

[130] 兰巧玲. 结构主义语言理念的俄罗斯本土化 [J]. 外语学刊, 2007 (3).

[131] 黎锦熙. 新著国语文法 [M]. 北京: 商务印书馆, 1998.

[132] 李宇明. 疑问标记的复用及标记功能的衰变 [J]. 中国语文, 1997 (2).

[133] 林宝煊. 现代标准俄语与现代标准汉语中疑问句的比较 [J]. 俄语教学与研究, 1956 (3).

[134] 林裕文. 谈疑问句 [J]. 中国语文, 1985 (2).

[135] 刘刚. 俄语疑问句中疑问代 (副) 词的虚词化现象 [J]. 外语学刊, 1984 (4).

[136] 刘刚. 论俄语疑问句的实质 [J]. 外语学刊, 1989 (1).

[137] 刘刚. 试论疑问句的表达手段及结构固定化的疑问句 [C] // 俄语教学与研究论丛 (二), 1984 (2).

[138] 刘刚. 现代俄语疑问句的功能—语义类型 [J]. 中国俄语教学, 1991 (4).

[139] 刘钢. 俄语疑问句与上下文的关系 [J]. 中国俄语教学, 1990 (4).

[140] 刘丹青, 徐烈炯. 焦点与背景、话题及汉语"连"字句 [J]. 中国语文, 1998 (4).

[141] 刘国辉. 英汉请求策略理论与实证对比研究 [D]. 上海: 复旦大学, 2003.

[142] 刘涌泉, 刘倬, 高祖舜. 机器翻译中的词序问题 [J]. 中国语文, 1965 (3).

[143] 刘月华. 语调是非问句 [J]. 语言教学与研究, 1988 (2).

[144] 陆俭明. 关于现代汉语里的疑问语气词 [J]. 中国语文, 1984 (5).

[145] 陆俭明. 由"非疑问形式 + 呢"造成的疑问句 [J]. 中国语文, 1982 (6).

[146] 吕叔湘. 中国文法要略 [M]. 北京: 商务印书馆, 1982.

[147] 吕叔湘. 吕叔湘全集. 第一卷 [M]. 沈阳: 辽宁教育出版社, 2002.

［148］ 吕叔湘. 现代汉语八百词［M］. 北京：商务印书馆, 1980.

［149］ 吕叔湘. 疑问、否定、肯定［J］. 中国语文, 1985 (4)

［150］ 吕叔湘等著, 马庆株编. 语法研究入门［C］. 北京：商务印书馆, 1999.

［151］ 马建忠. 马氏文通校注［M］. 北京：中华书局, 1956.

［152］ 潘虹. 俄语中的疑问不定式句［J］. 山东外语教学, 1986 (2).

［153］ 钱敏汝. 否定载体"不"的语义 – 语法考察［J］. 中国语文, 1990 (1).

［154］ 曲卫国. 也评"关联理论"［J］. 外语教学与研究, 1993 (2).

［155］ 屈承熹. 汉语的词序及其变迁［J］. 语言研究, 1984 (1).

［156］ 邵敬敏. 从语序的三个平面看定语的移位［J］. 华东师范大学学报 (哲学社会科学版), 1987 (4).

［157］ 邵敬敏. 现代汉语疑问句研究［M］. 上海：华东师范大学出版社, 1996.

［158］ 邵敬敏. 关于疑问句的研究［M］// 语法研究入门. 吕叔湘等著, 马庆株编. 商务印书馆, 2003.

［159］ 申小龙. 论汉语句型的功能分析［J］. 孝感学院学报, 2002 (1).

［160］ 苏文妙. 文化价值观与交际风格——英汉请求言语行为对比研究［J］. 西安外国语学院学报, 2003, (3).

［161］ 孙景涛. 美恶同辞质疑［J］. 语文研究, 1986 (1).

［162］ 孙淑芳. 俄语祈使言语行为研究［M］. 哈尔滨：黑龙江人民出版社, 2001.

［163］ 田宝新. 现代俄语祈使疑问句的语义功能与修辞特点［J］. 中国俄语教学, 1998 (2).

［164］ 吴世红. Риторический вопрос——反问？设问？［J］. 中国俄语教学, 2000 (2).

［165］ 吴世红. 论周指性反问句及其在篇章中的运用［J］. 外语学刊, 2003 (3).

[166] 吴世红. 试论篇章中疑问句的功能 [J]. 中国俄语教学, 1998 (4).

[167] 吴世红. 试论篇章中疑问句的语义特点 [J]. 中国俄语教学, 1999 (2).

[168] 吴为章. 语序重要 [J]. 中国语文, 1995 (6).

[169] 吴贻翼. 现代俄语中的问答并行结构 [J]. 中国俄语教学, 1984 (6).

[170] 夏新军. 情态意义疑问句的某些结构—语义特征 [J]. 解放军外国语学院学报, 1999 (4).

[171] 信德麟等. 俄语语法 [M]. 北京: 外语教学与研究出版社, 2009.

[172] 邢福义. 现代汉语的特指性是非问 [J]. 语言教学与研究, 1987 (4).

[173] 徐杰, 张林林. 疑问程度和疑问句式 [J]. 江西师范大学学报（哲学社会科学版), 1985 (2).

[174] 徐盛桓. 礼貌原则新拟 [J]. 外语学刊, 1992 (2).

[175] 徐通锵. "字"和汉语的语义句法 [M] // 语法研究入门. 北京: 商务印书馆, 1999.

[176] 徐翁宇. 试析由 можно, хочешь 启句的疑问句 [J]. 中国俄语教学, 1984 (5).

[177] 徐翁宇. 现代俄语口语讲座 [J]. 外语研究, 1996 (4).

[178] 许高渝. 俄汉语词汇对比研究 [M]. 杭州: 杭州大学出版社, 1997.

[179] 许贤绪. 俄语疑问句句型 [J]. 外语教学与研究, 1963 (4).

[180] 杨明天. 疑问句的非疑问意义 [J]. 解放军外国语学院学报, 1999 (增刊).

[181] 袁妮. 现代俄语答话语句 [J]. 中国俄语教学, 1990 (4).

[182] 岳永红. 俄语疑问句的功能类型 [J]. 外国语, 1991 (5).

[183] 曾晓洁. 疑问句式内蕴的数量等级支配 [J]. 黄冈师范学院学报, 2003 (2).

[184] 张建华等. 现代俄汉双解词典 [M]. 北京: 外语教学与研究出版社, 1992.

[185] 张静. 汉语语法问题 [M]. 北京: 中国社会科学出版社, 1987.

[186] 张伯江. 疑问句功能琐议 [J]. 中国语文, 1997 (2).

[187] 张绍杰, 王晓彤. "请求" 言语行为的对比研究 [J]. 现代外语, 1997 (3).

[188] 赵元任. 汉语口语语法 [M]. 吕叔湘, 译, 北京: 商务印书馆, 1979.

[189] 郑秋秀. 俄语对话答句中的词汇重复结构 [J]. 俄语学习, 1999 (3).

[190] 中国社会科学院语言研究所词典编辑室. 现代汉语词典 (2002 年增补本). 北京: 商务印书馆, 2004.

[191] 朱德熙. 汉语方言里的两种反复问句 [J]. 中国语文, 1985 (1).

[192] 朱德熙. 语法讲义 [M]. 北京: 商务印书馆, 1982.

[193] 朱景松. 关于语序的几个问题——第五次语法学修辞学学术座谈会发言摘要 [J]. 语言教学与研究, 1995 (3).

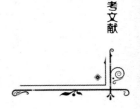

参考文献

主要例句来源

1. А. Б. Маринина. «Чужая маска». М. : ЭКСМО, 1997.

2. А. Б. Маринина. «Стилист». Москва, «ЭКСМО-Пресс», 1999.

3. Л. Толстой. «Анна Каренина» 北京：外语教学与研究出版社，2000 年。

4. Г. Гоц, Л. Делюсин и др. «ЛАО ШЭ Избранные произведения». Москва: «Художественная литература», 1991.

5. АН СССР. Русская грамматика. т. 2. Москва: Наука, 1980.

6. И. Б. Шатуновский. Риторические вопросы как форма агрессивного речевого поведения// Агрессия и речи. М. , 2004.

7. И. Б. Шатуновский 黑龙江大学俄语学院讲座，2005 年 10 月—11 月，2006 年 10 月—11 月。

8. 草婴，译.《安娜·卡列尼娜》. 上海：上海译文出版社，1990 年。

9. 老舍.《茶馆》. 电子版：http：// www. Eshunet. com，2006 年。

　　《断魂枪》. 浙江文艺出版社，2006 年。

　　《猫城记》. 电子版：http：// www. Eshunet. com，2006 年。

　　《老舍文集》（第十一卷）. 北京：人民文学出版社，1987 年。

　　《老舍剧作选》. 北京：人民文学出版社，1959 年。

　　《老舍选集》（第四卷）话剧. 成都：四川文艺出版社，1986 年。

　　《四世同堂》. 成都：四川人民出版社，1980 年。

10. 曹禺.《曹禺选集》. 北京：人民文学出版社，1978 年。

　　《家》. 成都：四川文艺出版社，1985 年。

11. 陈建功，赵大年.《皇城根》. 北京：作家出版社，1992 年。

12. 张辛欣，桑晔.《北京人——一百个普通人的自述》. 上海：上海文艺出版社，1986 年。

13. 周星.《绝对信号》. 北京：中国文学出版社，1993 年。

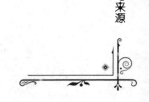

术语缩略表

Agr	agree	一致
Asp	aspect	体
C	complementizer	标句词
Comp	complement	补足语
CP	complementizer phrase	补语短语
DP	determiner phrase	限定短语
I	inflection	屈折变化特征
IP	inflection phrase	屈折短语
LF	logical form	逻辑式
Mod	modality	情态
NegP	negation phrase	否定短语
NO	negation operator	否定算子
NP	noun phrase	名词短语
PF	phonetic form	语音式
PP	prepositional phrase	介词短语
Q	question affix	疑问词缀
Spec	specifier	标语词
VP	verb phrase	动词短语